WE REMEMBER, WE CELEBRATE, WE BELIEVE

RECUERDO, CELEBRACIÓN, Y ESPERANZA

We Remember, We Celebrate, We Believe

RECUERDO, CELEBRACIÓN, *y* ESPERANZA

Latinos in Utah ❋ *Armando Solórzano*

THE UNIVERSITY OF UTAH PRESS
Salt Lake City

Publication of this book was supported by financial contributions from the following University of Utah offices and departments: Office of Equity and Diversity, Office of the Senior Vice President for Academic Affairs, Ethnic Studies Program, and the Department of Family and Consumer Studies.

The Defiance House Man colophon is a registered trademark of the University of Utah Press. It is based on a four-foot-tall Ancient Puebloan pictograph (late PIII) near Glen Canyon, Utah.

18 17 16 15 14   1 2 3 4 5

Library of Congress Control Number: 2014951003
CIP data on file with the Library of Congress

Printed and bound by Sheridan Books, Inc., Ann Arbor, Michigan.

Contents

Color images follow page 226

Acknowledgments

It is difficult to publicly acknowledge every person who contributed to the photographic exhibit and to the writing of this book. To neglect a single contributor is unfair, but one must take the challenge and begin with the obvious. This book would have been impossible without the 360,000 Latinos who presently live in Utah. Traveling throughout the state in 2001 and 2002, I interviewed more than 100 Latinos, from whom I also gathered the oldest pictures of our history. Then came meetings with their sons and daughters, the second generation Latinos, who were able to provide narrative backstories to complement the pictures. Latinos, such as William H. Gonzalez, Andrew L. Gallegos, Robert "Archie" Archuleta, John Florez, and Tony Yapias generously shared their photographic archives with us. The same generosity was shown by Latino members of the Church of Jesus Christ of Latter-day Saints and by the Catholic Church. My deepest recognition goes to George Janecek for allowing me to have access to his impressive collection of pictures from underrepresented populations in Utah. From George I acquired an unlimited passion for photography.

At the University of Utah, the director of Special Collections at the Marriott Library, Greg C. Thompson, allowed me access to materials that had been collected by the library since the 1970s. His financial support and permission to use that information were invaluable. Lorraine M. Crouse, a very committed archivist, guided me through the collections of photographs the library has been accumulating for decades. In my home Department of Family and Consumer Studies at the University of Utah, directors Cathleen Zick and Cheryl Wright have supported me to the end. My colleagues Rob Meyer, Ken Smith, Barbara Brown, Lori Kowaleski-Jones, Zhou Yu, John Burton, Kevin Rathunde, and Nick Wolfinger have been understanding and supportive. To Sonia Salari, Marissa Diener, Jessie Fan, and Don Herrin, thank you for your unconditional friendship and open hearts. To Russ Isabella I owe the advice and encouragement to improve my photographic skills. Lately, my appreciation for his work as Chair of the Department can't be expressed with mere words. Special recognition goes to Paula Smith and Caitlin Cahill for believing in utopias and societies shaped by principles and values. I will never forget

Karen Dace, Vice President of Academic Affairs at the University of Utah, who provided unconditional support to this project. Ed Elias, Department of Ethnic Studies, made sure that the photo captions were precise, and Edward H. Mayer always made sure that I had enough pictures to depict the history of Latinos in Utah with accuracy. I have enjoyed and benefited from the criticism of Wilfred D. Samuels, who demanded a professional and artistic presentation of the pictures. He is a master in aesthetics and I still have much to learn from him. I am indebted to Ronald G. Coleman, whose commitment to diversity on our campus and in our Ethnic Studies Program at the University of Utah is a significant reason for my presence here. One of my dearest colleagues, Jeff Garcilazo, gave me the impetus to write and conduct research with passion. It is a great misfortune that he left this world in the early years of his career, but his memory will always live among us. To Octavio Villalpando, I owe the tenacity and dedication to continue doing research with the Latino population, an effort that is forcefully shaping the future of the state. Thank you to Laura Nava and all the research assistants who did the transcription of the oral history interviews and helped me to transport the exhibit all over the state. Irma Burgos offered much of her time, soul, and commitment to keep alive the fires of justice and dignity. She monitored the exhibit in several sites and was very instrumental in the translation to Spanish of some of the chapters of this book. My gratitude goes also to Deyanira Ariza Velasco and Patrick Cheney who assisted with translations. Lori Perez in Helper, Utah, was very generous with her time. From her, I learned the history of Latinos in Carbon County. Thank you, Tom Gelsinon, for your editorial work. My eternal gratitude goes also to John R. Alley, editor in chief of the University of Utah Press who brought this project to fruition. His patience, guidance, and perseverance raised, to a higher level, the quality of this book.

Several departments and programs at the University of Utah contributed generously to help finance this project. Those who provided subventions were the Office of Equity and Diversity under the leadership of Octavio Villalpando, the Office of the Senior Vice President for Academic Affairs during the interim period of Michael L. Hardman, the Ethnic Studies Program and its director Edward Buendia, and the Department of Family and Consumer Studies headed by Russ Isabella. These contributions made it possible to include color printing in the book and to ensure that the book will reach a broader audience, helping to fulfill the University of Utah's mission of expanding knowledge and information beyond the walls of our campuses and cities.

In addition to those I have included here, I know that I have forgotten the names of other people to whom I owe gratitude. However, I want Christina, Jesse, and Emi to know that my time away from home while creating the exhibit and writing this book might be compensated for with the satisfaction of contributing to the awareness of Latino history in Utah. Readers might have the book, but you will always have the writer.

Reconocimientos

Es muy difícil reconocer públicamente a todas las personas que contribuyeron a la exhibición fotográfica y a la publicación de este libro. Omitir a sólo una de ellas es caer en la ingratitud y en la injusticia. Sin embargo, uno debe tomar el reto y reconocer, en primer lugar, a los 360,000 Latinos que viven actualmente en el estado. Este reconocimiento se extiende también a nuestros padres y antepasados que vivieron, disfrutaron, y dieron su vida por hacer de este estado una comunidad más diversa e incluyente.

En los años 2001 y 2002, cuando viajamos a través del estado para entrevistar a Latinos de diferentes procedencias fuimos afortunados en recolectar una considerable cantidad de fotografías. Para esclarecer la información sostuvimos algunas reuniones con los hijos e hijas de las personas que nos las obsequiaron, ellos ampliaron la información, y en muchas ocasiones, proveyeron la narrativa que acompaña a las fotografías. Personas como William H. González, Andrew L. Gallegos, Robert "Archie" Archuleta, John Florez, y Tony Yapias generosamente compartieron sus archivos fotográficos e hicieron posible la exhibición. La misma generosidad fue mostrada por algunos miembros de la Iglesia de Jesucristo de los Santos de los Últimos Días y por miembros de la Iglesia Católica. Quiero expresar mi agradecimiento a George Janecek, quien me permitió el acceso a su impresionante colección de fotografías de las poblaciones marginizadas en Utah. De él aprendí la pasión ilimitada por las artes y la fotografía.

En la Universidad de Utah, el director de Colecciones Especiales, Greg C. Thompson, nos permitió tener acceso al material que fue colectado desde los años 1970s. Su apoyo económico y el permiso que nos otorgó para usar el material fueron incalculables. En la biblioteca de esta universidad, Lorraine M. Crouse fue muy generosa con su tiempo y nos ayudó a localizar un buen número de fotografías que habían sido archivadas desde tiempos anteriores. En el Departamento de Estudios de la Familia y del Consumidor, las directoras Cathleen Zick y Cheryl Wright apoyaron este proyecto de principio a fin. Mis colegas Rob Meyer, Ken Smith, Barbara Brown, Lori Kowaleski-Jones, Zhou Yu, John Burton, Kevin Rathunde, y Nick Wolfinger fueron muy pacientes para entender que la actividad académica tiene diferentes significados y manifestaciones.

A Sonia Salari, Marissa Diener, Jessie Fan, y Don Herrin les agradecemos su amistad incondicional y el hecho de abrir sus corazones a nuestras ideas y proyectos. A Russ Isabella le debo el reto de mejorar las fotografías para su nitidez y significancia, y como director de nuestro departamento, le debo todo su apoyo que no puede expresarse en palabras. Brindamos también un reconocimiento especial a Paula Smith y Caitlin Cahill por creer en utopías y sociedades conformadas por principios y valores trascendentales. Nunca olvidaremos el apoyo que nos brindó Karen Dace, Vice Presidenta de Asuntos Académicos de la Universidad de Utah, por habernos concedido financiamiento y buena parte de su tiempo para la elaboración de este proyecto.

En el Departamento de Estudios Étnicos, Ed Elias siempre estuvo al pendiente de que la narrativa en las fotografías fuera correcta e impecable. Por su parte, Edward H. Mayer siempre me brindó el material necesario para narrar una historia latina con precisión y significado. Siempre tomé con buen ánimo la crítica constructiva de Wilfred Samuels, quien demanda lo mejor para hacer una presentación profesional. Samuels es un perfeccionista de quien tengo mucho que aprender. Ronald G. Coleman debe saber que mi presencia y trabajo en la Universidad de Utah se debe a su esfuerzo y compromiso de crear y mantener la diversidad étnica tanto en la universidad como en los distintos departamentos que la componen.

Uno de mis colegas entrañables, Jeff Garcilazo, me reanimó para investigar y escribir con pasión y entrega. Desdichadamente, Jeff partió de este mundo en los años iníciales de su carrera, pero su memoria siempre permanecerá entre nosotros. A Octavio Villalpando le debo la tenacidad y dedicación para seguir adelante con la investigación de los Latinos en Utah quienes representan una fuerza fundamental en el futuro del estado. Gracias también a Laura Nava y a mis asistentes de investigación, quienes hicieron las transcripciones de las entrevistas y me ayudaron a transportar la exhibición por todo el estado.

Irma Burgos me ofreció lo mejor de su apoyo y entusiasmo para mantener ardiendo el fuego de la justicia y la dignidad. Ella supervisó la exhibición en los diversos espacios en que fue exhibida y también contribuyó generosamente a la traducción de algunos capítulos de este libro. Igualmente le agradecemos a Deyanira Ariza Velasco y Patrick Cheney por contribuir con algunas traducciones al español. En la ciudad de Helper, Utah, Lori Perez nos proporcionó su tiempo y conocimiento de la historia de los Latinos en el Carbon County. Gracias también a Tom Gelsinon por su trabajo editorial. Quisiera también agradecer a John R. Alley, editor ejecutivo de la editorial de la Universidad de Utah, quien hizo posible que este libro se publicara. Sus consejos y perseverancia hicieron posible un trabajo de mayor calidad.

Varios departamentos y programas de la Universidad de Utah contribuyeron generosamente con el financiamiento de este libro. El proyecto fue subvencionado por la Oficina de Equidad y Diversidad, bajo la dirección de Octavio Villalpando, por la Oficina del Vice Presidente de Asuntos Académicos durante el período de transición de Michael L. Hardman, por el Programa de Estudios Étnicos y su director Edward Buendía, y por el Departamento de Estudios de la Familia y del Consumidor, dirigidos por Russ Isabella. Estos aportes hicieron posible la impresión en color y que el costo del libro se redujera a fin de que pudiera llegar a un público más amplio y diverso. La intención es cumplir la misión de la Universidad de difundir el conocimiento y la información más allá de las paredes de nuestras aulas y campus.

Estoy consciente de que he omitido, involuntariamente, el nombre de personas que han contribuido afanosamente con este trabajo, a ellos, en su anonimato, quiero expresarles también mi gratitud. Al mismo tiempo, deseo que Christina, Jesse y Emi acepten que el tiempo que pase fuera de casa, mientras que montaba las exposiciones fotográficas y hacia la redacción de este libro, se compensará con la satisfacción de haber contribuir al conocimiento de la historia de los Latinos en Utah. La gente puede tener el libro, pero ustedes siempre tendrán al autor.

Introduction

This book is a product of a photo-documentary exhibit that depicted the history of Latinos in the state of Utah. More than 110,000 people have visited the exhibit. The recurring feedback we received was encouragement to create a document that would preserve the history and culture of this group of ordinary people. For this reason, we have created this photo-documentary book that captures "history from the bottom up," or what some historians would call a people's history.

Years of neglect and omission from historical records took its toll on the historical consciousness of Latinos in Utah. For a long time, many people, including a large percentage of the Latino community, believed that the presence of Latinos or their ancestors in the state was merely a twentieth-century phenomenon. Missing from many histories and popular knowledge was the possibility that the ancestors of the Mexicans, also known as the Mexica, or Aztecs, inhabited what is now Utah with their relatives, the Indian Utes. Additionally, there is evidence that the Aztec Calendar may have had its origins in Utah. Also, unknown to most was the fact that Mexican Indians contributed to the exploration of the Domínguez-Escalante expedition of 1776.

Beginning in the nineteenth century, the history of the Uto-Aztecan people was overlooked or misconstrued by those who wrote accounts of Anglo-European pioneers who entered the territory in 1847. To Mormon settlers, who believed that God had granted them the land of Zion for the creation of His Kingdom, Utah was semi-isolated, deserted, and ready for conquest. Their quasi-theocratic project removed the Utes' legacy and their heritage. Mormon pioneers drove Hispanic New Mexican traders from the territory and changed the names of places and historical markers left by the Domínguez-Escalante expedition. Thus, it was not surprising that, when I was interviewing one of the oldest Mexicans of Utah, she commented, "I don't have a history: I only have pictures."

While busy recording her interview, I reflected on the fact that Latinos in Utah don't have access to a comprehensive written history of their legacy. What they possess is an arsenal of experiences and historical accounts that need to be incorporated into the annals of the history of the state. As the interviewee was handing me the pictures, one by one, she was reconstructing a part of the history of the Mexican/Latino people. Thus, the pictures became the history; an incomplete history that is full of gaps, often showing faces without names and events without dates. Nevertheless, the pictures acted as a means to reconstruct the experience of an ethnic/racial group that has, in silence, helped build the foundation of the Beehive State.

The absence of a historical consciousness in the minds of Latinos in Utah produces what psychologists call cognitive dissonance. That is, the inner experience of the individual is not in harmony with outer circumstances. Through the educational system in their native countries, many Mexicans and Latinos learn that the Southwest and Utah were once part of Mexico. This knowledge becomes an important component of their identity and they expect these facts to be recognized and reflected in the history of the state. Instead, they find a local educational system that omits, misrepresents, and in many instances, denies their historical presence. At the same time, some universities and research centers in the state have launched significant efforts to reconstruct the history of Latinos in Utah. The time has come for Mexican-Americans and Latinos in Utah to reclaim their history and to regain the sense of belonging to the state. That goal is the reason for *We Remember, We Celebrate, We Believe.* This title was inspired by a religious hymn that evokes reconciliation, unity, and vision. For the Latino community, the sense of destiny and the coming together of the past, present, and future are powerful ideas that nourish their presence in the United States. After all, as in the bible, "where there is no vision, the people perish."

The challenge to write the history of Latinos in Utah seems insurmountable given that accurate records were rarely kept, important information was not collected or archived, and the experiences of Latinos in Utah were subsumed under the experiences of other ethnic or religious groups. However, one of the most effective ways of regaining the historical consciousness of minorities is the gathering of oral histories. Simultaneously, the compilation of photographs, geographical sketches, and visual devices becomes an important technique for the reconstruction of such histories.

For a long time, photographs have been used in visual ethnography or visual anthropology as a means to capture the historical experience of minority groups and underrepresented populations. The validity and strength of such methods have been measured by the capacity of photographs to record important historical events, family dynamics, ceremonies, and social interactions. Photographs preserve activities and help us to track changes as they occurred in particular times and places. They provide us with new ways of seeing, analyzing, and understanding nonrecurring or disappearing events. Photographs evoke a sense of history and connection that allow individuals to be an integral part of the historical development of the group. By themselves, photographs might not provide the whole picture of a particular event. To broaden the context of the picture, or to validate the interpretation that people make of photos, we need to collect further information from other sources, such as participants, and community records.

At the same time as we were conducting oral history interviews among Mexicans, Mexican-Americans, and Latinos throughout the state, we started gathering an impressive number of photographs dating back to 1895. Aware that the transcription, analysis, and interpretation of the oral interviews were time-consuming activities, we engaged in a creative project of reconstructing the history of a people through pictures and visual aids. In this project, the Mexican/Latino community came to our rescue and positioned itself as the main source of information and guidance.

Since photographs became historical documents and primary sources of historical reconstruction, we collected information regarding the names of the people in the pictures and the dates when the pictures were taken. Employing visual context analysis, we asked people to interpret the background and foreground of the photos; we also elicited their interpretation of the social and economic conditions prevailing in those times. A good number of people who provided us with photographs did not have dates, contextualizing information, or names of the Mexicans portrayed. However, during the public exhibitions, members of the community began identifying the families, dates, and names of the individuals portrayed in the pictures. In two years, and as a community project, we were able to piece together the pictorial history of Mexican-Americans and Latinos in Utah. The outcomes were manifold and unexpected. Among them was the creation of study groups that deepened the knowledge of Mexicans and Latinos in the state. After creating the exhibit, the community encouraged us to write a book and some journal articles on the subject. State officials, academicians, and members of the community supported our project as a means to improve racial relations in communities that were experiencing a large influx of Mexican immigrants.

Our photo-ethnic exhibit became an outreach scholarship, whose primary objective was to bring knowledge, awareness, and information to non-traditional audiences. This pedagogical approach attempts to reach the members of communities who are illiterate, or who lack formal education or the opportunity to be part of U.S. educational institutions. To understand a photo and its multiple meanings, people do not need to know how to read.

They can use other learning techniques to gain knowledge of the situation portrayed. In fact, through the display of pictures, members of the Mexican and Latino communities were able to transform stories into histories. They did it by interweaving the stories of particular individuals into a larger context, and by finding historical connections that cemented their place in the historical process. Epistemologically, this is a process of *structuration* that interprets the pictures as representations of particular periods of time or phenomena rather than of particular individuals or specific events. What we offer in this book then is a collection of photographs that best represents the different historical periods and the manifold contributions of Latinos to the state of Utah.

This pictorial and narrative history is selective; its description depended on the spotty availability of photos and information. The pictorial material can be interpreted in many different ways. Some readers will look at the photos as artistic expressions, while others will appreciate the photographic techniques that were employed at the time the pictures were taken. Many others will see in the pictures the images of their relatives and of those who labored to create a better Utah. For still others, the pictures will evoke the nostalgia of a time gone by and the possibility of recreating history on a more just premise. Whatever effect the pictures may have on the reader, our intention is to bring alive our historical consciousness as Americans of Mexican descent. As a writer, I carry the moral responsibility of unearthing the long lost and unknown historical images and personal recollections that show why it is that Utah's Latinos have every right to be proud of their history, work ethic, and culture. The ultimate goal, however, is that the knowledge of this past will improve their future as people.

This book is not a substitute for a comprehensive written history of Mexican-Americans or Latinos in Utah. Rather, it is an inducement to write such a history in a more holistic way. This photographic presentation is organized chronologically in order to create a sense of fluidity and purpose. The book is divided into nine chapters that take into consideration Utah's most important periods. The information contained in the chapters was gathered from oral history interviews collected since the 1970s, which are kept at the Marriott Library at the University of Utah. For the sake of space, we could not include all the pictures in our archives; instead, we selected those that best depict the particularities of the times, or the pictures of those individuals who made important contributions during particular periods. In every chapter we provide a succinct history of Latinos of each era to serve as a background against which the pictures can be interpreted. It is our hope that others—Latinos and non-Latinos, academics as well as community scholars—will take the challenge to document and reconstruct this part of the history of Utah, which, in truth, is the history of all of us. This book is truly a community effort and I am honored to be part of the project.

Introducción

Este trabajo es un producto de una colección étnica-fotográfica que se exhibió a través de todo el estado de Utah. Más de 110,000 personas visitaron esta exhibición. Las sugerencias que recibimos nos pedían que escribiéramos una historia de los Latinos que trabajan día con día y su presencia pasa por desapercibida. Este trabajo capta "la historia de los de abajo," o lo que algunos historiadores y sociólogos llaman "la historia del pueblo."

Los años en que la historia de los Latinos fue omitida de los registros históricos de Utah tienen un impacto negativo en su conciencia. Hasta los años de 1980, los académicos y una gran parte de la comunidad latina, dió por hecho que la presencia de los Latinos en Utah se inició en el siglo veinte. Se olvidó que por más de cinco mil años los antepasados de los Mexicanos—los Aztecas y los Indios Utas—habían ya estado en este territorio. Otro hecho que se borró de la memoria es que los Indios Mexicanos fueron la médula principal de la exploración que Domínguez y Escalante realizaron en 1776. Inconscientemente, los Mexicanos también olvidaron que la creación del Calendario Azteca tuvo su origen en el estado de Utah.

Desde el siglo diecinueve la historia de los Utas-Aztecas fue reemplazada por versiones de pioneros Anglo-Europeos que entraron al territorio mexicano en el año de 1847. Para los pioneros mormones, la región del Gran Valle, era una región desierta, que a nadie pertenecía, y que estaba abierta para la conquista. De acuerdo a esa historia, fue Dios quien les otorgó la tierra para que fundaran el Reino de Sión. Desde entonces, este proyecto cuasi-teocrático, borró cualquier vestigio de la herencia de los Indios Uto-Aztecas y la presencia de los Mexicanos en esta área. No fue sorpresa que al entrevistar a uno de los México-Americanos más antiguos de este estado comentó: "Yo no tengo historia: lo único que tengo son fotografías."

Cuando estaba grabando las entrevistas, reflexioné sobre el hecho de que los Latinos de Utah no tienen acceso a su historia escrita, lo que poseen es un arsenal de acontecimientos históricos que necesitan ser incorporados a la historia del estado. Mientras que las personas entrevistadas me mostraban una por una las fotografías, yo iba reconstruyendo el proceso histórico de los México-Americanos y Latinos. De esta manera, las fotografías se convirtieron en historia, una historia incompleta, llena de lagunas de información, con rostros sin nombre, y hechos sin fechas. Sin embargo, las imágenes se convertían en una ventana que nos ayudaba a asomarnos a la experiencia de un grupo étnico/racial que en silencio ha construido los pilares que soportan la infraestructura del estado.

La carencia de una conciencia histórica en la mente de los Latinos de Utah ha producido lo que los psicólogos identifican como *disonancia cognoscitiva*, es decir, cuando la experiencia interna de los individuos no cuadra con su experiencia externa. A través de los sistemas educativos de sus países natales, Mexicanos y Latinos aprenden que el Suroeste de los Estados Unidos y el territorio de Utah fueron parte del territorio mexicano. Este conocimiento es un componente importante de su identidad y por lo tanto esperan que este hecho histórico sea reconocido por la historia del estado. Contrariamente, se encuentran con un sistema educativo que omite, tergiversa, y en muchos casos, refuta su trasfondo histórico. El tiempo ha llegado para que los Mexicanos y los Latinos de Utah reclamen su historia y recobren el sentido de pertenencia con el resto de la población. Esta es la razón por la que publicamos este trabajo: *Recuerdo, Celebración, y Esperanza*. El título del libro fue inspirado en un himno religioso que evoca el sentido de reconciliación, unidad, y visión histórica. Para la comunidad latina el compartir su destino, y el deseo de unificar el pasado, presente, y futuro son proyectos que alimentan su espíritu y su presencia en los Estados Unidos. O como los textos bíblicos lo expresan: "donde no hay visión, la gente muere."

El reto para escribir esta historia parece a veces imposible, dado que los registros históricos no se preservaron, la información no fue recolectada, y muchas veces la experiencia de los Mexicanos y Latinos fue incrustada dentro de la experiencia de otros grupos étnicos o religiosos. Sin embargo, uno de los mecanismos más efectivos para recobrar la conciencia histórica de las minorías de los Estado Unidos, es la recolección de entrevistas orales con los miembros más antiguos y representativos de esas comunidades. Simultáneamente, la compilación de fotografías, descripciones geográficas, y recursos visuales se convierte en una fuente histórica importante para la reconstrucción de tales historias.

Dentro de la metodología cualitativa, el material fotográfico se ha utilizado en la etnografía visual y en la antropología como instrumento para capturar las experiencias significativas de los grupos étnicos. Su validez y fortaleza científica se han medido por la capacidad para registrar eventos históricos, dinámicas familiares, ceremonias, e interacciones sociales.

La fotografía preserva actividades y cambios sociales en el momento en que toman lugar, en tiempos bien definidos, y espacios bien demarcados. Más aún, la fotografía nos facilita una nueva manera de ver, analizar, y entender eventos irrepetibles y que desaparecen por completo. La fotografía evoca un sentido de conexión histórica que permite a los individuos percibirse como una parte integral de su grupo. Por sí misma, la fotografía no puede proveer una visión total de un evento particular. Para ampliar su contexto o para validar su interpretación, se necesita recolectar información adicional de otras fuentes o dentro de la misma comunidad.

Al mismo tiempo que se entrevistó a Latinos y Mexicanos por todo el estado, se hizo acopio de una colección impresionante de fotografías que datan desde el año de 1895. Teniendo en cuenta que la transcripción, análisis, e interpretación de las entrevistas consumen demasiado tiempo, nos embarcamos en un proyecto a través del cual pudimos reconstruir la historia con fotografías y otros materiales visuales. En este proyecto, las comunidades mexicanas y latinas vinieron a nuestro rescate y se posicionaron como la fuente principal de información y guías de nuestro trabajo.

Ya que las fotografías eran las fuentes primarias de reconstrucción, fue necesario recolectar los nombres de las personas que aparecían en ellas y las fechas en que fueron tomadas. A través de un análisis contextual, se solicitó a las personas que interpretaran el fondo y el trasfondo de las fotografías comentando las condiciones sociales y económicas prevalecientes durante ese periodo.

En muchas ocasiones, se logró la explicación de los detalles, pero en otras no, sin embargo, la información se consiguió a través de las exhibiciones públicas que hicimos por todo el estado, ya que miembros de la comunidad pudieron identificar en las fotografías a las familias, las fechas, y aún los nombres de las personas que aparecían. De igual manera, el público que asistía nos dio pistas para ubicar a Mexicanos o Latinos que poseían fotografías de familiares que participaron en las mismas actividades o a personas que vivieron en la misma localidad en el tiempo que las fotografías fueron tomadas. Así, en menos de dos años, y gracias al esfuerzo de toda la comunidad, fuimos capaces de crear la historia pictográfica de los Latinos de Utah. Los resultados de la exhibición fueron diversos y muchos de ellos sorprendentes. Por ejemplo, las comunidades crearon grupos de estudios para profundizar en el conocimiento de sí mismos, también se agudizó la necesidad de recrear nuestra historia a través de artículos periodísticos y académicos que fueran más allá de una proyección fotográfica. Algunos oficiales del estado de Utah, académicos, y miembros de nuestra comunidad usaron nuestro proyecto como un instrumento para mejorar las relaciones étnico-raciales en aquellas comunidades que experimentaron una gran flujo de emigrantes de México, Centro y Sur América.

Inadvertidamente, nuestra exhibición fotográfica se convirtió en una actividad académica de alcance comunitario cuyo objetivo era el de proveer conocimiento, información, y formación de conciencia en audiencias no tradicionales. Esta aproximación pedagógica pretende alcanzar a los miembros de las comunidades que no tienen una formación académica formal, con altos índices de analfabetismo, o que simplemente no se les ha brindado la oportunidad de participar en el sistema educativo de los Estados Unidos. Para entender una fotografía y sus múltiples significados, no se necesita saber leer o escribir, las personas utilizan otros medios de aprendizaje. De hecho, a través de fotografías, miembros de las comunidades latinas fueron capaces de transformar la narración del contenido fotográfico, en la historia de la comunidad. Esto se logró al entretejer la historia particular de los individuos dentro de un contexto mucho más amplio, y también, al deducir conexiones históricas y sus relaciones con el proceso histórico de los Latinos.

En el área de la epistemología, a este proceso se le conoce con el nombre de *estructuración*, es decir, al hecho de que las fotografías se interpretan como representación de un periodo histórico en vez de entenderse como representaciones individuales y aisladas. Lo que ofrecemos en este libro es una colección de fotografías que representan periodos diferentes y las innumerables contribuciones de los Latinos al estado de Utah.

Nuestra descripción histórica no es completa pero selectiva. Su selectividad depende del material disponible tanto en fotografías como en la información de los archivos históricos y fuentes estadísticas. Esta colección puede ser interpretada de múltiples maneras. Algunos lectores verán en las fotografías expresiones artísticas, otros habrán de apreciar las técnicas fotográficas que se utilizaron en distintas etapas o verán las imágenes de sus familiares y de aquellas personas que contribuyeron a la creación de un estado más próspero. Para otros, las fotografías traerán a su memoria la nostalgia de un tiempo ya transcurrido y la posibilidad de recrear un pasado histórico con imágenes más apegadas a la realidad. Cualquiera que sea el efecto que las fotografías puedan tener, nuestra intención es revivir nuestra conciencia histórica como Latinos y México-Americanos. Como educador, comparto la responsabilidad moral de poner al descubierto la relevancia de estas imágenes pictóricas que demuestran el por qué los Latinos de Utah tienen todo el derecho de sentirse orgullosos de su historia, de su ética de trabajo, de su tenacidad, y de su cultura. El objetivo final, sin embargo, es que el conocimiento de nuestro pasado sea el fundamento para construir un futuro más digno y recobrar nuestra esencia como personas.

Este libro jamás podrá sustituir a una historia escrita. Por el contrario, esperamos que sirva como un incentivo para escribir dicha historia de una manera más completa y totalizante. Se ha organizado el trabajo dentro de un orden cronológico para enfatizar la fluidez del proceso histórico y su significado. Hemos dividido este libro en nueve capítulos que señalan los periodos históricos más relevantes del estado, de manera que nuestra historia quede plenamente articulada dentro de la historia de Utah.

La información que incluimos en los capítulos la hemos tomado de las entrevistas orales que fueron realizadas en las décadas de los 1970s y 1980s, y en el 2002. Estas entrevistas están a disposición del público en la sección de Colecciones Especiales de la Biblioteca J. Willard Marriott en la Universidad de Utah. Por motivos de espacio, no incluimos todas las fotografías que poseemos. Hemos seleccionado aquellas fotografías que son representativas de un periodo o aquellas que contienen las imágenes de individuos que hicieron contribuciones importantes a nuestra historia.

Al principio de cada capítulo incluimos una breve relación histórica con la intención de que la información pueda servir como un trasfondo que ayude a la interpretación y comprensión de las fotografías. Como cualquier otro libro, este trabajo es incompleto, sin embargo, esperamos que los Latinos, los académicos y los investigadores, acepten el reto de reconstruir esta historia que en el fondo no es más que la historia de una parte importante de nuestra humanidad. Este libro es verdaderamente el resultado de un esfuerzo comunitario y me siento honrado de ser parte de este proyecto.

CHAPTER 1

When Utah Was Mexico

As is the case with the histories of other ethnic minority groups, the history of Mexican-Americans in Utah is a complex one.[1] The meaning and evolution of that history has been shaped by economic forces, discriminatory practices, demographics, the development of U.S. capitalism, and the overwhelming influence of the Mormon religion. The ethnic-racial geography of the state is not unidirectional as the official accounts of Utah present it. On the contrary, it is a convoluted interaction shaped by the presence of Native Americans, Spaniards, Mexicans, Hispanics, the French, and Anglo-Europeans in the region. Understanding the long-standing presence of Hispanics in Utah is essential to the understanding of the history of the state.

THE UTO-AZTEC CONNECTION

Utah, the name, refers to the native people, the Utes, who inhabited the territory before the colonization of the New World by Spain.[2] The relevance of the Utes is paramount to our history because of their connection with the Aztecs. The Uto-Aztecan parent language, spoken approximately 5,000 years ago, testifies to the linguistic association between these two groups. According to Joel Sherzer, the Uto-Aztecan language family is not only a system of signs and sounds but is also a manifestation of cultural interchange between Aztecs and Utes. The linguistic connection, at the least, shows a shared ethnic heritage. This interchange may have been manifested originally in the use of similar instruments in hunting and gathering, and the employment of sounds to identify weapons like bows and arrows.[3] The intrinsic relationship of the Uto-Aztecan languages in the Southwest indicates that many Native American tribes, the Utes among them, descended from common ancestors, and created a lineage of people that ranges from the Southwest, to Mexico, and Mesoamerica.[4]

The ancestral connection between the Utes, the Aztecs, and the Mexicans has been brought to light again with the recent discoveries of the anthropologist Cecilio Orozco, who claims that the origins of the Aztec/Mexica civilizations can be found in Utah. Orozco asserted that the root of the Náhuatl/ Aztec culture "has its center in Utah where the Green River, the Colorado, and the San Juan meet to go through the Grand Canyon."[5] It was in Utah where the Aztecs, prompted by a major drought, started their great migration to the South, about 502 B.C. The migration eventually took them to a valley where they found the eagle devouring the serpent. It was in this valley where they built Tenochtitlán (Mexico City). This journey nourished the Aztec mythology of Aztlán, that is, the idea that the homeland of the Aztecs/Mexica was located far to the north, in what became the Southwestern United Sates. Aztlán represents their sacred and ancestral land.[6] Mexican myths included stories of a Lake of Teguayo in the land of origin, which by the eighteenth century was located where the Great Salt Lake is.[7] Mythologies are "sacred narratives" that explain the origin of the world or the way a group of people clarifies its place in history. In the same way that Greek mythology was the foundation of the Greek civilization and the Mormon mythology of creating a Zion was part of a restoration of Christianity for a millennium to come and also served as the building concept for the colonization of Utah, Mexican-Americans use the myth of Aztlán as an explanation for their belief that the Southwest is their homeland.[8]

Given the amalgamation among the Indians and the Spanish, people of Mexican origin consider themselves a *mestizo* people.[9] The oral interviews with the oldest Hispanic residents of Utah corroborate this as an ongoing merger of peoples. José Salazar, for example, acknowledged that his father was a Spaniard who married a Navajo Indian.[10] Other Mexican-Americans from Utah traced their ancestors to the Cherokees. Such is the case of Rosa Sandoval, whose father was from Durango, Mexico, and came to the United States when he was just a boy. Rosa's grandfather was a Cherokee Indian who fought against the creation of reservations for native people, and went to live in Mexico.[11] Along the same lines, Pete Archuleta recognized his ancestors as a mixture of Apache, Mexicans, Mexican Indians, and Spaniards.[12] Some Mexican-Americans of Utah went as far as claiming that the territory of the Southwest belonged to their ancestors and the Indians.[13] Tracing the connection between the Aztecs, Utes, Navajos, Cherokees, and Mexicans represents recognition, on the part of the Mexican-Americans, of the richness and multiplicity of their Indian ancestors and the particularities of Utah territory.

THE EXPEDITION OF DOMÍNGUEZ-ESCALANTE

In 1765, Juan Maria Antonio de Rivera became the first Spaniard to reach the Colorado River and explore the southeast area of what we now identify as Utah.[14] According to G. Clell Jacobs, Rivera's expedition north from Santa Fe had four objectives: to establish the location of the crossing of the Colorado River, to ascertain the languages of the native groups and their attitude toward the Spaniards, to make a journal account of the trip, and to map the trail.[15] Jacobs convincingly argues that without the information provided by Rivera, further exploration would not have been possible.

It was in 1776 when the government of New Spain formally authorized the friars Silvestre Vélez de Escalante and Francisco Atanasio Domínguez to explore north from New Mexico into the territory that became Utah. As with other explorations in the Northern frontier, Mexican Indians traveled with Spaniards as guides, interpreters, and keepers of their horses and mules.[16] In fact, five Mexican Indians—Lorenzo Oliveras, Lucrecio Muñiz, Andres Muñiz, Juán de Aguilas, and Simón Lucero, accompanied the priests for 1800 miles and five months of the expedition's journeying and discoveries. Both the Spanish friars and the Mexican Indians carried out what has been called "one of the most remarkable explorations in North America."[17]

Besides the intention to create a route that unified Santa Fé with Monterrey, the expedition looked to convert the Indians to Christianity. In the first contact with the Utes, the friars clarified that they had not come with the idea of conquering the land.[18] Andres Muñiz, one of the Mexican interpreters, expressed to the Indians that the intention that brought the friars to the region "was to seek the salvation of their souls and to show them the only ways in which they might attain this salvation."[19]

The first manifestation of the Spaniards' exploration was apparent in the proliferation of Spanish names along the routes they explored. Thus, the first site where the expedition stopped was named La Fuente de la Guía. As the explorers were advancing, the friars and the Mexicans started converting the Indians to Christianity and giving Spanish names to the natives. In spite of the maintained efforts and contributions of Mexicans on behalf of the exploration, their names and actions got buried in what Carey McWilliams termed "the fantasy heritage." Such fantasy has been ingrained in the mind of the Anglo-American people who tend to glorify the Spanish heritage while discounting the contributions of the Mexicans.[20]

FUR TRADERS, TRAPPERS, BEAVER HUNTERS, AND MOUNTAIN MEN

The Anglo industry of fur trading and trapping in Utah emerged and then quickly declined between 1820 and 1840. Trappers arrived to the Great Basin while expanding their commerce from several directions, including the Spanish settlements in New Mexico. In 1822, Captain William Becknell created the Santa Fé Trail from the United States, which opened new opportunities for trade, albeit heavily restricted by Spanish law.[21] From Santa Fé the traders expected to enter Chihuahua, one of the richest districts in Mexico and an important mining town. Northern Mexican cities, like Taos, provided not only goods for trappers but represented temporary resting places for trapping adventures to California. Besides the adversities of the climate, the trappers found themselves in trouble with the Indians and the Mexican government. Government officials accused the trappers of trespassing in Mexico and violating Mexican laws. The Americans, according to Robert G. Cleland, "hunted beaver without permit or licenses, smuggled goods across the border, obtained passports to leave the country and … encouraged Mexican citizens to violate the laws of their own country."[22]

A main source of rivalry between Mexicans and the traders was that the Mexican government imposed taxes that seemed "arbitrary and unwarranted."[23] To ameliorate the problem of taxation, the traders invoked the protection of the United States. They requested the formulation of a treaty that would regulate their transactions, establish U.S. consular agents in Mexican trade locations, and grant tax exemptions on items brought into the U.S.[24]

By 1832, hundreds of Anglo traders and trappers crossed the Mexican border: some with documentation others without it. Several trappers became Mexican citizens, including Juan Rowland, Carlos Beaubien, Antoine and Louis Robidoux, Jose Ricardo Campbell, William Wolfskill, Ceran St. Vrain, and David Waldo. When adopting Mexican citizenship, Waldo declared, "I renounce allegiance and obedience to any other nation or foreign government, especially the one to which I belonged … and I bind myself to support effectively the constitution, decrees, and general laws of the United States of Mexico."[25]

Among all trappers and traders Antoine Robidoux became a significant figure in the history of Hispanics since he was elected president of the Junta de Ayuntamiento in New Mexico, and built the first trading post in Utah—Fort Uintah, at the junction of the Uintah River and White Rocks Creek.

Beginning in 1824, Anglo trappers, traders, and explorers treated the region including Utah as if it belonged to the United States, although the portion south of the 42nd Parallel belonged to Mexico. A dispute over this territory surfaced in 1825 when a company of 53 men—Americans, Canadians, and Spaniards—vied with Peter Skene Ogden, a British trapper for the Hudson's Bay Company, for control of the Salt Lake Valley. By 1832, the Great Salt Lake became very well known to trappers and traders. Trappers like Joseph Reddeford Walker camped in the Salt Lake Valley and claimed that this "territory belongs to the Republic of the United States. Our government should…take possession of the whole territory as soon as possible—for we have good reason to suppose that the territory west of the mountain will someday be equally as important to the nation as that on the east."[26] The hegemony of the traders and hunters came to an end by the mid-1840s when hunting and trapping "ceased to be of consequence" and the war with Mexico seemed unavoidable.[27]

UTAH AND MANIFEST DESTINY

Manifest Destiny was the commanding ideology in the middle of the 1800s that made possible the expansion of the United States to the Southwest and to the rest of the American continent. Through this belief in expansion, Anglo-Americans felt that they were obeying a divine call to populate and democratize the entire continent, including the Southwest.[28] For the sake of historical clarity, one has to raise the question: Why did the Mormons come to Utah? Why did they emigrate to the land of the Mexicans and Indian people? Bancroft concluded Mormons had no other options since they were persecuted. They had found in Utah's territory a place where they could freely practice their religion.[29] Historian Klaus J. Hansen has noted that to establish Zion, the City of God, the Mormons had different alternatives beyond the borders of the United States: Texas, Oregon, and California, among others. However, to avoid conflicts with a Mexican government that "did not look favorably toward North American immigration," the Mormons decided to settle in Utah, in the far northern reaches of Mexico.[30] Leonard J. Arrington, however, writes that the Mormon's decision to settle in Utah emerged after the pioneers recognized the great amount of resources and economic potentialities that the Great Basin offered them. Echoing the ideology of Manifest Destiny, Arrington reminds us that Utah seemed to be a "divinely ordained place."[31] After the Mormons arrived in the Great Basin, Brigham Young considered that the Lord had shown them the Promised Land, and he wrote: "it is our business to mold these elements to our wants and necessities, according to the knowledge we have and the wisdom we can obtain from the Heavens through our faithfulness. In this way will the Lord bring again Zion upon the earth, and in no other."[32] In Utah, the idea of Manifest Destiny was embedded in a religious promise and theological language.

THE TREATY OF GUADALUPE HIDALGO
AND UTAH'S TERRITORY

When the Mormons entered the Great Basin, in 1847, Utah was Mexican territory. For Orlando Rivera, Mormons therefore were Mexicans residing within the limits of the Mexican country.[33] The United States had declared war against Mexico in 1846 after President James K. Polk claimed that, with regard to a Texas border conflict, "Mexico had invaded our territory and shed the blood of our citizens on our own soil."[34] As part of the military strategy, the president requested that the Mormons ally with the U.S. Following this command, the Mormons organized a battalion to fight the Mexicans at the border. The Mormon Battalion became a unit of the Army of the West whose aim was to conquer Northern Mexico and the Mexican Pacific coast. Under the command of General Stephen Watts Kearny, 500 Mormons participated in the war against Mexico. The battalion departed from Fort Leavenworth, Kansas, on July 20, 1846, marched to Santa Fe, continued on to Sonora, and then to California. Most of its members then made their way to Salt Lake, which their coreligionists were in the process of settling.[35] In 1848, Mexico and the United States signed the Treaty of Guadalupe Hidalgo. This treaty ended the war; the United States annexed 50 percent of the Mexican territory and provided a compensatory amount of fifteen million dollars. In 1848, what is now considered to be the Southwest was officially declared a territory of the United States.[36]

In March of 1849, a year after signing the Treaty, the Mormons attempted to create the State of Deseret. The federal government, however, rejected both the statehood and the name Deseret. Instead, Congress christened the area as "the territory of Utah" in honor of the Utes who had resided there for 10,000 years before the coming of the Mormons.[37] Brigham Young became the first president of the territory, where he quickly faced the challenge of dealing with the practice of slavery in Utah. One of his decisions was to arrest Pedro Leon and seven Mexicans who were dealing horses, firearms, and ammunition in exchange for Indian women and children. Leland H. Creer suggested that Brigham Young apprehended the Mexicans not for dealing with Indian children but because they were providing guns and promoting a rebellion against the Mormons.[38] However, the history of the slave trade in Utah is far more complex since it involved the Ute Indians capturing women and children from the Paiute tribes and trading them with the Spaniards for horses and guns.[39] For Mexicans, the capturing and selling of indigenous women and children was a very lucrative business and many made their fortune by trading the Indian slaves or by placing them in Hispanic households as "indentured menial servants."[40]

In Utah, we find strong evidence that testifies to the long connection of Mexicans and Mexican-Americans to the territory and to the development of the Beehive State. This history needs to be shared because, as Dean L. May put it, "History belongs to the people...and it must ultimately be accessible to all."[41] The relationship between the Aztecs and the Utes, the exploration of Domínguez and Escalante in 1776, the presence of hunters and trappers in Mexican territory, the implications of the Treaty of Guadalupe Hidalgo for the Mormons, and the ideology of Manifest Destiny are essential elements that need to be incorporated into the history of our state. Our history is full of complexities and ambiguities, but President Abraham Lincoln's notion that "History is not history, unless it is the truth" is as relevant today as it was in the nineteenth century.

Utah, Territorio Mexicano

Como todas las historias que se escriben sobre los grupos étnicos minoritarios de los Estados Unidos, la historia de los México-Americanos de Utah es compleja.[1] Su evolución y significado es moldeada por fuerzas económicas, demográficas, prácticas discriminatorias, el desarrollo del capitalismo Norteamericano, y por la presencia abrumadora de la religión Mormona. La geografía etno/racial del estado no es tan clara como se pretende. Por el contrario, es el producto de una interacción múltiple y configurada por la presencia de los Indios autóctonos, Españoles, Franceses, Mexicanos, Hispanos, y Anglo Europeos. Para entender la historia de Utah de una manera más completa y equitativa, necesitamos incorporar la presencia y contribuciones sistemáticas que los Hispanos han brindado al estado.

LAS RELACIONES ENTRE LOS INDIOS UTAH Y LOS AZTECAS

Utah, el nombre que se le dió al estado, fue para reconocer y honrar la presencia de los Indios Utas quienes habitaron este territorio muchos años antes de la colonización española.[2] La relevancia de los Indios Utas se debe a la conexión histórica que mantuvieron con los Aztecas—los antecesores de los México-Americanos. El idioma Uto-Azteca, que se habló por más de cinco mil años en esta región, es un testimonio fehaciente de la conexión entre estos grupos indígenas. De acuerdo con Joel Sherzer, el idioma Uto-Azteca no es solamente un sistema de signos y sonidos sino que también es una manifestación de sus intercambios culturales. Este sistema de intercambio se puso de manifiesto en el uso de instrumentos de casería y recolección de frutos, y en el uso de palabras comunes para designar artefactos como el arco y la flecha.[3] La relación lingüística Uto-Azteca corrobora el hecho de que muchas tribus indígenas, los Utas entre ellos, descienden de un mismo tronco común. De este origen común se desprendieron varias ramas lingüísticas que van desde el Suroeste de los Estados Unidos, pasando por México, y extendiéndose por toda Mesoamérica.[4]

El enlace ancestral entre los Indios Utas, Aztecas, y Mexicanos se ha evidenciado con los descubrimientos recientes del antropólogo Cecilio Orozco quien asevera que el origen de la civilización Azteca/Mexicana se encuentra en el estado de Utah. Las raíces de la civilización Náhuatl/Azteca "tiene su centro en Utah donde el río Verde, el río Colorado, y el río de San Juan se juntan para después desembocar en el Gran Cañón."[5] Fue desde el territorio de Utah de donde los Aztecas iniciaron su gran peregrinación hacia el suroeste del continente. Su peregrinar se inició en el año 502 antes de nuestra era y fue provocada por una gran sequía que afectó a toda esta área. El final de esta travestía concluyó cuando los Aztecas vieron en el valle de México un águila devorando una serpiente. Fue en este lugar donde construyeron la ciudad de Tenochtitlán, actualmente conocida como la ciudad de México. Este escenario da origen a la mitología de Aztlán, la tierra sagrada de los Aztecas. De acuerdo a este mito, Aztlán es la tierra ancestral de los Aztecas localizada en el Suroeste de los Estado Unidos.[6] El mito incluye la historia de un supuesto Lago de Teguayo que ya para el siglo dieciocho se localizó en la región del Lago Salado.[7] Las mitologías son "narrativas sagradas" que explican el origen del universo o la manera de cómo un grupo entiende su función que tiene en la historia. De la misma manera que la mitología griega fue el fundamento de la civilización griega, y la mitología mormona de Zión fue la explicación para la colonización de Utah, los México-Americanos emplean la mitología de Aztlán para clarificar su creencia de que el Suroeste de los Estado Unidos es su tierra ancestral.[8]

De la amalgama entre los indígenas Mexicanos y los Españoles surgen los Mexicanos, la raza mestiza.[9] Las entrevistas orales con los residentes hispanos más antiguos de Utah corroboran este hecho. El padre de José Salazar fue un Español que se casó con una India Navajo.[10] Otros México-Americanos de Utah trazan su descendencia de los Indios Cherokis. Tal es el caso de Rosa Sandoval cuyo padre era del estado de Durango, México y llegó a los Estados Unidos cuando era niña. El abuelito de Rosa fue un Indio Cheroki que se opuso a la creación de las reservaciones indígenas, y después de ser perseguido tuvo que regresar a vivir en México.[11] Caso similar se registró en la familia de Pete Archuleta quien reconoce que sus ancestros son una mezcla de Indios Apaches, Mexicanos, y Españoles.[12] Algunos México-Americanos de Utah consideran que el territorio del Suroeste de los Estados Unidos pertenece exclusivamente a los Indios: "Cuando México vendió el territorio de Nuevo México, el territorio era propiedad de los indígenas, y sobre eso no tengo ninguna duda."[13] Este reconocimiento de la amalgama entre varios grupos indígenas, Mexicanos, y Españoles, es una muestra de la multiplicidad ancestral de los México-Americanos y provee una nueva luz sobre los orígenes étnicos de los Latinos.

LA EXPEDICIÓN DE DOMÍNGUEZ Y ESCALANTE

En 1765, Juan Maria Antonio de Rivera fue el primer Español en cruzar el río Colorado y explorar el área del Suroeste, a lo que ahora se le conoce con el nombre de Utah.[13] De acuerdo con G. Clell Jacobs, la expedición de Rivera tenía cuatro objetivos: identificar el cruce del *río* Colorado, identificar el lenguaje de los Indios, indagar sus actitudes hacia los Españoles, y crear un diario de los viajes y veredas que iba cruzando.[14] Con basta certeza, Jacobs establece que sin la información recabada por Antonio de Rivera otras exploraciones no hubieran sido posibles.

Fue en el año de 1776 cuando el gobierno de Nueva España autorizó a los frailes Silvestre Vélez de Escalante y Francisco Atanasio Domínguez para explorar el territorio de Utah.[15] Como otras exploraciones en la frontera norte de México, los Indios Mexicanos viajaron con los Españoles como sus guías, intérpretes, y cuidaron de sus caballos y mulas.[16] De hecho, cinco Indios Mexicanos acompañaron a los frailes en las 1000 millas y cinco meses que duró la expedición. Los frailes Españoles y los Indios Mexicanos llevaron a cabo lo que Leland H. Creer consideró como "una de las exploraciones más formidables en Norte América."[17]

Además de las intenciones de crear una nueva ruta que unificara las ciudades de Santa Fé y Monterrey, la expedición tenía como objetivo convertir los Indios al Cristianismo. En su primer contacto con los Indios Utas, los frailes les explicaron que "no habían venido con la intención de conquistarlos o despojarlos de sus tierras."[18] Andrés Muñiz, uno de los Indios Mexicanos que sirvieron como intérpretes, también les clarificó que las intenciones de los frailes "eran la de buscar la salvación de sus almas y mostrarles los caminos verdaderos para lograr su salvación."[19]

La primera manifestación de la exploración de los Españoles se percibió en la proliferación de nombres que daban a los lugares a donde iban llegando. Así, el primer sitio donde los exploradores hicieron su primera parada se le bautizó con el nombre de La Fuente de la Guía. En cuanto fueron avanzando los frailes y Mexicanos empezaron a convertir a los indígenas al Cristianismo y a bautizarlos con nombres de sus santos.

A pesar de las múltiples contribuciones y esfuerzos que los Mexicanos realizaron en esta expedición, sus nombres y acciones fueron borradas por lo que el escritor Carey McWilliams identificó como "La Fantasía Hereditaria." Dicha fantasía está gravada en la mente de los Anglo-Americanos quienes tienden a glorificar todo aquello que hicieron los Españoles y borrando, al mismo tiempo, las contribuciones de los Mexicanos.[20]

COMERCIANTES DE PIELES, CAZADORES, TRAMPEROS, Y HOMBRES DE LA MONTAÑA

La industria anglosajona del comercio de pieles y la casería en Utah surgió y desapareció entre los años de 1820 y 1840. Los cazadores llegaron a la zona del Gran Valle para expandir su comercio y disminuir la influencia de los Españoles. En el año de 1822, el Capitán Becknell creó el Camino de Santa Fe, el cual abrió nuevas rutas comerciales en la región. Anteriormente toda transacción económica estaba gobernada por leyes Españolas.[21] Desde Santa Fe, los comerciantes Anglosajones esperaban entrar a Chihuahua, una de las ciudades más ricas de México y con una producción minera considerable. Las ciudades del Norte de México, como Chihuahua, proveían no solo alimentos a los cazadores sino que también ofrecían alojamiento para todos aquellos que viajaban a California y Oregón. Además de las adversidades del clima, los cazadores tuvieron que confrontar los retos que les planteaban los grupos indígenas y el mismo gobierno mexicano. Los oficiales mexicanos acusaban a los cazadores de traspasar la frontera de México y violar las leyes del país. Los Americanos, de acuerdo con Robert T. Cleland, "cazaban castores sin permiso, incrustaban mercancías de contrabando, obtenían pasaportes falsos, y motivaban a los ciudadanos Mexicanos a violar las leyes de su propio país."[22]

El motivo principal de la rivalidad entre Mexicanos y comerciantes Anglosajones era que el gobierno de México imponía impuestos que eran "arbitrarios e innecesarios."[23] Para limar estas asperezas, los comerciantes acudieron a la protección del gobierno de los Estados Unidos. Solicitaron la creación de un tratado que regulará las transacciones comerciales, el establecimiento de agentes consulares norteamericanos, y la excepción de impuestos para las mercancías que importaban al país.[24]

Para el año de 1832 cientos de comerciantes Anglosajones y tramperos empezaron a cruzar la frontera de México. Algunos los hicieron legalmente mientras que otros incursionaron en el país de una manera ilícita. Algunos tramperos adquirieron la nacionalidad mexicana, tal fue el caso de Juan Rowland, Carlos Beaubien, Antoine y Louis Robidoux, Jose Ricardo Campbell, William Wolfskill, Ceran St. Vrain, y David Waldo. Al adquirir la ciudadanía mexicana David Waldo expresó: "Renuncio a mi obediencia y lealtad a cualquier otra nación o gobierno extranjero, especialmente al gobierno al que pertenezco…y me obligo a respetar incondicionalmente la Constitución, decretos, y leyes que rigen en los Estados Unidos de México.["]25

Dentro de los grupos de tramperos y cazadores, Antoine Robidoux se convirtió en una figura relevante para la historia de los Hispanos. Mr. Robidoux fue electo presidente de la Junta del Ayuntamiento de Nuevo México y creó el primer puesto de intercambio en Utah: Fort Uintah, localizado a la rivera del rió Uintah y el arroyo de Piedras Blancas.

Desde 1824 los tramperos, comerciantes y exploradores se apresuraron a declarar el territorio de Utah como parte del territorio de los Estados Unidos. La disputa sobre el territorio se hizo latente en 1825 cuando un ejército de cincuenta y tres hombres—Americanos, Canadienses, y Españoles—se enfrentaron a Peter Skene Ogden—un trampero Inglés de La *Compañía de la Bahía de Hudson*, para mantener el control del territorio del Lago Salado. Para el año de 1832 la región del Lago Salado llegó a ser bien conocida entre los comerciantes y tramperos Anglosajones. La compañía de Joseph Reddeford Walker se apostó en el Lago Salado y declaró que: "el territorio pertenece a la República de los Estados Unidos. Nuestro gobierno debería de tomar posesión de todo el territorio en cuanto sea posible ya que tenemos las razones suficientes para presuponer que el territorio al Oeste de las montañas será algún día tan importante para nuestra nación como lo es ahora la parte Este del país."26 La hegemonía de los tramperos y cazadores disminuyó muy pronto debido a la incursión de los Mormones al territorio Mexicano. De acuerdo con Cleland, la caída de la industria de los comerciantes fue precipitada por la entrada de los Mormones quienes eran continuamente perseguidos a través de los Estados Unidos.27

UTAH Y LA DOCTRINA DEL DESTINO MANIFIESTO

La doctrina del Destino Manifiesto fue la ideología imperante de la mitad del siglo dieciocho que hizo posible la expansión de los Estados Unidos en el Suroeste y en el resto del continente americano. A través de esta ideología, los Anglo-Americanos creyeron que estaban obedeciendo el llamado divino a poblar y democratizar el Suroeste de los Estados Unidos.28 Por motivos de claridad histórica uno tiene que preguntarse: ¿Porque los Mormones eligieron el estado de Utah? ¿Porque tuvieron que emigrar a México, a territorio indígena? Para el historiador Bancroft, los Mormones no tenían otras opciones debido a la persecución religiosa y al hecho de que encontraron en el territorio de México un lugar pacifico donde podían establecerse y practicar libremente su religión.29 Una versión diferente proviene del historiador Hansen quien entiende que para establecer el reino de Zion—la ciudad de Dios, los Mormones tenían diferentes alternativas: Tejas, Oregón, y California, entre otras tantas. Sin embargo, para evitar conflictos con el gobierno mexicano "quien nunca miró con aprecio la emigración de Anglo-Americanos a su territorio," los Mormones decidieron establecerse en Utah, un lugar menos polémico y distante de la ciudad de México.[30] Utilizando una explicación diferente, el historiador Leonard J. Arrington, afirma que la decisión de los Mormones de establecerse en Utah surgió después que los pioneros habían contemplado la gran cantidad de recursos y potencialidades económicas que ofrecía la región del Valle Salado. Recordando la ideología del Destino Manifiesto, Arrington reconoce que Utah era "un lugar predestinado por un ordenamiento divino."[31] Después que los Mormones llegaron a la región del Lago Salado, Brigham Young, uno de los primeros profetas del Mormonismo, consideró que Dios había cumplido ya la misión de mostrarles la Tierra Prometida. Además, Brigham Young comentó que: "está en nuestras manos moldear todos estos recursos a nuestra voluntad y a nuestras necesidades, de acuerdo con el conocimiento que tenemos y a la sabiduría que nos viene del cielo a través de nuestra lealtad. De esta manera, el Señor hará posible que establezcamos el reino de Zion en este lugar, y no en ningún otro."[32] En Utah, la ideología del Destino Manifiesto estaba embutida dentro del discurso de la promesa divina y dentro de un lenguaje teológico.

EL TRATADO DE GUADALUPE HIDALGO
EN EL TERRITORIO DE UTAH

Cuando los Mormones entraron en la región del Gran Valle, en el año de 1847, Utah era parte del territorio mexicano. De acuerdo a los escritos de Orlando Rivera "los Mormones eran Mexicanos" porque estaban viviendo dentro de los límites del territorio mexicano.[33] Los Estados Unidos declararon la guerra a México en 1846 después de que el Presidente de ese país manifestó que: "México ha invadido nuestro territorio y ha derramado la sangre de nuestros ciudadanos en nuestro propio suelo."[34] Como parte de la estrategia militar, el Presidente Norteamericano solicitó a los Mormones que se alearan con los Estados Unidos y organizaran un batallón para pelear en contra de los Mexicanos. Los Mormones accedieron a la petición y crearon un batallón, El Batallón Mormón, que posteriormente se conectó al Ejército del Oeste. El objetivo era conquistar el Norte de México y las costas mexicanas del océano Pacifico. Bajo la dirección del general Stephen Watts Kearny, 500 Mormones participaron en esta guerra. El Batallón Mormón partió del Fort Leavenworth establecido en Kansas. En Julio 20 de 1847, el mismo batallón marchó a Santa Fé, continuó por el estado de Sonora, marchó después a California, y finalmente regresaron al Lago Salado.[35] En 1848 los gobiernos de México y los Estados Unidos firmaron el Tratado de Guadalupe Hidalgo. Este Tratado puso punto final a la guerra; los Estados Unidos se adueñaron del 50 por ciento del territorio Mexicano y proveyeron al gobierno de México una cantidad compensatoria de $15 millones. En el año de 1848, el Suroeste de México fue oficialmente declarado como parte del territorio Estadounidense.[36]

En marzo de 1849, un año después de haber firmado el tratado, los Mormones crearon el Estado de Deseret. El gobierno federal, sin embargo, se opuso tanto a la creación del estado como al nombre que se le pretendía dar. En vez del nombre de "Deseret" el Congreso de la Unión lo llamo "el Territorio de Utah" en honor a los Indios Utas quienes habitaron el territorio 10,000 años antes de la llegada de los Mormones.[37] Brigham Young fue nombrado el primer presidente del territorio e inmediatamente se dió a la tarea de resolver el tema de la esclavitud en Utah. Una de sus decisiones fue la de arrestar a Pedro León y a siete Mexicanos quienes intercambiaban caballos, armas, y municiones por niños y mujeres indígenas. Leland H. Creer sugiere que Brigham Young arrestó a los Mexicanos no por comerciar con niños indígenas pero porque estaban proveyendo armas y promoviendo una rebelión en contra de los Mormones.[38] Sin embargo, la historia de la venta de esclavos en Utah es mucho más compleja al incluir la práctica de algunos Indios Utas quienes también capturaban a mujeres y niños de la tribu de los Indios Paiutes y los cambiaban con los Españoles por caballos y armas.[39] Para los Mexicanos, la captura y venta de mujeres y niños indígenas fue un negocio muy lucrativo. Muchos hicieron una gran fortuna al traficar con los Indios esclavos o al emplearlos como "sirvientes bajo contrato" en las casas de Hispanos acaudalados.[40]

En Utah, se puede comprobar la conexión intrínseca entre los México-Americanos y el territorio de Utah, así también se puede rastrear sus contribuciones al desarrollo del estado. Esta historia necesita ser compartida con todos. Dean L. May lo expresó de la siguiente manera: "La historia pertenece a todas las personas...y por lo tanto, debe ser accesible a todos."[41] La relación entre los Aztecas y los Indios Utas, la exploración de Domínguez y Escalante en 1776, la presencia de cazadores y tramperos en territorio mexicano, la implicación del Tratado de Guadalupe Hidalgo para los Mormones, y la ideología del Destino Manifiesto son elementos esenciales que necesitan ser incorporados dentro de la historia de nuestro estado. Nuestra historia está llena de complejidades, pero el reto que el presidente Abraham Lincoln nos ha dejado, lo queremos retomar para nuestra causa: "La Historia no es historia al menos se escriba con la verdad."

The Manzanares Family. By looking back to their heritage, many Hispanos in Utah keep their historical consciousness alive. In an oral history interview, Mr. Andrew L. Gallegos reflected on the Southwest and Utah: "Where I lived...there have been four different flags. The Spanish flag for several hundred years. Then we had the French flag, the Mexican flag and the American flag...It is kind of an interesting history being part of this area." 1929. Moab, Utah. Photo courtesy of Lillian Rodriguez.

La familia Manzanares. Mirando al pasado muchos Hispanos de Utah han sido capaces de recrear su historia y mantenerla viva en nuestros días. En una entrevista, el Sr. Andrew L. Gallegos comentó que: "Donde yo viví...había cuatro banderas diferentes. La bandera española que ondeó por varios siglos. Al igual teníamos la bandera francesa, la bandera mexicana y la bandera estadounidense... El nacer en esta área nos hace participar en una historia interesante." Moab, Utah. 1929. Foto cortesía de Lillian Rodríguez.

Derrotero y Diario.

ARCHIVO GENERAL DE LA NACION
MEXICO

El dia 29 de Julio del año de 1776 bajo el patrocinio dela Virgen Maria Señora Nuestra concebida sin pecado Original, y del Santisimo Patriarcha Joseph su Felicissimo Esposo Fr. Francisco Atanasio Dominguez actual Comisario Visitador de esta Custodia dela Conversion de San Pablo del Nuevo Mexico, y Fr. Francisco Silbestre Velez de Escalante Ministro Doctrinero dela Mision de Ntra. Señora de Guadalupe de Zuñi, acompañandonos voluntariamente Don Juan Pedro Cisneros, Alcalde Mayor de dicho Pueblo de Zuñi, Don Bernardo Miera y Pacheco, Capitan Miliciano Reformado y vecino dela Villa de Santa Fé, Don Joachin Lain, vecino dela misma Villa, Lorenzo Olibares dela Villa del Passo, Lucrecio Muñiz, Andres Muñiz, Juan de Aguilar, y Simon Lucero, habiendo implorado el Patrocinio de Nuestros Santisimos Patronos, y recivido la Sagrada Eucaristia los referidos; salimos dela villa de Santa Fé Capital de este Reyno del Nuevo Mexico, y àlas nuebe Leguas llegamos al Pueblo de Santa Clara en donde pasamos la noche. Hoy nuebe Leguas. X. n. de.

The first page of the *Domínguez-Escalante Journal*. Used by permission, Utah State Historical Society. All rights reserved.

Primera página del *Diario de Domínguez-Escalante*. Foto cortesía de la Sociedad Histórica del Estado de Utah. Todos los derechos reservados.

This 1768 map of North America from the Academy of Sciences in Paris, France, identifies the Laguna de Teguyo, or what is now known as the Great Salt Lake (*Top of map, left of center and inset*), which is considered to be the point of departure of the Indios Mexicanos, or Aztec Indians, to create their empire in Tenochtitlán, Mexico. Map: Roberto Rodriguez.

Mapa de Norte América, 1768. La Academia de las Ciencias de París, Francia, publicó en 1768 un mapa de Norte América en el que se identifica a la Laguna de Teguyo, a la que ahora se le conoce como El Lago Salado, como el punto de partida de los Aztecas que viajaron hacia el sur para crear la ciudad de Tenochtitlán, a la que ahora se la llama la Ciudad de México. Mapa: Roberto Rodríguez.

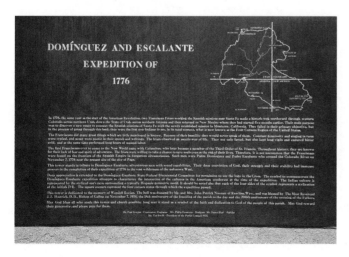

Inscriptions to commemorate the 200th anniversary of the Domínguez-Escalante Expedition of 1876. Page, Arizona. Photo courtesy of Emi Solórzano-Gringeri.

Inscripción para conmemorar el bicentenario de la expedición de Domínguez-Escalante de 1876. La inscripción se encuentra en la ciudad de Page, Arizona. Foto cortesía de Emi Solórzano-Gringeri.

Tower at the Immaculate Heart of Mary Catholic Church in Page, Arizona. This tower stands as a tribute to the Domínguez and Escalante Expedition and characterizes the intersection of cultures in the American Southwest. Photo courtesy of Emi Solórzano-Gringeri.

Torre de la Iglesia Católica del Inmaculado Corazón de María en Page, Arizona. La torre se erigió como un homenaje a la Expedición de Domínguez y Escalante y refleja la mezcla de culturas en el Suroeste de los Estados Unidos. Foto cortesía de Emi Solórzano-Gringeri.

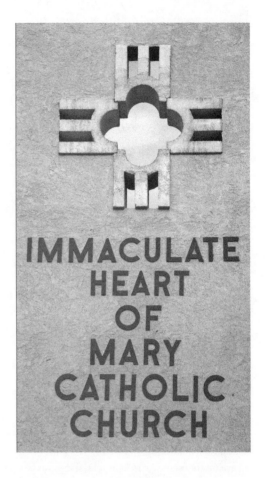

Statue of the Virgin Mary at Page, Arizona, which marks the area upstream on the Colorado River where the Domínguez and Escalante Expedition rested after leaving Utah and crossing the river on their way back to Santa Fe. Photo courtesy of Emi Solórzano-Gringeri.

Estatua de la Virgen María para marcar el sitio del río Colorado donde la expedición de Domínguez y Escalante descansó antes de salir de Utah y cruzar el río para regresar a Santa Fe. Page, Arizona. Foto cortesía de Emi Solórzano-Gringeri.

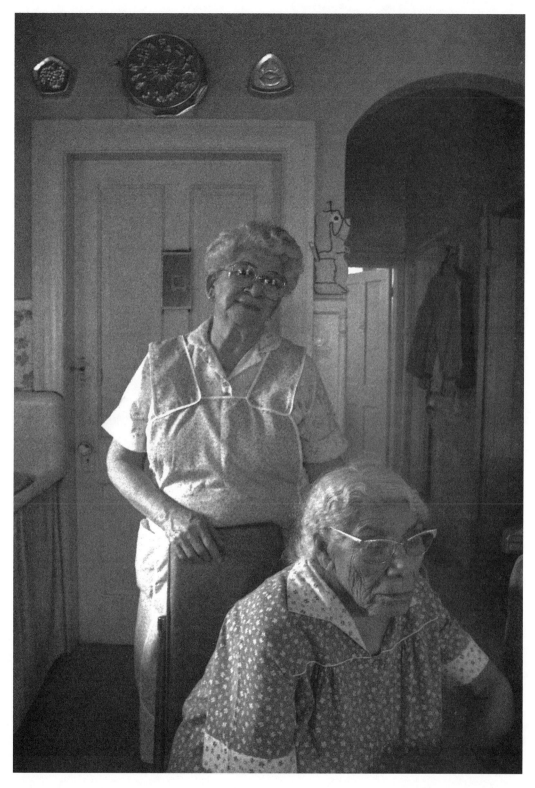

Mrs. Elizondo and her daughter. April 22, 1986. Photo by George Janecek, Working Together: A Utah Portfolio. P0705. Special Collections Department, J. Willard Marriott Library, University of Utah.

La señora Elizondo y su hija. Abril 22,1986. Foto de George Janecek, Working Together: A Utah Portfolio. P0705. Departamento de Colecciones Especiales, Biblioteca J. Willard Marriott, Universidad de Utah.

Glyphs at Sego Canyon, Utah. These glyphs at Sego Canyon (twenty-five miles from Green River City) were carved in approximately 500 BC. According to Cecilio Orozco, an anthropologist at California State University, Fresno, some of these glyphs are included in one of the time cycles of the Aztec Calendar. Orozco further speculates that the creation of the Aztec Calendar began in Utah and was finalized in Mexico in 1479. Photo by Rennett Stowe from Wikimedia Commons.

Jeroglíficos encontrados en el Cañón de Sego en el estado de Utah. Estos jeroglíficos de Sego (veinte y cinco millas de la ciudad de Río Verde), fueron inscritos aproximadamente en el año 500 A.C. En la opinión de Cecilio Orozco, antropólogo de la Universidad Estatal de California, en Fresno, algunos de estos jeroglíficos están incluidos en uno de los círculos del Calendario Azteca. Además, el antropólogo considera que el Calendario Azteca se empezó a crear en Utah y fue finalizado en México en el año de 1479. Fotografía de Rennett Stowe from Wikimedia Commons.

Disturnell Treaty Map, 1847. This map by John Disturnell was an official reference in the 1848 Treaty of Guadalupe Hidalgo negotiations through which 50 percent of the Mexican territory was annexed to the United States. It also shows three migration points of the Aztecs, beginning with one in Utah (*inset*), and includes the ancient places the Aztecs inhabited on their way to Tenochtitlán (Mexico City). David Rumsey Map Collection, www.davidrumsey.com.

Mapa Disturnell del año de 1847. Este mapa hace referencia al Tratado de Guadalupe Hidalgo que se firmó en al año de 1848 y a través del cual se anexó el 50 por ciento del territorio mexicano a los Estados Unidos. También muestra tres puntos de migración de los Aztecas partiendo de Utah, e incluye los lugares antiguos que los Aztecas habitaron en su camino a Tenochtitlán (Ciudad de México). David Rumsey Map Collection, www.davidrumsey.com.

Mr. Bustillos. April 17, 1986. Photo by George Janecek, Working Together: A Utah Portfolio. P0705. Special Collections Department, J. Willard Marriott Library, University of Utah.

Sr. Bustillos. Abril 17, 1986. Foto de George Janecek, Working Together: A Utah Portfolio. P0705. Departamento de Colecciones Especiales, Biblioteca J. Willard Marriott, Universidad de Utah.

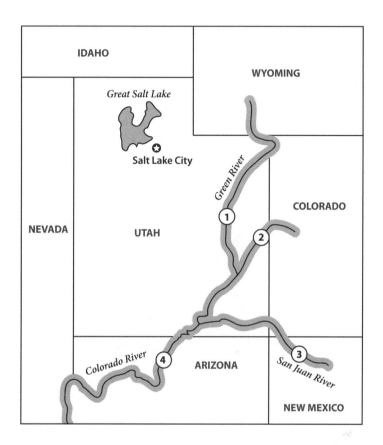

Based on his archeological studies, Dr. Cecilio Orozco considers that Sego Canyon might be one of the seven cities of Aztlán, the mythological place of the Aztecs. Dr. Orozco also lucubrates on the possibility that Aztlán might be located at the convergence of four rivers: the Green, the Colorado, the San Juan, and the river in the Grand Canyon which meet and then continue on through the Grand Canyon. Based on a map by Cecilio Orozco in *The Book of the Sun, Tonatiuh*. Illustrations by Armando Solórzano.

El Cañón de Sego es considerado como uno de los sitios sagrados en la mitología de Aztlán. Según esta leyenda, Aztlán se localiza en la convergencia de cuatro ríos. Los académicos sostienen que Aztlán podría localizarse en Utah, donde el río Verde, el río Colorado, y el río de San Juan convergen en el Gran Cañón. Basado en un mapa por Cecilio Orozco en *The Book of the Sun, Tonatiuh*. Ilustraciones de Armando Solórzano.

Mrs. Hernandez. November 22, 1985. Photo by George Janecek, Working Together: A Utah Portfolio. P0705. Special Collections Department, J. Willard Marriott Library, University of Utah.

Sra. Hernández. Noviembre 22, 1985. Foto de George Janecek, Working Together: A Utah Portfolio. P0705. Departamento de Colecciones Especiales, Biblioteca J. Willard Marriott, Universidad de Utah.

The First Hispanic Communities in Monticello

In contrast with other Hispanic populations in the Southwest, whose history can be traced back to the sixteenth century, those who came to Utah in 1890 did not have a Spanish-speaking community in which to live. They also did not find the presence and support of the Catholic Church. Additionally, the infrastructure of the state was still in the process of formation. According to Vicente V. Mayer, the history of the Hispanic people started in the twentieth century, "when Spanish speaking communities in Utah began forming."[1] The first Hispanics came to Utah from New Mexico and Colorado. They were forced to leave these states because Anglo governments and policies deprived them of their lands, their water rights, and their right to become part of the government. Hispanics entered through southern Utah and started creating their *colonias* in San Juan County, specifically in Monticello. Since the early 1900s, Hispanics helped provide a foundation for the cattle and sheep industries of the state.[2] This was possible because cattle and sheep ranching in the Americas have their origins in Spanish-Mexican culture, as they were brought to the New World by the Spaniards.[3]

For Hispanics to settle in Monticello was a challenge because the men, who came on horseback from several villages in New Mexico, usually worked for eight months and then returned home to visit their families. It would take them about a week to arrive at their destination and another week to come back to San Juan County. However, early in the twentieth century, Hispanics started coming in groups, with their families, to Monticello. Such were the cases of the Gonzalez, Pachecos, Chacones, Martinez, Manzanarez, Trujillos, Archuletas, Gallegos, and Vigiles, all families who settled and made their homes in San Juan County. These families became the foundation for the entrance of hundreds more Hispanos into Utah.[4] The newcomers found in Monticello a group of families who welcomed them, invited them to build new *colonias*, and gave them jobs as cowboys and sheepherders.

Once the Hispanics established their homestead in San Juan County, their children started attending the local schools. Since most of the children came from homes and lifestyles based on the Catholic faith, they faced the challenges of attending public schools that reflected the predominant values of the Mormon communities.[5] In spite of the religious and language difficulties, the Hispanic children were accepted by the Anglo-Mormon children and shared the one-room schoolhouses, the chicken coops, and the four-room brick facilities. Together, Anglo and Hispanic students suffered through the inadequacies of the space, the unsanitary conditions of the facilities, and the excess of students cramped in small classrooms. This situation became intolerable in 1917 when the schools in Blanding were inundated with Mormon Mexican children who were arriving from the border towns of Mexico, escaping from the violence of the Mexican Revolution of 1910.[6] Hispanic and Mexican-origin parents were aware of the language and cultural difficulties their children were facing, but did not demand a better education because San Juan County was very small, poor, and isolated. It was difficult to hire and retain teachers, even Anglo-American teachers.[7]

By 1920, the number of Hispanics increased considerably, to the point that distinct Hispanic neighborhoods were found in Monticello, La Sal, Blanding, and Moab. Integration with the larger Mormon community was delayed due to the religious and cultural practices of Hispanics. The majority of the Hispanic settlers came from northern New Mexico, and they brought customs and traditions based on the tenets of Catholicism. This religious dissimilarity produced what Gonzalez and Rivera called a socio-cultural-religious rejection that produced a double effect. On one hand, Hispanics were able to strengthen their language, culture, and religion. On the other, they lived in isolated communities with minimum contact with the larger society.[8] However, this interpretation has been challenged by others, such as Daniel S. McConkie, who considered this socio-cultural-religious rejection and discrimination to be selective, something that didn't take place in all aspects of Mormon-Hispanic relations in San Juan County. The overwhelming perception was that "religion was a major factor in separating the two groups." Nonetheless, information on economic integration, interracial marriages, religious marriages between Mormons and Hispanics, intergenerational differences, and personal relations between key members of both communities shows a different perspective on the reasons for the separation of the first Hispanic communities in Monticello.[9]

Using information from the U.S Census of 1930, the Monticello Community Development Committee shows that at least 15 percent of the population in Monticello was Hispanic. Simultaneously, the committee observed that religious diversity was a reality in the county, and the Catholic population was exclusively represented by Spanish speaking people.[10] Under the leadership of José Prudencio González and Ascensión Martinez, the Hispanics built St. Joseph's Church on Main Street. This church, completed in 1935, was the first Hispanic Catholic church in the state of Utah. It took a colossal effort to gather the economic resources and the materials for this project. St. Joseph's was small since the Hispanics were not able to collect an additional thirty-five dollars to buy a larger plot of land. Since 1935, baptisms, marriages, funeral rites, and other sacraments and activities have taken place at St. Joseph's. After the construction of the church, Hispanics didn't need to travel to Cortez and Durango, Colorado, as they did in the past for the celebration of their Catholic rites.

When World War II began, Hispanics in Monticello were called for military services and drafted for the battlefields in Europe. According to the *San Juan Record*, 125 Hispanics left San Juan County and enlisted in the U.S. Army. When compared to the total population of Monticello, Hispanics were overrepresented in the draft, thus exhibiting their patriotic fervor and loyalty to the nation.[11] Once they came back to Monticello, some Hispanics were able to advance their economic and social interests. A case in point is Robert Nieves, a Hispanic Puerto Rican, who opened the Highland Café in town.

During the 1950s, the children of the first generation of Hispanic settlers began attending high schools and some left the county to enroll in institutions of higher education. In Monticello's high schools, Hispanics were making important inroads. Bill Gonzalez, who achieved the highest honors and academic scores, became student body president in 1953. These and similar accomplishments made possible a broader integration into the community. Hispanic participation on sports teams also aided integration. Young Hispanic girls, such as Patsy Gonzalez, for example, became members of Monticello's basketball teams that traveled around the county and throughout the state.

It was also in the 1950s when the first Hispanic settlers of Monticello began to demonstrate their influence in cultural and political institutions. Jose Prudencio Gonzalez was broadly recognized for his linguistic skills. He became an interpreter and advocator for better interracial relations in the town. He spoke English, Spanish, Navajo, and the Utes' languages. He also served as a deputy sheriff. Known as a Renaissance man by the townspeople,

Jose Prudencio became a spiritual leader among Hispanic Catholics and an inspiration for the rest of the community. His commitment to pluralism and religious tolerance was manifested in the early years when he helped Bishop Jones to build a Mormon chapel; he donated his labor, hay, and a calf to that effort.[12]

The effects of World War II and the Korean War had a strong influence on the exodus of Hispanics from San Juan County. Besides joining the armed services, Hispanics traveled to northern Utah where high-paying jobs were available. Most of them went to Carbon County to labor in the coalmines, to Kennecott's copper mines, and to the railroad shops of Ogden. As they left Monticello, they spread their traditions, customs, and values throughout the state.

CAPÍTULO 2

Las Primeras Comunidades Hispanas en Monticello

En comparación con otros Hispanos en el Suroeste cuya historia puede ser trazada desde el siglo dieciséis, los Hispanos que llegaron a Utah en 1890 no tenían una comunidad de habla hispana donde vivir, no contaban con la representación de la iglesia Católica, y la infraestructura del estado estaba todavía en formación. De acuerdo a Vicente V. Mayer, la historia de los Hispanos comenzó en el siglo veinte, cuando las comunidades de habla hispana comenzaron a formarse en Utah.[1] Los primeros Hispanos llegaron de Nuevo México y Colorado. Fueron forzados a salir de sus estados porque las leyes y el gobierno los habían privado de sus tierras, de sus derechos al uso del agua, y de su libertad para formar parte de los gobiernos locales. Los Hispanos entraron por el sur de Utah y comenzaron a crear sus colonias en el condado de San Juan, específicamente en Monticello. Desde el comienzo de los años 1900 los Hispanos se convirtieron en la base de la industria ganadera y ovejuna del estado.[2] Esto fue posible porque esas industrias en las Americas tienen su origen en la cultura hispano-mexicana, ya que fueron traídas al Nuevo Mundo por los Españoles.[3]

Para los Hispanos que se establecieron en Monticello fue un gran desafío ya que las personas tenían que viajar desde lejana villas de Nuevo Mexico. Por lo general los Hispanos trabajaban ocho meses en Monticello y después regresaban a sus casas para visitar a sus familias. Les tomaba una semana arribar a sus hogares y otra semana para regresar al condado de San Juan. Sin embargo los Hispanos comenzaron a llegar en grupos y con sus familias a Monticello. Tal fue el caso de los Gonzalez, Pachecos, Manzanares, Trujillos, Archuletas, Gallegos y Vigiles, quienes se establecieron y empezaron a crear sus hogares en este condado. Estas familias fueron la base de las nuevas colonias hispanas y se convirtieron en "la puerta de acceso" para centenares de Hispanos y familias que continuaban llegando a Utah.[4] Los Hispanos recién llegados fueron acogidos cariñosamente, fueron invitados a crear nuevas colonias, y encontraron trabajo como vaqueros y pastores.

Una vez que los Hispanos establecieron sus hogares en el condado de San Juan sus hijos comenzaron a asistir a la escuela. Debido a que la mayoría de los niños provenían de hogares y estilos de vida basados en la fe católica, enfrentaron el desafío de las escuelas públicas que reflejaban los valores predominantes de las comunidades mormonas.[5] A pesar de las diferencias religiosas y lingüísticas los niños fueron aceptados por los niños Anglo-Mormones y compartieron las mismas escuelas. Estas escuelas consistían de un solo salón de clases, estaban muy mal equipadas, y su construcción era demasiada rustica. Anglos e Hispanos sufrieron juntos el espacio inadecuado, las condiciones insalubres de las instalaciones, y el exceso de estudiantes que se amontonaban en las pequeñas aulas. Esta situación se volvió intolerable en 1917, cuando las escuelas de Blanding fueron saturadas por niños hispanos mormones que arribaban de las ciudades fronterizas de México. Los niños, junto con sus padres, venían huyendo de la violencia producida por la Revolución Mexicana de 1910.[6] Los padres hispanos y mexicanos sabían de las dificultades lingüísticas y culturales que sus hijos enfrentaban pero no exigieron una educación mejor porque el condado de San Juan era muy pequeño, pobre, y aislado. Era muy difícil contratar y retener maestros, aun maestros Anglo-Americanos.[7]

Para el año de 1920, el número de Hispanos había aumentado considerablemente al grado que nuevos barrios y vecindarios se habían ya establecido en Monticello, La Sal, Blanding y Moab. La integración con las comunidades Mormonas fue muy lenta debido a las diferencies culturales y religiosas entre los grupos. La mayoría de los Hispanos venían de la parte norte de Nuevo Mexico y trajeron con ellos sus costumbres y tradiciones basadas en el Catolicismo. Estas diferencias religiosas hicieron que las familias de los González y de los Rivera experimentarán una discriminación socio-cultural-religiosa. Tal discriminación produjo un doble efecto. Por un lado, los Hispanos tuvieron que fortalecer sus tradiciones y su lenguaje. Por el otro, tuvieron que vivir en comunidades aisladas y con un contacto mínimo con el resto de la población.[8] Sin embargo, esta situación es interpretada de una manera distinta en otros estudios como los de Daniel S. McConkie, quien postuló que el rechazo y discriminación fue selectiva y que no sucedió en todas las relaciones mormona-hispana del condado. Generalmente se argumenta que la "religión fue el factor principal que contribuyó a la separación de los dos grupos." Pero a pesar de esa interpretación, otras fuentes señalan que la integración económica, los matrimonios interraciales, los matrimonios religiosos entre Mormones e Hispanos, y las relaciones personales entre miembros sobresalientes de ambas comunidades, nos brindan una imagen diferente de las primeras comunidades hispanas en Monticello.[9]

Basado en los Censos de Población de 1930, el Comité de Desarrollo Comunitario de Monticello, muestra que al menos el 15 por ciento de la población del condado era de origen hispano. Simultáneamente, el comité observó que la diversidad religiosa era una realidad y que la población Hispana hablaba exclusivamente en español.[10] Bajo el liderazgo de José Prudencio González y Ascensión Martinez, los Hispanos construyeron la Iglesia de San José en la calle principal de Monticello. Esta iglesia fue la primera iglesia católica en el condado y fue terminada en el año de 1935. Se requirió de un esfuerzo extraordinario para reunir los recursos económicos y materiales para este proyecto. La iglesia de San José era muy pequeña ya que los Hispanos no pudieron reunir treinta y cinco dólares adicionales que se requerían para comprar un terreno más grande. Desde el año de 1935, los bautismos, matrimonios, ritos funerales, quinceañeras, y otros sacramentos se llevaron a cabo en la iglesia de San José. Desde ahora, los Hispanos ya no necesitaban viajar a Colorado, a los pueblos de Cortez y Durango, como lo hacían en el pasado para la celebración de sus ritos religiosos.

Al estallar la Segunda Guerra Mundial los Hispanos de Monticello fueron llamados al servicio militar y reclutados para los campos de batalla en Europa. De acuerdo al *San Juan Record*, 125 Hispanos salieron del condado y se enrolaron en el ejército de las Fuerzas Armadas de los Estados Unidos. Comparados con la población total de Monticello, los Hispanos contribuyeron con un mayor número de soldados y reclutas para el ejército. Los soldados demostraron su gran espíritu de lealtad a la nación y destacaron por su fervor patriótico.[11] Al regresar a Monticello, algunos Hispanos pudieron avanzar sus intereses económicos y sociales. Tal fue el caso de Roberto Nieves, un hispano puertorriqueño quien abrió el Highland Café, uno de los primeros restaurantes hispanos en Moab.

Durante los años de 1950, los niños hispanos de la primera generación, comenzaron a ser matriculados en las escuelas secundarias y algunos tuvieron que abandonar el condado para enrolarse en universidades e institutos de educación superior. En las escuelas secundarias de Monticello, los Hispanos empezaron a sobresalir y a hacer contribuciones notables. Tal es el caso de William H. González, quien obtuvo las calificaciones más altas y se hizo acreedor a diplomas y menciones honoríficas. En el año de 1953 el joven González ocupó el puesto de presidente del consejo estudiantil de la escuela. Estos logros hicieron posible una integración más amplia dentro de la comunidad ya que los estudiantes hispanos participaron en los equipos de baseball, básquetbol, y football. Aun las mismas Hispanas, como Patsy González, empezaron a formar parte del equipo de baloncesto y pudieron viajar por el condado de San Juan y el estado de Utah.

Fue en los años de 1950 cuando los Hispanos que vivían en Monticello y el resto del condado comenzaron a dejar sentir su influencia en las instituciones culturales y políticas. José Prudencio González era ya ampliamente reconocido por sus habilidades lingüísticas y por su espíritu ecuménico. El Sr. González hablaba los idiomas inglés, español, navajo y el lenguaje de los Indios Utas. Por tal motivo sirvió como intérprete dentro de estos cuatro grupos étnicos y al mismo tiempo fue el intermediario que hizo posible una mayor comprensión entre los diferentes grupos raciales del condado. Don José Prudencio llegó a ser uno de los magistrados del pueblo y la comunidad lo reconoció como "uno de los hombres del renacimiento." El Sr. González se convirtió también en uno de los líderes espirituales dentro de los Católicos y sirvió como un ejemplo para toda la comunidad. Su dedicación al pluralismo religioso y a la tolerancia étnica se puso de manifiesto desde los primeros años cuando ayudó al Obispo Jones a construir la capilla de la iglesia Mormona. Su donación consistió en ayuda monetaria, tiempo para construir la capilla, y un ternero que se utilizo en las festividades.[12]

Los efectos de la Segunda Guerra Mundial y las repercusiones de la Guerra en Corea, tuvieron un gran efecto en el éxodo de los Hispanos del condado de San Juan. Los Hispanos continuaron suscribiéndose a las fuerzas armadas de los Estados Unidos, empezaron a desplazarse al norte de Utah en busca de nuevos trabajos, y muchos abandonaron sus antiguas ocupaciones para ocupar nuevos trabajos que ofrecían un salario más alto. La mayoría de los Hispanos se mudaron al condado de Carbón y empezaron a trabajar en las minas carboneras. Otros se desplazaron hacia el norte y trabajaron en las minas de cobre de la compañía Kennecott Utah Copper, y otros más empezaron a trabajar para las compañías ferrocarrileras. Al salir de Monticello y desplazarse por todo el estado, los Hispanos iban esparciendo las tradiciones, costumbres y valores que posteriormente identificaron a las comunidades hispanas del estado de Utah.

Cosme Chacon, his wife Filomena, and their daughters Marina and Jesusita. 1900. Used by permission, Utah State Historical Society. All rights reserved.

Cosme Chacón, su esposa, Filomena, y sus hijas Marina y Jesusita. 1900. Foto cortesía de la Sociedad Histórica del Estado de Utah. Todos los derechos reservados.

Guillermo Manzanares, one of the first Hispanic settlers in San Juan County, and Francisco Villa, a leader of the Mexican Revolution of 1910. Photo courtesy of Lillian Rodriguez.

Guillermo Manzanares, uno de los primeros pobladores hispanos en el condado de San Juan en compañía de Francisco Villa, líder de la Revolución Mexicana de 1910. Foto cortesía de Lillian Rodríguez.

By 1910, entire families, like Roque Garcia's, began arriving to Monticello to work as sheepherders. Used by permission, Utah State Historical Society. All rights reserved.

En 1910 familias como la de Roque García, comenzaron a llegar a Monticello para trabajar como pastores u ovejeros. Foto cortesía de la Sociedad Histórica del Estado de Utah. Todos los derechos reservados.

Far right: Reynalda and Cresencio Salazar. Monticello, Utah. Used by permission, Utah State Historical Society. All rights reserved.

Reynalda y Cresencio Salazar. Monticello, Utah. Foto cortesía de la Sociedad Histórica del Estado de Utah. Todos los derechos reservados.

The Torres Family. *Back row*: Luis Torres, Luz Torres Solorio, and Gabriel Torres. *Middle row*: Dolores Rivera Torres and Rafael Torres. *Front row*: Elias Rivera Torres, Ruth Rivera Torres, and Luis Rivera Torres. Photo courtesy of Edward H. Mayer.

La familia Torres: (*En tercera fila*) Luis Torres, Luz Torres Solorio, Gabriel Torres (*En segunda fila*) Dolores Rivera Torres, Rafael Torres (*En primera fila*) Elias Rivera Torres, Ruth Rivera Torres, y Luis Rivera Torres. Foto cortesía de Edward H. Mayer.

Women in the Garcia's family: Elaize, Tomacita, and Telesfora. La Sal, Utah. 1928. Photo courtesy of the San Juan Historical Commission. Robert S. McPherson. *A History of San Juan County: In the Palm of Time.* Utah State Historical Society, 1995, page 83.

Las mujeres de la familia García: Elaize, Tomacita y Telesfora. La Sal, Utah. 1928. Foto cortesía de la Comisión Histórica del Condado de San Juan. Robert S. McPherson. *A History of San Juan County: In the Palm of Time.* Sociedad Histórica del Estado de Utah, 1995. p.83.

Prudencio Gonzalez and two of his children in Monticello. 1943. Used by permission, Utah State Historical Society. All rights reserved.

Prudencio González y sus dos hijos en Monticello. 1943. Foto cortesía de la Sociedad Histórica del Estado de Utah. Todos los derechos reservados.

Arturo Manzanares while filming a movie with Ricardo Montalban. Moab, Utah. Photo courtesy of Lillian Rodriguez.

Arturo Manzanares en la filmación de una película con Ricardo Montalbán. Moab, Utah. Foto cortesía de Lillian Rodríguez.

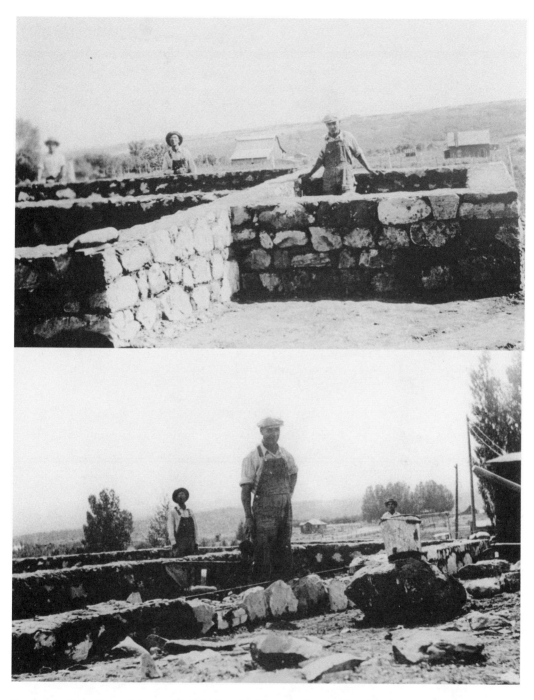

Prudencio González and Ascensión Martínez building the St. Joseph Catholic Church in Monticello. 1935. The first Catholic Church in San Juan County was built by Hispanics with resources collected throughout the community. Photos courtesy of William H. González.

El Sr. Prudencio González y Ascensión Martínez construyendo la Iglesia Católica de San José en Monticello. 1935. La primera Iglesia Católica en el condado de San Juan fue construida por Hispanos con recursos recaudados dentro de su comunidad. Fotos cortesía de William H. González.

Members of the St. Joseph's Parish Altar Society. 1975. Used by permission, Utah State Historical Society. All rights reserved.

Miembros de la Sociedad del Altar de la Parroquia de Señor San José. 1975. Foto cortesía de la Sociedad Histórica del Estado de Utah. Todos los derechos reservados.

The sons of the Martinez, Chacon, and Gonzalez' families organized the first basketball teams at Monticello High School. Photo courtesy of William H. Gonzalez.

Los hijos de la familia de los Martínez, de la familia Chacón, y de la familia González organizaron los primeros equipos de baloncesto de la escuela preparatoria de Monticello. Foto cortesía de William H. González.

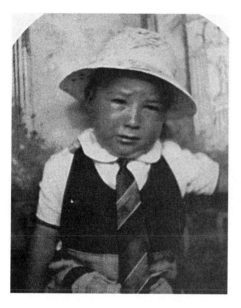

Bill Chacon dressed up for his birthday party. Photo courtesy of William H. Gonzalez.

Bill Chacón en la celebración de su fiesta de cumpleaños. Foto cortesía de William H. González.

Bill Chacon's father and Bob Nieves posing on a rock monument in Monticello, Utah. Photo courtesy of William H. Gonzalez.

El padre de Bill Chacón y Bob Nieves posando en un monumento de piedra en Monticello. Foto cortesía de William H. González.

Jose Prudencio Gonzalez sifting gold in 1900. Photo courtesy of William H. Gonzalez.

José Prudencio González cirniendo oro en el año de 1900. Foto cortesía de William H. González.

Mr. Jose Prudencio Gonzalez with his sons and daughters in 1915. Photo courtesy of William H. Gonzalez.

El Sr. José Prudencio González con sus hijos e hijas en 1915. Foto cortesía de William H. González.

CHAPTER 3

Latino Miners, 1912–1945

At the turn of the century, the mining industry became the most important economic activity of the state. In 1904, the mines in Bingham Canyon, southwest of Salt Lake City, became a property of the Utah Copper Company. By 1915, Kennecott Copper Corporation had absorbed all copper mining in the state, and become the largest enterprise, producing 90 percent of the state's copper and more than 8 percent of world's copper.[1] World War I greatly increased demand for this mineral and led to further expansion of activities in Bingham. As mining production increased, the need for miners became urgent and workers began arriving from the British Isles, Greece, Italy, and Japan.

The newly hired miners were assigned low-paying, high-risk jobs.[2] A significant challenge to this situation occurred on September 17, 1912, when nearly 5000 mine workers demanded increased pay, the elimination of the *padrone* system, and the recognition of labor unions. Utah Copper Company refused these demands and called for negotiations on an individual basis, but the miners walked off their jobs.[3] To normalize operations, Utah Copper Company officials recruited hundreds of Mexicans who were brought in as strikebreakers.[4] Newcomers encountered a vigorous resistance due to their status as "strikebreakers" as well as for their drastically different cultural background. The decision to bring Mexicans to Bingham, however, was not an easy one. Leaders of mining operations throughout the West, especially in Arizona, would not hire workers who could not speak English. "Miners who cannot speak the language," advised the *Salt Lake Mining Review*, "do not have a clear or adequate idea of the rights of others, or of the sacredness of the laws of our land."[5] The *Salt Lake Mining Review* stated that to protect the mining industry and the welfare of the miners, jobs should be offered only to those who could speak English fluently.

The majority of Mexicans who came to work in Utah's mines did not know English and had been driven out of their country by the violence of the Mexican Revolution of 1910.[6] Along with these Mexican nationals came Mexican-Americans from Arizona, Wyoming, and Colorado. Most *Mexicanos* were young and single; only 30 percent claimed to be married. The majority did not remain in Bingham due to the deplorable conditions in the mines. Reflecting on the working conditions, Filomeno Ochoa, a Mexican from Sonora, stated, "It didn't take long to get a job but you can't stay very long either...because you have to work like a mule."[7] The Mexicans worked, as did the Greeks, Japanese, and Italians before them, in the lowest-paying, least-skilled occupations. They put down tracks, blasted rock, drilled, and usually worked in track gangs.[8] Their salaries were the lowest of all miners and employers justified this practice by claiming that they "didn't have the education to work in other jobs."[9]

The economic recession after World War I devastated Utah's mining industry and, as in other areas of the country, Hispanics were among the first ones fired.[10] By 1920, copper production was 50 percent below 1917 levels.[11] Utah Copper Company reluctantly closed its mills in 1921, laying off more than 6000 men.[12] Louis Amador, a Bingham Mexican, recalls that on average, eighteen Mexican workers per day went back to Mexico. The exodus continued for six months. By 1922, conditions improved. By 1929, Bingham mines experienced a boom. Mines were, once again, operating at near capacity and Mexicans and Mexican-Americans were aggressively recruited.[13] However, this prosperity was short-lived. By 1930, copper lost its luster; in November of that year the metal's price had dropped below the breakeven point of twelve cents per pound. Utah Copper shut down most of its operations by 1932.[14] During the 1930s, Mexicans subsisted primarily on tortillas, beans, and chile sauce, but the children felt lucky to be as well off as they were. "You know, we were poor...But really, at that time...we didn't know it," said Esperanza Aguayo.[15] Conditions were so arduous that most *mineros* left Utah during the 1930s. Those who remained were forced to change occupations. A good number started working on the railroad; even Mexican women joined the labor force. The case of Juanita Jiménez illustrates this point. In 1930, after her husband died of a disease contracted in the mines, she looked for work and refused to ask for governmental assistance. "We never got help from the government. We never asked for anything," she said.[16]

The start of World War II finally ended the Great Depression in Utah as federal military expenditures, starting in the late 1930s, had a positive impact on the economy.[17] This economic revival produced a strong demand for labor.

As a result, Spanish-speaking miners, who had fled Utah during the 1930s, returned. In contrast to the immigrants of the 1910s, the new wave of *traba-jadores* hailed from rural farming villages in northern New Mexico and southeastern Colorado. Many of these people had been displaced by the capitalist transformation of their region after 1848. Forced to abandon traditional farming and economic practices, and without land to sustain their families, Hispanos wandered throughout the Southwest in search of menial labor.[18] In contrast with earlier arrivals, however, most Hispanos were married and had firmer intentions of remaining in Utah.[19]

The mining and mineral-processing sector in Utah also responded to wartime demands. New mineral-processing plants such as those owned by Utah Copper Company, Kennecott Copper, and American Smelting and Refining came on line during the 1940s. Together, they poured more than $15 million into plant expansion. This increased activity drew a large number of Hispanics and Mexicans to Utah's refineries, mines, and smelters, with many working in the coalmines of Carbon County by 1940. However, most were not enthusiastic about working in the coalmines because they offered the lowest salaries in the industry. Rosa Sandoval, who had lived in Carbon County since she was two years old, observed that the coal miners were "the poorest people on this earth. I don't care what they say. Especially when you're raising a family, all you have money for is groceries."[20]

Unlike the Mexican miners of the 1910s and early 1920s, some of the mineros of the 1940s were successful and achieved somewhat better economic status than their predecessors. As an illustration, Louis Amador acquired his own drilling machines and negotiated a contract with Kennecott Copper. He extracted ore, copper, lead, zinc, and bismuth; he earned a $5,800 check for his three months of work plus a $2,800 bonus from the federal government.[21] Merlin Barela, whose first job in the mines was as a powder man earning $8.88 per day, was promoted to shovel operator, increasing his daily pay to $46.94.[22]

The wartime demand for copper brought new Hispanic miners to Utah, which increased the intergroup diversity. In 1943, Bingham mining companies brought in hundreds of laborers from as far away as Puerto Rico and New York City. These workers encountered circumstances similar to those experienced by earlier waves of Mexicans and Mexican-Americans. The *islanderos* (islanders from Puerto Rico) did not bring their families, were transient, and were assigned to the most strenuous and lowest paying jobs in the mines.[23] Exact statistics on the composition of Bingham's population are not available, but researchers have estimated that during World War II, Hispanics comprised at least 65 percent of the canyon's population.[24]

SOCIAL CONDITIONS AMONG HISPANIC MINERS

From 1912 through the 1930s, most Spanish-speaking miners in the canyon lived in Dinkeyville rather than Bingham or Copperton. Nick Leyba recalls that "from what (we) remember there were more Mexicans in Dinkeyville than there were in other places."[25] Dinkeyville was located in the mountains above Highland Boy and Copperton. Mineros lived in shacks that were old, crowded, and inadequate. Water was a primary concern since there was only one well for every five families. These living conditions stood in stark contrast with those of managerial personnel who lived in Copperton, where Mexicans were not allowed to reside. Edith Meléndez, a resident of Dinkeyville, believed that segregation was not strictly based on racial divisions; rather it was created to keep "the elite away from the workers."[26] Hispanics also lived in the Highland Boy section, an area that was more ethnically diverse.

Not all Mexicans endured such difficult housing arrangements. The Meléndez family lived on Main Street in upper Bingham. Their house had two bedrooms, was furnished by Kennecott Copper, and rent was deducted from Mr. Meléndez's paychecks. Mike Meléndez recalls that during his youth, "We weren't very well off at the time. Well, I could say that probably we have never been well off. I remember for our chairs... [we had] wooden boxes... We had a coal stove. And our home was furnished very, very modestly. My main activities at that time were just playing in the mountains and in the hills."[27] By the 1940s, some of the mineros who had worked in Bingham for about two decades began purchasing homes in Dinkeyville, Bingham, Copperton, and Highland Boy. The homes were modest and many needed substantial mending. Highland Boy resident Merlin Barela recalls that his house "didn't cost too much. We bought the home for $5,250 so that couldn't have been too good of a home, but it was a big house."[28]

Some Hispanics acquired apartment buildings, which they then rented to bachelors. Although conditions were difficult, many mineros liked living in the ethnically diverse sections of the canyon. Alberto González, who moved from Highland Boy to Bingham, observed: "One thing I liked about Bingham, what I remember, is that there were so many different kinds of people, different nationalities, and I used to really like that."[29] Harold Nielsen considered the mining towns to have created "quite a melting pot," where Italians, Yugoslavians, Greeks, Mexicans, Georgians, and Armenians lived.[30]

THE EMERGENCE OF A HISPANIC COMMUNITY

The significant influx of Mexican miners beginning in 1912 was reflected in the 1920 federal census that reported 1666 people of Mexican descent living in

Utah. The 1900 Census had counted only forty. The growth from 1900 to 1920 is explained by the effects of the Mexican Revolution and by the efforts of the Utah Immigration Commissioner to attract workers. In 1910, the Bureau of Immigration described Utah as "a splendid state for the best class of immigrants."[31] The Spanish-speaking population in 1920 consisted primarily of young, single males. Most lived in rural areas; for each Mexican living in the urban core, three lived and worked in rural Utah.

The incremental growth of the Mexican-origin population warranted the establishment of a Mexican Consulate in Salt Lake City in 1912.[32] Although this entity provided some assistance, Utah's *familias* developed their own aid networks to ameliorate poverty and deprivation. Given Bingham's ethnic composition, it is not surprising that such ties and organizations flourished in the mining towns.[33] Mutual-aid societies such as the Mexican Cruz Azul (Mexican Blue Cross) emerged in the early 1920s to provide economic and emotional support, and to sponsor social and cultural events. The Blue Cross was created with aid from the Mexican consul, who hoped to provide legal assistance to persons without proper documentation. These activities were motivated by altruistic intentions and organized on a volunteer basis. Crisoforo Gómez, owner of a boarding house, and one of the founders of the Blue Cross, often allowed Mexican nationals to stay in his house for free.[34]

In 1927, Jesus Avila and other Mexicans in Bingham created *Unión y Patria* (Unity and Nation) to extend Mexican-American festivities and culture in the town. This society sponsored soirees in Bingham and Copperton to emphasize the positive side of Mexican culture. Avila hoped other ethnic groups would view Mexican-Americans not as "a bunch of revolutionaries" or strikebreakers, but as heirs to a rich culture and heritage.[35] Unión y Patria also sought to increase the miners' level of education and organized a night school in the basement of the Copper Hotel. The *escuela* offered classes in Spanish, English, and Spanish literature. To advance their political objectives, Mexicans created the *Sociedad Honorífica Mexicana,* an organization also sponsored by the Mexican consulate. Its goal was to protect the civil rights of Mexican nationals. Members met every Sunday, alternating sites between Highland Boy and Copperton. Leaders of the Honorífica emphasized patriotism and made sure that the Mexican flag was prominently displayed. This theme was repeated in social activities, for example, on the Fifth of May and Sixteenth of September. The Honorífica always opened its celebrations with the Mexican national anthem, as a group of children dressed in red, white, and green carried the Mexican flag.[36] One of the club's principal achievements was the creation of a school, located on Main Street. Agustín Hernández and Salvador González taught Spanish language and literature at the school where Mexican children went in the evening after attending Copperton schools during the day. Mineros heralded the *Honorífica* for providing their children with a bilingual and bicultural education, and for promoting multiculturalism among the miners.[37]

Mexican celebrations in Copperton were more than mere merrymaking; they became educational tools. Members hoped their celebrations would unify Mexicans with others in the mining town. The difficult economic circumstances during the Great Depression finally vanquished the Honorífica. By the early 1930s, the group had only six active members, the majority of whom could not afford to pay their dues. Nonetheless, the informal associations and mutual aid networks developed by the Mexican miners proved to be powerful instruments in the creation of ethnic ties and identification.

INCREASING DIVERSITY AMONG HISPANIC MINERS

The outbreak of World War II caused a severe labor shortage for Utah's industrial enterprises. One response by Kennecott officials was to go to Puerto Rico and entice workers to replace the mineros who had enlisted in the army.[38] Puerto Ricans were recruited, in part, because Kennecott wanted to hire U.S. citizens since many Mexicans had been recruited to work in the state of California. Once candidates passed a physical examination, they were sent to Miami, where the Puerto Ricans boarded a train bound for Bingham. The first group consisted of about 100 recruits. Some took up residence in the Bingham Hotel, others were sent to Highland Boy and Copperton. Accommodations were spartan, with three individuals often sharing one room. When the Puerto Ricans arrived, they saw only hills around them. Gerardo Meléndez, one of the first to arrive, exclaimed: "What are we going to do here?" This was a logical question since the islanderos did not have any mining experience and weren't acquainted with cold winters. As happened to Mexicans and Hispanics before them, the islanders found themselves on track gangs, drilling, blasting, and working underground. Within a week, the majority of Puerto Ricans left Kennecott. They abhorred the working conditions and the absence of cultural markers. The turnover rate for a second group of 100 mirrored that of the first; only ten stayed. According to Edith Meléndez, Puerto Ricans stayed just long enough to earn railroad vouchers with which to leave: "They didn't like it here, they hated it."[39] For those who stayed, survival was the primary goal. Without families, and working in an alien environment, many Puerto Ricans gravitated toward beer joints, pool halls, and baseball fields. "There was nothing to do in Bingham," remembered Gerardo Meléndez. The fact that nobody had a car kept them from at least traveling to Salt Lake City, which in turn, increased their feelings of isolation.[40]

The few Puerto Ricans in Utah seemed to get along with the Japanese, Greeks, Italians, and Native Americans. Initially, they did not notice any differences between Bingham's Hispanos and Mexicans. As far as most islanderos were concerned, all Spanish-speakers shared the same language and professed the Catholic faith.[41] Briefly, it seemed as if inter-ethnic harmony could prevail. But not all perceived the situation in the same way. Harold Nielsen believed that tensions among Puerto Ricans and other groups began almost immediately. In addition to their physical appearance, Puerto Ricans spoke Spanish differently and had different cultural practices. Fights occurred regularly at dances when Mexican girls refused to dance with the Puerto Ricans, or when a Mexican teenager danced with a Puerto Rican. Even the clothing worn by Puerto Ricans caused controversy. "Their clothing is mainly of the tropical style, usually all their dresses are white and with pictures of coconut trees embroiled in the cloth...their shoes were mainly white," said Gerardo Meléndez.[42]

By the mid 1940s, Mexicans and Hispanos distanced themselves from the islanderos. Socioeconomic status and religious differences also worked to strengthen cleavages. Some Spanish-speakers who had been in Bingham since the 1920s had acquired small amounts of real estate, moved into higher paying positions, and even started small businesses. Higher-paying jobs such as foreman, brakeman, and driver were primarily awarded according to length of service. Therefore, a clear occupational hierarchy separated veterans and newcomers. Many residents also viewed islanders as threats to their community and their daughters. In spite of shared characteristics, many Spanish-speakers regarded Puerto Ricans as foreigners and as blacks. Even the Mexican consul, Mr. Carlos Grimm, supported this assertion when he stated that, "Spanish blood did not diffuse through Puerto Rico. During the early slave trading days Negro blood was mixed with that of the Puerto Ricans,"[43] This "Negro issue" became a key concern among Hispanics and Mexicans who considered themselves of a higher socioeconomic class, and consequently, to have greater privilege.

RELIGIOUS CONTRIBUTIONS OF MINEROS

In spite of the overwhelming influence of Mormons in Utah, their influence on mineros up to 1920 was nonexistent. A Mormon congregation, *La Rama Mexicana* or Mexican Branch of Mormonism, started its activities in Salt Lake City during the early 1920s. The distance between the city and the canyons limited proselytizing among the mineros and most of the Spanish-surnamed population in Bingham remained at least nominally Catholic.[44] "You could just about count (on) your fingers those who weren't Catholic," said Enid Meléndez.[45]

Besides Catholics, there were a few Methodists among the mineros, and Mexican children had some contact with Mormons, mainly through interaction with their schoolmates and teachers.[46] However, by 1922 the Mormons had begun proselytizing in the mining towns and many individuals and families graciously welcomed Mormon missionaries to their homes. Still, only a small number were willing to give up their Catholic beliefs. Alberto Gonzalez stated: "My parents raised me as a Catholic so every time they [the missionaries] came over, I'd treat them nice, yes, but I was a Catholic and didn't want to change...I told them right out that I wouldn't change my religion."[47]

During the 1920s, several mineros did convert. Perhaps some adopted Mormonism because of the material support provided by the church. In Crisoforo Gómez's case, the LDS church paid for the funerals of his wife and mother. This generosity caused him to declare that: "There is no better church than the Mormon one."[48] One of the demands of his new faith was to convert others. A few months after his conversion, Crisoforo was sent to Ogden (about fifty miles north of Salt Lake City) to proselytize among railroad workers. His loyalty and works earned him the status of Elder, which meant he could baptize converts. However, his faith was not strongly rooted. Crisoforo eventually abandoned the church because he married Petra Gómez, a young Catholic woman from Mexico. Gómez said that Mormon officials disapproved of his wedding, and he had no other alternative but to come back to Catholicism. Several years after his conversion to the LDS church, Crisoforo was once again a practicing Catholic, and an active member of the Guadalupe Center in Salt Lake City.

During the 1920s and 1930s the majority of Mexicans lived in Highland Boy and Dinkeyville—towns without Catholic facilities. For recreational activities, Mexican-American youth attended the local Methodist Community House, which contained both a library and a gymnasium. The Methodist Church in Bingham was better organized and provided more services than the Catholic Church (the Salt Lake Catholic Diocese did not establish a mission to minister specifically to Spanish speakers until 1927). Hispanic Catholics found no discrimination among the Methodists and often attended their services and programs.[49] In spite of the hospitality, Mexican-Americans and Hispanics felt pressure to convert. Katherine Chávez commented: "Of course, they were trying to get us...One of the deaconesses wanted to send me to one of their training schools. I didn't realize how serious she was getting until she suggested it...she said that I could get into one of the training schools and...I told her I couldn't...I just couldn't. I didn't feel that I wanted to change my faith."[50]

The first Catholic priest who attended to the spiritual needs of Bingham's Spanish-surnamed population was Father Leahy. He was followed by the Catechists and, finally, Franciscan nuns and priests. Community members seemed to prefer Franciscans because they were more educated and stayed with the community for longer periods of time.[51] Franciscan nuns taught catechism, organized summer schools, worked with the children, and supported the tradition of *compadrazgo* through the celebration of baptism, confirmation, and communion. By the late 1930s, Hispanics in Bingham enjoyed a broad range of religious and social activities sponsored by the Catholic Church, both in the canyon (at the Church of the Holy Rosary in Bingham) as well as at Our Lady of Guadalupe Mission on the west side of Salt Lake City.

Although there were tensions, shared economic difficulties of the 1930s helped create some unity between Spanish-surnamed Mormons and Catholics. When Cosme Chacón's child died, he requested a Catholic priest to celebrate a funeral mass and to officiate at the interment. When a priest could not attend, a Mormon bishop paid for the funeral and stayed with the family for prayer and support. Based on this action, Chacón believed that, in some aspects, Mormons were more charitable and Christian than Catholics were. For Chacón, the Hispanic people who criticized the LDS Church were ignorant and ungrateful. "People should love people who practice justice, it does not matter if they are Mormons or from other religions."[52] Religious identification and affiliation were not rigid among Bingham's Spanish speakers. Ellen Cordova, for example, was raised Mormon, but married her husband, Alfredo, in a Catholic church. Some Catholic priests approved of these "mixed" religious marriages. "The priest told us that if we wanted to have it blessed in the Catholic Church you could do so without becoming a Catholic, which we did. But then I became a Catholic. After Mr. Cordova died, I was baptized because of my (six) children, they are all Catholics."[53] After her children grew up, Ellen left the Catholic Church and returned to her childhood faith.

This brief history of Hispanic miners indicates that mineros significantly contributed to the development of Utah's economy, they diversified the cultural and social conditions, and broadened the religious landscape of the state. These achievements were the result of a process of community formation even in the face of internal and external pressures. Certainly, Utah changed once mineros left the mines and moved to other communities in the Beehive State. During the 1960s, their sons and daughters became railroad workers, sugar beet planters, and migrant workers. Eventually, many became professionals, teachers, and political and business leaders who provided the impetus for the social, racial, and political transformation in the state.

Los Mineros Latinos, 1912–1945

A principios del siglo, la industria minera era la actividad económica más importante del estado. En 1904 las minas en el Cañón de Bingham, al suroeste de Salt Lake City, pasaron a ser propiedad de la Utah Copper Company. Para el año de 1915 Kennecott Copper Corporation había adquirido todas las minas de cobre, y se convirtió en la empresa minera más grande de Utah, produciendo el noventa por ciento del cobre del estado y mas del ocho por ciento del cobre del mundo.[1] La Primera Guerra Mundial incrementó la demanda de este mineral, lo que condujo a Kennecott a incrementar su producción en Bingham. A medida que la producción minera se incrementaba, la demanda por mineros se tornó más urgente y los trabajadores comenzaron a llegar de diversas regiones como las Islas Británicas, Grecia, Italia y Japón.

A los trabajadores recién contratados les asignaron las tareas de mayor riesgo y los salarios más bajos de la compañía.[2] Esta situación dió pie a un obstáculo que repercutiría en el futuro de las compañías. El 17 de septiembre de 1912, 5000 trabajadores mineros demandaron aumento de sueldo, la eliminación del *sistema de apadrinaje,* y que se reconocieran los sindicatos laborales. La compañía Utah Copper Corporation rehusó estas demandas y decidió negociar con los individuos y no con los sindicatos. Los mineros no aceptaron estas condiciones y decidieron abandonar sus trabajos.[3] Para normalizar sus operaciones, los oficiales de la Utah Copper reclutaron centenares de Mexicanos. Estos trabajadores fueron traídos para romper la huelga y para mantener la producción en las minas.[4] Los recién llegados afrontaron una resistencia vigorosa por parte de los huelguistas y por la misma población de Bingham. Esta oposición se debía a que los Mexicanos fueron identificados como "rompehuelgas," y a sus marcadas diferencias étnicas y culturales. Sin embargo, la decisión de traer Mexicanos a Bingham no fue fácil. Los dirigentes de las operaciones mineras en el suroeste de los Estados Unidos, especialmente los de Arizona, se oponían a contratar trabajadores que no supieran hablar ingles. De acuerdo con el periódico *Salt Lake Mining Review* estos trabajadores no tenían una idea clara de los derechos que los mineros tenían en los Estados Unidos, o de lo sagrado que eran las leyes de este pais.[5] El *Salt Lake Mining Review* creía que para proteger la industria minera y el bienestar de los mineros locales, se debía de ofrecer trabajo solo a aquellos individuos que podían hablar el inglés correctamente.

La mayoría de Mexicanos que vinieron a trabajar en las minas de Utah dejaron su país debido a la violencia que había producido la Revolución Mexicana de 1910, y ninguno de ellos hablaba el idioma inglés.[6] Junto con los trabajadores Mexicanos llegaron también trabajadores México-Americanos de los estados de Arizona, Wyoming, y Colorado. La mayoría de los mineros Mexicanos eran jóvenes solteros; solo el 30 por ciento estaban casados. Después de varios días de trabajo, la mayoría de los Mexicanos abandonaron el Cañón de Bingham debido a las condiciones deplorables en las minas. Cuando Filomeno Ochoa, un Mexicano de Sonora, fue entrevistado sobre este respecto, comentó: "No era difícil conseguir trabajo en las minas, pero tampoco durábamos mucho tiempo porque teníamos que trabajar como burros.[7] Los Mexicanos, al igual que los Griegos, Japoneses e Italianos que los antecedieron, tenían que trabajar en los puestos más difíciles; colocaban los rieles, dinamitaban las rocas, taladraban, y lo hacían sin mascarillas que los protegieran.[8] Sus salarios eran los más bajos de todos los trabajadores y los patrones justificaban estas medidas argumentando que los Mexicanos "no tenían la educación o las habilidades para desempeñar otro tipo de labores."[9]

La recesión económica que se produjo en los Estados Unidos después de la Primera Guerra Mundial devastó la industria minera de Utah. Como consecuencia, y siguiendo los padrones laborales del país, los Hispanos fueron los primeros en ser despojados de sus trabajos.[10] En 1920 la producción de cobre en Utah cayó más abajo de los niveles de producción que se habían registrado en 1917.[11] La compañía Utah Copper Corporation cerró sus puertas en 1921, despidiendo a mas de 6000 trabajadores.[12] Louis Amador, quien vivió en Bingham por muchos años, recuerda que por norma general, dieciocho mineros mexicanos regresaban a México todos los días. Esta inmigración de Mexicanos continuó por seis meses. Para el año 1922 las condiciones laborales mejoraron y para 1929 las minas de Bingham experimentaron un crecimiento exorbitante. Debido a esta situación, los dueños y gerentes de las compañías mineras volvieron a reclutar gran cantidad de Mexicanos y Mexico-Americanos.[13] Sin embargo, esta prosperidad duró muy poco. Para el año de 1930 el cobre volvió a perder su valor; en noviembre el precio de este metal se registró por debajo de doce centavos por libra. De nuevo, en 1923 la compañía Utah Copper Corporation cerró casi todas sus operaciones.[14] Durante la década de 1930, los Mexicanos vivieron de una manera muy precaria y sobrevivieron comiendo tortillas, frijoles y salsa. A pesar de estas condiciones, los niños se sentían afortunados por tener al menos algo que comer: "Sí, nosotros éramos pobres…pero en aquel tiempo ni lo sabíamos."[15] Las condiciones económicas eran tan drásticas que la mayoría de los mineros tuvieron que salir de Utah durante los años de 1930. Los que permanecieron se vieron obligados a cambiar de ocupación. Un buen número de ellos empezó a trabajar en las compañías ferrocarrileras; inclusivo las mujeres mexicanas también empezaron a unirse a las fuerzas laborales del estado. Juanita Jiménez es un caso ilustrativo de esta transformación. En 1930, cuando su esposo murió a causa de una enfermedad contraída en las minas, ella buscó trabajo y rehusó pedir asistencia gubernamental. "Nosotros nunca tuvimos ayuda del gobierno. Nunca le pedimos nada."[16]

El comienzo de la Segunda Guerra Mundial terminó con la Gran Depresión en Utah, y esto se debió, en parte, a las inversiones que el gobierno federal hizo en instalaciones militares y de la defensa nacional. Estas erogaciones, al final de la década de los 1930, tuvieron un impacto positivo en la economía.[17] Gracias a este renacimiento económico se produjo una fuerte demanda de trabajo y los mineros que salieron de Utah en los años de los 1930 decidieron regresar. En contraste con los inmigrantes de 1910, esta nueva ola de trabajadores, llegó de las poblaciones rurales del norte de Nuevo México y del sureste de Colorado. Muchas de estas personas habían sido desplazadas por la transformación capitalista que se venía registrando desde el año de 1848. Debido al incumplimiento del Tratado de Guadalupe Hidalgo, las personas se vieron forzadas a abandonar sus tradiciones agrícolas y sus sistemas económicos tradicionales. Sin tierras para sostener a sus familias, los Hispanos deambulaban a través del suroeste de los Estado Unidos en busca de trabajo.[18] Cuando arribaron a Utah, la mayoría de los Hispanos eran casados y tenían las firmes intenciones de establecerse permanentemente en el estado.[19]

El sector de la industria minera en Utah, respondió también a las demandas de cobre que se produjeron a raíz de la Segunda Guerra Mundial. Durante los años de 1940 nuevas plantas mineras de la Utah Copper Corporation, Kennecott Copper, y la American Smelting and Refining se establecieron en Utah. Estas compañías invirtieron más de $15 millones en la expansión de sus plantas. El auge de la minería atrajo una gran cantidad de Hispanos a las refinerías, minas, y fundidoras del estado. Hacia el año de 1940 la mayoría de los mineros se establecieron en el condado del Carbón. Desde un principio no mostraron un gran entusiasmo en trabajar en estas minas debido a que los salarios eran bajos y las compañías no ofrecían prestaciones laborales. Rosa Sandoval, quien vivía en el condado del Carbón desde la edad de dos años, sabia ampliamente que los mineros Hispanos eran las personas más pobres: "No me importa lo que la gente opine. Especialmente cuando estas tratando de sostener a tu familia y lo único para lo que te alcanza el sueldo es para comprar comida."[20]

A diferencia de los mineros mexicanos que arribaron en 1910 y en la década de los 1920, los mineros de la década de los 1940 tuvieron más éxito y lograron una mejor posición económica que sus predecesores. Como ejemplo es el caso del Sr. Louis Amador quien compró sus propios taladros y fue capaz de negociar varios contratos de trabajo con la Kennecott Copper. Después de tres meses de extraer oro, cobre, plomo, zinc y bismuto, la compañía le otorgó $5,800 por su trabajo y $2,800 por bonificaciones provenientes del gobierno federal.[21] Merlin Barela, cuyo primer trabajo fue el de recogedor polvo y mantener la limpieza de las minas, empezó ganando $8.80 al día, pero fue promovido como operador de maquinas, incrementando su salario a $46.94 al día.[22]

La demanda de cobre y de mineros, durante la Segunda Guerra Mundial, incrementó la diversidad entre los grupos hispanos. En 1943 las compañías mineras del Cañón de Bingham contrataron a centenares de trabajadores hispanos de lugares lejanos como Puerto Rico y Nueva York. Los Puertorriqueños encontraron las mismas condiciones de trabajo que las generaciones pasadas de Mexicanos y México-Americanos habían encontrado. Los *islanderos* arribaron sin sus familias, no tenían hogares fijos, y se les asignaban los trabajos más difíciles y de poca remuneración.[23] Las estadísticas concernientes a la población de Bingham no son muy claras, pero se estima que durante la Segunda Guerra Mundial los Hispanos representaban al menos un 65 por ciento de esta población.[24]

CONDICIONES SOCIALES ENTRE LOS MINEROS HISPANOS

Desde 1912 hasta el año 1930 la mayoría de los mineros Hispanos que vivían en el Cañón de Bingham, vivían en Dinkeyville no en Bingham o Copperfield como lo hacían la mayoría de los mineros. En una entrevista con Nick Leyba expresó que "habían mas Mexicanos viviendo en Dinkeyville que en cualquier otro lugar."[25] Dinkeyville estaba localizada en las montañas arriba de Highland Boy y Copperfield. Los Hispanos vivían en casuchas muy viejas, inadecuadas, y vivían todos amontonados. El abastecimiento de agua era una preocupación constante ya que había un pozo por cada cinco familias. Las condiciones de sus viviendas contrastaban con las viviendas en Copperton donde vivían los gerentes y el personal administrativo. A los Mexicanos no se les permitía vivir en esta área. Edith Meléndez, una residente de Dinkeyville, creía que la segregación habitacional no estaba basada en criterios raciales, sino que fue creada para mantener "a las elites alejadas de los trabajadores."[26] Además de Dinkeyville, los Hispanos vivían en la sección de Highland Boy en donde vivían también otros grupos étnicos.

No todos los Mexicanos sufrieron la misma segregación o habitaron hogares en malas condiciones. La familia Meléndez vivía en la Main Street, en la parte más alta de Bingham. Su casa tenía dos recamaras, los muebles le fueron proporcionados por la compañía minera Kennecott Copper, y la renta era deducida de sus cheques quincenales. Mike Meléndez recuerda que durante su juventud, su familia no gozaba de una buena posición económica: "Yo podría decir que nosotros nunca hemos gozado de una buena posición. Yo recuerdo que en vez de sillas usábamos cuatro cajones de madera para sentarnos....y solo teníamos una estufa de carbón. Nuestra casa estaba amueblada muy modestamente."[27] En los años de 1940, algunos de los mineros que habían trabajado en Bingham por más de veinte años, comenzaron a comprar sus casas en Dinkeyville, Bingham, Copperton y Highland Boy. Las casas eran modestas y la mayoría de ellas necesitaban arreglos y reparaciones. Merlin Barela, residente de Highland Boy, recuerda que su casa no le costó mucho: "Compramos la casa por $5250. No era una casa muy buena, pero era barata y grande. Con el tiempo le hicimos muchas reparaciones."[28]

Algunos Hispanos adquirieron condominios y edificios con varios departamentos, los que después rentaban a mineros que eran solteros. Aunque las relaciones étnicas no eran las más propicias, muchos mineros disfrutaban viviendo en las secciones étnicamente diversas de Bingham. Alberto González, quien se cambió de Highland Boy a Bingham hizo la observación siguiente: "Una de las cosas que más me gustaban de Bingham, y que recuerdo con agrado, es que habían mucha diversidad de personas, de diferentes nacionalidades y origen étnico, y yo disfrutaba mucho de ellos."[29] Harold Nielsen consideraba que los centros mineros de Bingham eran "una olla derritiente" que hacía posible el amalgamiento de personas de diversos orígenes tales como los Italianos, Yugoslavos, Griegos, Mexicanos, Georgianos y Armenios.[30]

EL ORIGEN DE LAS COMUNIDADES HISPANAS

El índice creciente de mineros mexicanos que inició en 1912 se reflejó en el *Censo de Población* que reportó 1,666 personas de origen Mexicano residiendo en Utah. El censo del año 1900 había reportado solo cuarenta personas. El crecimiento demográfico de la población Hispana en los veinte años se debió a los efectos de la Revolución Mexicana de 1910 y a los esfuerzos del Comisionado de Emigración de Utah para atraer trabajadores Mexicanos al estado. En 1910 el Departamento de Emigración describió a Utah como "un estado esplendido para la mejor clase de trabajadores inmigrantes."[31] La población de habla hispana en 1920 consistía principalmente de jóvenes solteros. La mayoría de ellos vivían en áreas rurales del estado; por cada Mexicano que vivía en las áreas urbanas, tres de ellos vivían en las áreas rurales.

El incremento de la población de origen mexicano obligó a que el gobierno de México estableciera el Consulado de México en Salt Lake City en el año de 1912.[32] El consulado carecía de recursos y era incapaz de proveer asistencia social a las familias más desposeídas. Esta situación dió origen a que las familias mexicanas crearan sus propios sistemas de apoyo y colaboración para aminorar la pobreza que experimentaban. Dada la composición étnica de Bingham y el estado de pobreza en que vivían las familias mexicanas, no es sorprendente que múltiples organizaciones florecieran en este lugar.[33] Sociedades de asistencia social tales como La Cruz Azul Mexicana surgió en el año de 1920 para proveer apoyo económico y emocional a sus afiliados. La mayoría de los fondos económicos eran recabados de eventos sociales y culturales. La Cruz Azul fue creada con la ayuda del Consulado de México, quien esperaba también brindar asistencia legal a aquellas personas que carecían de una documentación apropiada. Todas estas actividades se llevaban a cabo por motivos altruistas y eran organizadas en base a cooperación voluntaria. Crisóforo Gómez, uno de los fundadores de La Cruz Azul, permitía a los mineros mexicanos quedarse en su casa a dormir y sin cobrarles ninguna cantidad.[34] Unión y Patria fue otra organización política y cultural creada en la ciudad de Bingham. En 1927, Jesús Avila y un grupo de Mexicanos decidieron crear esta institución para facilitar un mayor entendimiento entre Mexicanos y los grupos étnicos de la ciudad. El objetivo era promover la cultura Mexicana y exponer a los mineros Anglo-Americanos a las costumbres, festividades, y celebraciones de Mexicanos y México-Americanos. En 1927 Unión y Patria patrocinaba tertulias en Bingham y en Copperton para mostrarle al resto de la comunidad el lado positivo de la cultura mexicana. Jesús Avila, esperaba que otros grupos étnicos percibieran a los México-Americanos no como un "grupo de revolucionarios" o rompehuelgas, sino como herederos de una rica tradición cultural.[35] Unión y Patria también se preocupó por incrementar el nivel de educación de los mineros y organizó una escuela nocturna en el sótano del Hotel Copper. La escuela ofrecía clases en español, inglés, y literatura hispana. Para avanzar sus objetivos políticos, los Mexicanos también crearon la Sociedad Honorifica Mexicana, la cual fue patrocinada, en parte, por el Consulado Mexicano. Su objetivo primordial era proteger los derechos civiles de los Mexicanos en el estado de Utah. Los miembros de la Honorifica se reunían todos los domingos y alternaban sus lugares de reunión entre Highland Boy y Copperton. Los dirigentes de esta organización enfatizaban un nacionalismo mexicano y se aseguraban que la bandera mexicana fuera prominentemente desplazada en lugares públicos. Este patriotismo se repetía continuamente en todas las actividades sociales, especialmente en las festividades del Cinco de Mayo y de El *Diéciseis* de Septiembre. La Honorifica comenzaba sus celebraciones con el himno nacional mexicano, mientras que un grupo de niños vestidos con los colores rojos, blancos y verdes, portaban la bandera mexicana.[36] Uno de los principales objetivos de la Sociedad Honorifica, era la creación de una escuela localizada en la calle Main. Agustín Hernández y Salvador González enseñaban el idioma español y literatura mexicana a los niños que se reunían por las tardes después de asistir a las escuelas de Copperton. Los mineros exaltaron a la Honorifica por proveer a los niños con una educación bilingüe y por promover el multiculturalismo entre los mineros de la ciudad.[37]

Las celebraciones mexicanas en Copperton eran más que unas fiestas populares y se convirtieron en instrumentos educativos. Los miembros de esta asociación esperaban que sus celebraciones unificaran a los Mexicanos con otros grupos étnicos que vivían en los centros mineros. Las difíciles circunstancias económicas en las que vivían los Mexicanos durante la etapa de la Depresión puso fin a la Honorifica. Por los años de 1930, la asociación contaba solamente con seis miembros activos y la mayoría no podía pagar las cuotas de sus membresías. A pesar de todos estos percances, las asociaciones mexicanas y sociedades de ayuda mutua se convirtieron en instrumentos fundamentales en la creación de la identidad de los Mexicanos y en instrumentos que unificaron a las colonias mexicanas que vivían en los centros mineros del estado.

DIVERSIDAD ÉTNICA ENTRE LOS HISPANOS

El estallido de la Segunda Guerra Mundial produjo una escasez de fuerza laboral en las industrias de Utah. Una de las medidas adoptadas por los oficiales de Kennecott fue la de reclutar Puertorriqueños para reemplazar a los mineros que se habían enlistado en el ejército.[38] Los Puertorriqueños fueron seleccionados, en parte, porque la compañía de Kennecott quería contratar ciudadanos americanos. Una vez que los Puertorriqueños pasaban el examen físico, eran enviados a Miami, donde los Puertorriqueños abordaban el tren que los traía a Bingham. El primer grupo estaba formado por 100 reclutas. Algunos se alojaron en el hotel Bingham mientras que otros fueron enviados a Highland Boy y Copperton. Las casas eran muy humildes y por lo general tres personas tenían que compartir una sola recamara. Cuando los Puertorriqueños arribaron a Utah se sorprendieron al ver las montañas cubiertas de nieve. Gerardo Meléndez, uno de los primeros en llegar, exclamó: "Que vamos a hacer aquí?" Esta era una pregunta lógica ya que los islanderos no tenían ninguna experiencia en trabajar en las minas o en las condiciones climatológicas que prevalecían en el estado de Utah. Como sucedió con los Mexicanos e Hispanos que arribaron anteriormente, los islanderos fueron colocados en cuadrillas de trabajadores de rieles, taladrando, rompiendo rocas, y en los túneles subterráneos de las minas. En una sola semana, la mayoría de los Puertorriqueños abandonaron las minas de Kennecott debido a las paupérrimas condiciones de trabajo y la ausencia de una cultura que reflejara sus raíces. Pocos días después, otro grupo de 100 Puertorriqueños arribaron a Utah, pero solo diez de ellos permanecieron en las minas. De acuerdo con Edith Meléndez, los Puertorriqueños trabajaban lo suficiente para comprar un boleto que les permitía regresarse a Nueva York o Puerto Rico. "No les gustaba este lugar, lo odiaban."[39] Para los que se quedaron, la idea de sobrevivir era su primera preocupación. Sin sus familias y trabajando en un ambiente extraño, muchos Puertorriqueños pasaban el tiempo en las cantinas donde iban a jugaban billar y también frecuentaban los campos de *béisbol*. "En Bingham no había muchas diversiones," recordaba Gerardo Meléndez. El hecho de que nadie tenía un automóvil, no les permitía viajar a Salt Lake City, lo que a su vez, incrementaba sus sentimientos de abandono y aislamiento.[40]

Los pocos Puertorriqueños que permanecieron en Utah parecían llevarse bien con los Japoneses, Griegos, Italianos e Indios-Americanos. Al principio, no experimentaron ninguna diferencia con los otros Hispanos de Bingham. En la opinión de los islanderos todos los Hispanos compartían el mismo lenguaje y profesaban la misma fe católica.[41] Pero no todos interpretaban esta situación de la misma manera. Harold Nielsen creía que las tensiones entre los Puertorriqueños y otros Hispanos comenzaron desde el momento en que los Puertorriqueños arribaron al estado. Además de su apariencia física, los Puertorriqueños hablaban el Español de una manera distinta y tenían una cultura diferente. Por lo general, los conflictos surgían en los bailes cuando las jóvenes mexicanas rehusaban bailar con los Puertorriqueños, o cuando las adolescentes Mexicanas bailaban con los Puertorriqueños. Inclusive el vestuario que usaban los Puertorriqueños causaba controversia. A este respecto, Gerardo Meléndez comentó: "Su vestuario era de tipo tropical, generalmente todos su ropa era blanca y con dibujos de palmas bordados en la camisa… sus zapatos eran blancos."[42]

Hacia la mitad de la década de 1940, los Hispanos se distanciaron de los islanderos. La diferencias económicas, culturales, y religiosas contribuyeron a este distanciamiento. Algunos Hispanos que habían vivido en Bingham desde la década de 1920 habían adquirido algunas propiedades, otros fueron ascendidos a posiciones con un mejor salario, y otros habían abierto sus propios negocios. Las posiciones de mejor salario tales como capataz, mayordomo, y conductor eran adjudicadas a los mineros que habían trabajado por largo tiempo. Así, una amplia jerarquía ocupacional separaba a los veteranos de los recién llegados. Muchos residentes veían también a los islanderos como una amenaza a su comunidad y a sus costumbres. A pesar de tener varias características en común, muchos Hispanos consideraban a los Puertorriqueños como extranjeros y los clasificaban dentro de la raza negra. Aun el Cónsul Mexicano, el Sr. Carlos Grimm, simpatizó con esta identificación cuando señaló que "la sangre Española no se difundió a través de Puerto Rico. En la etapa inicial del comercio de los esclavos, la sangre de los negros fue mezclada con la de los Puertorriqueños."[43] Este tema de la "identidad negra" de los Puertorriqueños se convirtió en una elemento de discordia entre los Hispanos quienes se consideraban de una clase socioeconómica superior y consecuentemente con mayores privilegios.

CONTRIBUCIONES RELIGIOSAS DE LOS MINEROS

A pesar de la influencia abrumadora de los Mormones en Utah, su influencia sobre los *mineros,* hasta la década de 1920, había sido mínima. La primera congregación Mormona, La Rama Mexicana o *Mexican Branch*, comenzó a operar en Salt Lake City en 1922. La distancia entre Salt Lake City y los centros mineros limitaba en gran medida las campañas proselitistas y la mayoría de los Hispanos en Bingham permanecían fieles a sus raíces católicas.[44] Enid Meléndez solía decir: "Usted puede contar con los dedos de su mano aquellos que no eran Católicos."[45]

Además de los Hispanos católicos había también en las minas algunos Hispanos que pertenecían a la Iglesia Metodista. Los niños mexicanos de ambas denominaciones tenían muy poco contacto con los Mormones; generalmente este contacto se daba con los niños mormones de las escuelas y con sus maestros.[46] Sin embargo, para el año de 1922 los Mormones comenzaron sus campanas proletizantes en las minas y las familias hispanas recibieron cortésmente a los misioneros. Aun así, solo un pequeño número de ellos estaban dispuestos a renunciar a sus creencias católicas. "Mis padres me criaron

Católico, y cada vez que los misioneros venían, yo los trataba cortésmente. Claro que era Católico y no estaba dispuesto a convertirme… Les dije directamente que no cambiaría mi religión."[47]

Durante la década de los años de 1920 varios mineros se convirtieron al Mormonismo. Algunos de ellos lo hicieron debido al apoyo material que proveía la iglesia. En el caso de Crisóforo Gómez, la Iglesia Mormona pagó los gastos del funeral de su esposa y de su madre. Esta generosidad lo hizo declarar que: "No hay mejor iglesia que la Iglesia Mormona."[48] Una de los requerimientos de su nueva fe era la de convertir a otros Hispanos. Meses después de su conversión, Crisóforo fue enviado a Ogden (cincuenta millas al norte de Salt Lake City) a proletizar a los Hispanos que trabajaban en los ferrocarriles. Su lealtad y dedicación al mormonismo lo hicieron merecedor de la posición de Elder, lo que significaba que tenía la autoridad para bautizar a los convertidos. Pero quizás su conversión no estaba fuertemente cimentada. Crisóforo eventualmente abandonó la Iglesia Mormona y se caso con Petra Gómez, una joven católica de México. En una entrevista Crisóforo comentó que las autoridades de la Iglesia Mormona no aprobaban su boda y no tuvo otra alternativa que regresar al Catolicismo. Varios años después de su conversión, Crisóforo regresó a su antigua fe Católica y llegó a ser miembro activo del Centro de Guadalupe en Salt Lake City.

Durante las décadas de los años de 1920 y 1930 la mayoría de los Mexicanos vivían en Highland Boy y Dinkeyville pero ninguno de estos lugares tenían una Iglesia Católica. Para sus actividades recreacionales, los jóvenes Hispanos católicos asistían a la Casa de la Comunidad Metodista en Bingham, la cual tenía una biblioteca y un gimnasio. La Iglesia Metodista de Bingham estaba bien organizada y proveía más servicios que ninguna otra iglesia. Los Hispanos católicos no experimentaron ninguna discriminación de parte de los Metodistas y asistían con frecuencia a sus servicios religiosos y programas comunitarios.[49] A pesar de su gran hospitalidad, los Hispanos sintieron la presión para convertirse. Katherine Chavez comentó: "Por supuesto, ellos trataban de convertirnos… Una de los diáconos quería enviarme a una de sus escuelas de entrenamiento. No me di cuenta hasta que me lo sugirió… dijo que yo podía registrarme en una de sus escuelas… Yo le dije que no podía…simplemente no podía. Yo no sentía que quería cambiar mi religion."[50]

El primer sacerdote católico que atendió a las necesidades espirituales de los Hispanos fue el Padre Leahy en 1927. A él le siguieron las catequistas y monjas franciscanas. Los miembros de la comunidad católica parecían preferir a los Franciscanos porque eran más educados y permanecían en la comunidad por periodos más largos.[51] Las monjas Franciscanas enseñaban el

Catecismo, organizaban programas de verano en las escuela, trabajaban con los niños, y apoyaban la tradición del compadrazgo durante la celebración del bautismo, confirmación, y comunión. A finales de los años de 1930, los Hispanos en Bingham disfrutaban de varias actividades religiosas y sociales patrocinadas por la Iglesia Católica. Esta misma situación se daba a través de La Misión de Nuestra Señora de Guadalupe, en el Oeste de Salt Lake City.

Aunque existían ciertas tensiones entre los Hispanos católicos y los Mormones de los centros mineros, las dificultades económicas que ambos grupos compartían en los años de 1930, ayudó a crear cierto entendimiento y unidad. Cuando el niño de Cosme Chacón falleció, Cosme pidió a un sacerdote católico que oficiara los servicios funerarios y el entierro. Pero cuando el sacerdote no pudo asistir, el obispo mormón pagó por el funeral y permaneció con la familia durante los servicios de oración y para brindarles su apoyo incondicional. Basado en este tipo de acciones, Chacón llegó a la conclusión de que en algunos aspectos, los Mormones eran más caritativos y cristianos que los mismos Católicos. Para Chacón, la gente hispana que criticaba la Iglesia Mormona, era ignorante y malagradecida: "La gente debería amar a las personas que practican la justicia, sin importar que sean Mormones o de otras religiones."[32] La identificación y afiliación religiosa entre los Hispanos de Bingham no era tan rígida como en el resto de la población. Ellen Córdova, por ejemplo, fue criada dentro de la religión mormona, pero se casó con su esposo Alfredo quien era miembro activo en la Iglesia Católica. Algunos sacerdotes católicos aprobaban estos matrimonios "mixtos." La Sra. Ellen comentó: "El sacerdote nos dijo que si queríamos ser bendecidos en la Iglesia Católica, podíamos hacerlo sin convertirnos al Catolicismo, lo cual hicimos. Pero entonces me hice Católica. Después que el Sr. Córdova falleció, me bautice porque mis (seis) hijos eran todos Católicos."[33] Después que sus hijos crecieron, Ellen abandonó la Iglesia Católica y regresó a la fe de su niñez.

Al cerrar este Capítulo es evidente que los mineros contribuyeron significativamente al desarrollo de la economía de Utah, diversificaron las condiciones culturales y sociales, y ampliaron el panorama religioso del estado. Estos logros fueron resultado de un esfuerzo comunitario que supo sobrepasar las presiones internas y externas. Ciertamente, el panorama de Utah cambió una vez que los mineros abandonaron las minas y se expandieron a otras comunidades del estado. Desde los años de 1960, sus hijos e hijas se convirtieron en trabajadores ferrocarrileros, trabajadores agrícolas, y en trabajadores migrantes. Eventualmente, muchos de ellos se convirtieron en profesionales, maestros, dirigentes políticos, y propietarios de negocios. A ellos se deben las múltiples transformaciones que el estado ha experimentado en su desarrollo social, étnico, y político.

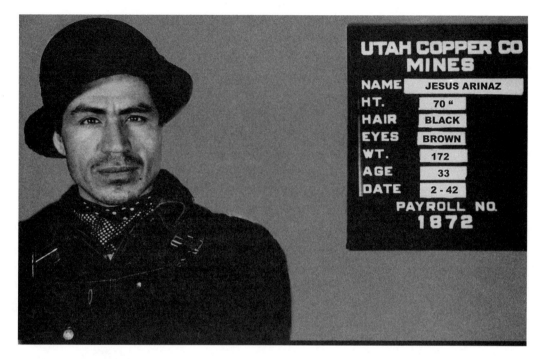

In 1912, the Utah Copper Company brought 4000 Mexicans to work in the Bingham mines. Mexican miners were identified as strikebreakers. Used by permission, Utah State Historical Society. All rights reserved.

En 1912, la Compañía de Cobre de Utah trajo a 4000 Mexicanos para trabajar en las minas de Bingham. Los mineros Mexicanos fueron identificados por la población como esquiroles o rompehuelgas. Foto cortesía de la Sociedad Histórica del Estado de Utah. Todos los derechos reservados.

At their weddings, the Hispanic miners often shared the bridal gown and groom's suit used by other couples. On many occasions they dressed in the same shoes and clothes they wore to work. Used by permission, Utah State Historical Society.

En sus bodas los mineros Hispanos compartían sus atuendos entre sí. Muy a menudo, el vestido de la novia y el traje del novio eran compartidos por varias parejas. En muchas ocasiones usaban los mismos zapatos y la ropa que usaban en el trabajo. Foto cortesía de la Sociedad Histórica del Estado de Utah.

Mineros' daughters playing in their school uniforms. Photo courtesy of Edward H. Mayer.
Las hijas de los mineros jugando en sus uniformes escolares. Foto cortesía de Eduardo H. Mayer.

To protect their rights and to support the members of their communities Mexicans began creating socio-cultural-political organizations as early as 1921. *La Comisión Honorífica Mexicana* provided help to sick and indigent Mexicans while *La Sociedad de Protección Mutua para los Trabajadores Unidos* sought the protection of the Mexican workers' rights and the amelioration of discrimination. Photo composition by Armando Solórzano.

Para proteger sus derechos y apoyar sus comunidades los Mexicanos comenzaron a crear organizaciones socio-culturales-políticas desde 1921. La Comisión Honorífica Mexicana proporcionó ayuda a los Mexicanos enfermos e indigentes. La Sociedad Protección Mútua de Trabajadores Unidos (SPMDTU) luchó también por la protección de los derechos de los trabajadores y combatir la discriminación. Foto de Armando Solórzano.

Comisión Honorífica Mexicana
Mutual Aid Society
1921

Sociedad
Protección
Mutua De
Trabajadores
Unidos

S.P.M.
NOV. 26
1900
D.T.U.

Catholic procession outside the church in celebration of the festivity of Corpus Christus. Used by permission, Utah State Historical Society. All rights reserved.

Procesión católica afuera de la iglesia para celebrar la festividad del Cuerpo de Cristo. Foto cortesía de la Sociedad Histórica del Estado de Utah. Todos los derechos reservados.

Robert "Archie" Archuleta. April 11,
1986. Photo by George Janecek, Working
Together: A Utah Portfolio. P0705. Special
Collections Department, J. Willard
Marriott Library, University of Utah.

Robert "Archie" Archuleta. April 11,
1986. Foto de George Janecek, Working
Together: A Utah Portfolio. P0705.
Departamento de Colecciones Especiales,
Biblioteca J. Willard Marriott, Universidad
de Utah.

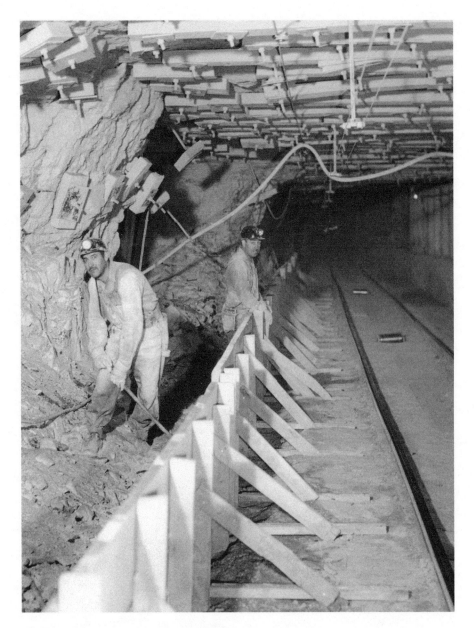

Vince Medina working in Sunnyside, Utah. During the 1940s, a great influx of Hispanics migrated to Carbon County to work in the mines. By 1980, almost 20 percent of the population in Carbon County was Hispanic. Photo courtesy of Western Mining & Railroad Museum, Helper, Utah.

Vince Medina trabajando en Sunnyside, Utah. Durante la década de 1940, una gran afluencia de Hispanos emigró al condado del Carbón para trabajar en las minas. Para 1980, casi el 20 por ciento de la población en el condado era ya hispana. Foto cortesía de Western Mining & Railroad Museum, Helper, Utah.

Mining workers and members of the Royal Local #6412 in 1952. *Top row, left to right:* Joe Montoya, George Duran, Tillis Long, Archie Mink, Archie Carr, George Marinos, Harvey Wells, Jimmy Lujares, Tom Perry, Chris DeHerra, Abe (no last name available), Adrian Anderson, John Tomsic and Moose Martinez Sr. *Bottom row, left to right*: John Kbaternick, Sam Fazio, Tony Preino, Able Martinez Jr., Frank Tomsic, Young "Moose" Martinez, Tom Robertson, Kenny Tomsic, Wally Llewelyn, Tony Vallejos, and Angelo Basso. 1952. Photo courtesy of Western Mining & Railroad Museum, Helper, Utah.

Mineros saliendo de una reunión en Royal Town, cerca de Price, Utah: (*En segunda fila, de izquierda a derecha)* Joe Montoya, George Duran, Tillis Long, Archie Mink, Archie Carr, George Marinos, Harvey Wells, Jimmy Lujares, Tom Perry, Chris DeHerra, Abe (no apellido disponible), Adrian Anderson, John Tomsic, Moose Martínez Sr. (*En primera fila, de izquierda a derecha*) John Kbaternick, Sam Fazio, Tony Preino, Able Martínez Jr., Frank Tomsic, Young "Moose" Martínez, Tom Robertson, Kenny Tomsic, Wally Llewelyn, Tony Vallejos, y Angelo Basso. 1952. Foto cortesía de Western Mining & Railroad Museum, Helper, Utah.

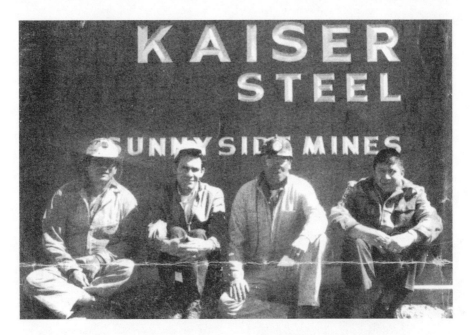

Under the supervision of the Palacios Brothers (John, Joe, and Manuel), the Kaiser Company, in Carbon County, achieved the world's record in the production of coal. 1952. Photo courtesy of Western Mining & Railroad Museum, Helper, Utah.

Bajo la supervisión de los Hermanos Palacios (John, Joe, y Manuel), la empresa Kaiser, en el condado del Carbón, logró el récord mundial en la producción de carbón. 1952. Foto cortesía de Western Mining & Railroad Museum, Helper, Utah.

By 1955, the majority of Hispanics were integrated into the mining towns of Utah. With their labor, they contributed to the economic development of the state, and diversified and transformed the relations in the area. Photo courtesy of Western Mining & Railroad Museum, Helper, Utah.

En 1955, la mayoría de los Hispanos ya se habían integrado y adaptado a los pueblos mineros del estado. Su presencia y trabajo contribuyeron al desarrollo económico del estado, diversificaron las poblaciones, y transformaron las relaciones étnicas y raciales del área. Foto cortesía de Western Mining & Railroad Museum, Helper, Utah.

CHAPTER 4

Hispanic Railroad Workers

A definitive marker in the evolution of Utah's history was the building and growth of cities and towns as a result of the construction of the railroads. By 1869, the first transcontinental railroad was completed in Utah and the state became the center of railroad activities linking the Midwest, the East Coast, and the Southwest.[1] This was accomplished through the work of a massive group of immigrants coming from Germany, Ireland, Italy, China, and Mexico.[2] Historical accounts credit Chinese immigrants as the backbone for the construction of the railroad in the West. Hispanic trackers, however, were the heart that kept the railroad lines in good working condition.

Three railroad companies—the Union Pacific, the Central Pacific, and the Denver & Rio Grande Railways, were the main forces behind these efforts. The Union Pacific Railroad Company became the largest employer of Hispanic railroad workers. The majority of Hispanics were hired as trackers or *traqueros*. According to the payroll records of the Union Pacific, the number of Spanish-speaking *traqueros* working on the Los Angeles and Salt Lake Railroad was significant. In 1923, 20 percent of workers laboring on the tracks were Hispanic. During summertime, extra gangs were employed to maintain the railroads, which were transporting minerals to the rest of the nation by then. At those times, Hispanics accounted for 70 percent of the track labor between Salt Lake City and Milford, Utah.

One of the most important sources used to reconstruct the history of Hispanic railroad workers in Utah was the archive of oral history interviews at the University of Utah. Prominent Hispanics like Santos Cabrera, Vicente Mayer, José Medel, and others came to work on the railroads as early as 1914. The history of Santos Cabrera is exceptional because he started working for the railroads in 1910 but, because of labor abuses by the railroad companies, he was not able to return to Mexico. Instead he came to Salt Lake City. Recollecting his experiences of his arrival to the U.S., he commented:

71

I didn't want to work on the railroad, and this fellow offered me a
job working for a dollar a day, with my meals. Well, I worked for him
for a while, not receiving any wages, but I didn't need any. But, when
I wanted to return to Mexico, I asked for my wages, and he didn't
give me anything, except enough money for a fare. I found out he had
given me just enough for my fare when I reached the border. And I
didn't have enough money to really return to Mexico, so I began to
work on the railroad, and continued until the present time—until I
retired.[3]

The majority of Mexicans who came to work in Utah's railroad in the
1920s were young, single, and in their working prime. Such was the case of
José Medel, who was seventeen years old when he arrived in the U.S. Medel
came to Utah in 1927 and was assigned to work at the railroad station in Wood
Cross. There were seven men in his crew: two Mexicans, three Italians, one
Anglo-American, and Mr. Phelps, the foreman. The working conditions
were harsh since Phelps pushed the workers all day long; he didn't want the
trackers to drink too much water or to talk among themselves. According to
Medel, his crew changed personnel constantly because the foreman: "fired
men every day or every week and he kept bringing new ones 'cause we don't
have no unions." In the beginning, the six-man railroad crew was required
to keep three miles of track in good working conditions. The trackers had to
clean, cut weeds, and keep cows and horses away from the railroad tracks.
Medel commented: "We have cows on both sides of track all along the three
miles, a lot of grass and a few horses…you saw cows all over along the railroad." By 1928, the demands increased and the trackers were assigned quotas
that they had to fulfill at the end of the day. Thus, two trackers had to install
twenty ties in the axles. Medel and his companion were able to put in eighteen ties and thus were able to keep their job. But those who only put in fourteen got fired.[4]

Many workers left the railroad tracks and walked away, said Santos
Cabrera. The physical demands were too extreme. Everything had to be done
without the help of machines or mechanized tools. "Everything was by hand.
To carry and load the old rail—we did it by hand. In those days everything
was done by hand, by hand alone—load and unload the rail—everything by
hand." The payment was three dollars and four cents per day and the workers accepted this salary because some mines in Utah were closing and others
were on strike.[5]

In 1924, a group of Mexicans came to Utah to work on the Union Pacific
Railroad. Among them was Vicente Mayer who worked for twenty years as a

tracker and experienced the economic depression of the 1920s. During this time, some employers asked workers to "give back" ten cents per hour with the promise that their salaries would be repaid in the near future, but this promise was never fulfilled.[6]

One of the families who experienced extreme poverty was that of John Florez, whose father, Reyes Florez, came to work for the Denver & Rio Grande line in the late 1910s. To supplement his salary during the spring and summer season, his children went to work in the beet fields of Utah. Their food was mainly beans and tortillas, which they shared with the most destitute members of the Mexican community.[7]

By 1930, 35 percent of the railroad workers in Utah were Hispanic. However, the economic depression at the time forced many of them to leave the state. According to Vincent V. Mayer, only a handful of workers remained, while the majority returned to Mexico or looked for jobs in other areas in the Southwest. Those who stayed in Utah worked as migrant workers, sheepherders, miners, and in the sugar beet industry.[8]

During World War II, the presence of Hispanics working for the railroads increased considerably. This time, the workers came from Texas, Colorado, and New Mexico. In 1942, the railroads in Utah were carrying soldiers, passengers, freight, and army equipment. Salt Lake City and Ogden experienced a high volume of activities, to the point that 120 trains per day arrived at their terminals.[9] By this time, Hispanics outnumbered any other ethnic group working in the railroads. Prior to Hispanics, African American and Native American railroad workers were prominent, but they began leaving to embark on other economic pursuits. José Medel remembers that 1942–43 was the year when Mexicans and Hispanics formed the largest crews in Utah's railroads. This was possible, Medel said, because African Americans, Native Americans, and other immigrant groups worked for a week or two and left the railroad companies.[10] By the 1950s, however, railroads became inefficient and expensive to maintain. After fifty-five years of working on the railroads, Hispanics left a great legacy of toil and success on the tracks of Utah.

The impact of the railroads on the life of Hispanics can't be reduced to economics or labor considerations alone. Their consequences can also be perceived in the social, political, and cultural dimensions. Jane L. Johnson goes as far as claiming that the collateral effects of the railroads can be seen in the religious and ethnic diversification of the Beehive state.[11] Following her reasoning, Edward L. Lyman asserted that the coming of the railroad to Utah "immensurably enhanced the profitability of mining in the territory and stimulated a large influx of semi-permanent Gentile residents into the region."[12]

That is, the railroad increased the religious diversity of the state by bringing non-Mormons to Utah.

Many Hispanic families settled permanently in the state; in fact, some made their homes out of old railroad cars. Such was the case with John Florez' family. His father worked for the Denver & Rio Grande Railroad and was able to buy an old boxcar that he brought to the West side of Salt Lake City. Half of the boxcar served as a kitchen and the rest as living quarters. John Florez was born in this old passenger car situated between 8th South and 6th West—twenty feet away from the tracks. In depicting the living conditions in the Salt Lake West side of town, and the characteristics of his "house," John Florez commented:

> There was no running water (in the old passenger car.) And an out-house way down, far from us. But what he (my father) did was he got an old water tank. And he cut off the top. And he hooked it up to the stove...When he'd come home, he and I'd go with our water buckets and bring water and we'd fill up that water tank. So we were the only family in that neighborhood that had hot water...And then, at the other end (of the old passenger car) was the bedroom. My bed—my brother and my sister and theirs—so we all slept in one big room. The beautiful thing about this is that we had railroad tracks on one side and railroad tracks on the other side...All over the ground there was this black stuff, it was almost like volcanic ash, as I can recall. It was finely ground stuff. But right around the porch and around the edge of the railroad car, my mother always had flowers. And she always had a green thumb. And that was a very important part of our life...To be able to see something grow and some flowers and something bloom. Ah, and I remember my mother scrubbing the floor with soap and lye. It was a very clean little house. Yeah. And we had—the Saturday night, Saturday bathtub, which you shared the water, because it was limited water. So all the kids got their baths and you'd get—the last one would get out and get the coldest water. Plus ring around the bathtub. So when people talk about going back to the good old days they romanticized it because they didn't have to live it.[13]

While John's parents tried to maintain their dignity by living on the West side of Salt Lake City, John and his siblings faced humiliation at schools as teachers identified John's culture as "savage and barbaric."[14] These characterizations became common in the Salt Lake–Ogden area, especially among Hispanics who were living on the West side: the "wrong side of the tracks."

Inadvertently, the railroad in Utah divided people and communities along lines of race, religion, nationality, and social class. Railroads became the markers to divide people living on the East and West sides. People living on the west side of the tracks were considered inferior, less desirable, and transient.[15] The social construct of the East-West side of Salt Lake City, based on the railroad tracks, served as the foundation for segregation and discrimination. For Edward Buendia and Nancy Ares, the East side–West side division also brought about a form of religious segregation because of the fact that Mormons chose to live primarily on the East side of the tracks. Thus, residential political decisions, racial and ethnic markers, socio-economic distinctions, and the designations of people as desirable or undesirable, were based on the "expansion of the railroad track lines, or railroad spurs."[16]

In spite of their struggles, the Hispanic railroad workers accomplished important goals as individuals and as a community. After working more than twenty years as a tracker, Vicente Mayer was promoted to foreman. His sons and daughters became prominent politicians, educators, and leaders during the civil rights movement in the state. A similar situation happened with Reyes Florez, whose son, John, graduated from the University of Utah and later became the head of the Office of Equal Opportunity. During the administration of President George W. Bush, John Florez became the Deputy Secretary of Labor and later he was appointed director of the President's Commission on Higher Education.

As a group, the Hispanic railroad workers created the foundations for Hispanic communities around the state. Their families were spaced along the lines of the railroads: from Monticello to Logan, and from Millard County to the Uintah Basin. Their participation in railroad unions and political organizations gave them the experience to create institutions that protected their rights and dignity. Railroad workers were fundamental in supporting and organizing one of the most important civil rights organizations in the state: the Spanish-Speaking Organization for Community, Integrity and Opportunity (SOCIO).

Los Ferrocarrileros Hispanos

Uno de los eventos que transformó el paisaje social y económico de Utah fue la construcción del ferrocarril y la subsecuente construcción de ciudades y centros comerciales a lo largo de las vías ferrocarrileras. De hecho, en 1869 se dió por terminado el primer ferrocarril transcontinental en Utah, y a partir de ese año el estado se convirtió en un centro importante de las actividades ferrocarrileras uniendo el Medio Oeste, la Costa Este, y el Suroeste del país.[1] Esto se llevó a cabo a través del trabajo masivo de emigrantes que provenían de Alemania, Irlanda, Italia, China, y México.[2] Relatos históricos acreditan a los emigrantes Chinos como la columna vertebral de la construcción del ferrocarril en el Oeste. Sin embargo, fueron los rieleros hispanos que se convirtieron en el corazón que mantuvo las vías ferrocarrileras trabajando en condiciones inmejorables.

Las compañías ferrocarrileras más importantes en Utah fueron la Unión Pacific, la Central Pacific, y la Denver & Rio Grande Railways. La Unión Pacific era la compañía mas grande que empleaba a trabajadores ferrocarrileros hispanos y la mayoría de ellos eran contratados como rieleros o constructores de las vías del ferrocarril. De acuerdo a los archivos de la compañía, el número de rieleros de habla hispana que trabaja entre la ciudad de Los Ángeles y la ciudad de Salt Lake era considerable. En 1923 el 20 por ciento de los obreros que trabajaban en las vías ferrocarrileras eran Hispanos. Durante el verano se creaban cuadrillas adicionales de trabajadores para mantener en buenas condiciones los ferrocarriles que transportaban minerales al resto de la nación. Para ese entonces, los Hispanos representaban el 70 por ciento de los rieleros que trabajaban entre las zonas de Salt Lake y Milford, Utah.

Dada la falta de información estadistica, una de las fuentes más importantes para reconstruir la historia de los trabajadores hispanos en los ferrocarriles de Utah son las historias orales obtenidas por medio de entrevistas que se encuentran en la sección de Colecciones Especiales en la biblioteca de la Universidad de Utah. Hispanos prominentes como Santos Cabrera, Vicente Mayer, José Medel y otros llegaron a Utah para trabajar en los ferrocarriles alrededor de 1914. La historia de Santos Cabrera es excepcional. Ya que comenzó a trabajar en 1910 y debido a los abusos laborales cometidos por las compañías ferrocarrileras, no pudo regresarse a México y tuvo que quedarse a vivir en Salt Lake City. Recordando sus experiencias el Sr. Cabrera comentó:

> Yo no quería trabajar en el ferrocarril pero un fulano me ofreció un trabajo que pagaba un dólar diario, incluyendo alimentos. Bueno, trabajé para él por un tiempo sin recibir sueldo alguno, pero yo no necesitaba nada.
>
> Pero cuando quise regresarme a México le pedí mi salario y él me dió solo el dinero justo para el pasaje. Me dí cuenta de ello cuando llegué a la frontera. En realidad yo no tenía suficiente dinero para regresar a México, así que comencé a trabajar en el ferrocarril y continúe hasta ahora —hasta que me retiré.[3]

La mayoría de los Mexicanos que vinieron a trabajar en el ferrocarril en los años de 1920 eran jóvenes, solteros y en condiciones físicas inmejorables. Tal fue el caso de José Medel, quien tenía diecisiete años cuando llegó a los Estados Unidos. Medel vino a Utah en 1927 y fue asignado a trabajar en la estación del ferrocarril de Wood Cross. Su cuadrilla estaba compuesta por siete hombres: dos Mexicanos, tres Italianos, un Americano, y el Sr. Phelps, el capataz. Las condiciones de trabajo eran extenuantes ya que el Sr. Phelps hacia trabajar a sus obreros sin descansar y no permitía que bebieran agua o platicaran entre ellos. La cuadrilla del Sr. Medel cambiaba de trabajadores constantemente porque el capataz "despedía obreros a diario o semanalmente y continuaba trayendo nuevos trabajadores porque no teníamos sindicatos." A las cuadrillas se les exigía mantener tres millas de lineas ferreas en buenas condiciones. Tenían que limpiar el zacate, cortar las ramas y ahuyentar los caballos y las vacas que estaban cerca de las vías del ferrocarril. El Sr. Medel enfatizó: "Teníamos vacas en ambos lados de los rieles y a todo lo largo de las vías, había también bastante zacate y algunos caballos… usted podía ver las vacas por todos lados y atravesando las líneas férreas." Para el año 1928 las demandas incrementaron y a las cuadrillas de rieleros se les asignaron nuevas cuotas de trabajo. Como parte de esta asignación, los rieleros tenían que ensamblar veinte vigas de maderas, pero Medel y sus compañeros de cuadrilla solo podían ensamblar dieciocho lo cual les permitía mantener su trabajo. Pero aquellos que solo lograban ensamblar catorce, eran despedidos.[4]

Muchos trabajadores abandonaron los ferrocarriles porque las demandas físicas eran extremas. Todo tenía que hacerse a mano, sin la ayuda de maquinaria o herramientas hidráulicas. En su entrevista Santos Cabrera comentó: "Todo era hecho a mano. Para acarrear y cargar los rieles lo teníamos que hacer a mano. En ese tiempo todo era manual, todo tenía que hacerse solamente con las manos." El salario que los Hispanos recibían era de tres dólares y cuatro centavos diarios. Los obreros tenían que aceptar ese salario porque no había trabajo en las minas de Utah y la mayoría de ellas estaban cerrando y algunos trabajadores estaban en huelga.[5]

En 1924 un grupo de Mexicanos llegó a Utah para trabajar en la Union Pacific Railroad. Entre ellos estaba Vicente Mayer, quien trabajó por veinte años con la compañía y tuvo que enfrentar los retos de la Gran Depresión de los años de 1920. Durante este tiempo algunos patrones les pidieron a sus trabajadores que sacrificaran sus salarios con diez centavos por hora, con la promesa de que sus salarios serían ajustados en el futuro, pero esta promesa nunca fue cumplida.[6]

Una de las familias que vivió en extrema pobreza fue la de John Florez, cuyo padre, el Sr. Reyes Florez, vino a trabajar a la compañía Denver & Rio Grande Railway a finales de los años de 1910. Para suplementar su salario, sus hijos tenían que trabajar en los plantíos de remolacha de Utah. Sus alimentos eran frijoles, salsa y tortillas, las cuales compartían con los miembros más necesitados de la comunidad mexicana.[7]

Para el año de 1930, el 35 por ciento de los trabajadores del ferrocarril en Utah eran Hispanos. Sin embargo, la depresión económica de ese tiempo forzó a muchos de ellos a salir del estado. De acuerdo con Vicente V. Mayer, solamente unos cuantos trabajadores se quedaron pero la mayoría se regresaron a México o se fueron a trabajar a otras áreas del suroeste del país. Los que se quedaron en Utah trabajaban como trabajadores migrantes, pastores de ovejas, mineros, y en la industria azucarera de la remolacha.[8]

Durante la Segunda Guerra Mundial, el número de Hispanos que trabajaban en el ferrocarril aumentó considerablemente. Esta vez, los obreros venían de Tejas, Colorado y Nuevo Mexico. En 1942, la mayoría de los ferrocarriles de Utah transportaban soldados y equipo de las fuerzas armadas de los Estado Unidos. Las terminales de Salt Lake City y Ogden experimentaron un alto volumen de actividades, al punto de que hasta 120 trenes arribaban diariamente a estas terminales.[9] Para esta época, los Hispanos constituían la mayoría de todos los grupos étnicos que trabajaban en los ferrocarriles. Antes que ellos, los Afro-Americanos y los Indios-Americanos tenían la representación más alta pero comenzaron a abandonar sus trabajos para enrolarse en otras actividades económicas en el estado. En una entrevista José Medel comentó que el año 1942-43 fué el año en que los Mexicanos e Hispanos representaban las cuadrillas más grandes de los ferrocarriles. Esto se debió, dijo Medel, a que los Afro-Americanos, Indios-Americanos y otros grupos inmigrantes trabajaban por una o dos semanas y abandonaban sus puestos de inmediato.[10] Sin embargo, para los años de 1950, los ferrocarriles se volvieron ineficientes y su mantenimiento muy costoso. Después de cincuenta y cinco años de laborar en los ferrocarriles, los Hispanos dejaron en los ferrocarriles del estado un gran legado de éxito y sufrimiento.

El impacto de los ferrocarriles en la vida de los Hispanos no puede ser reducido al aspecto económico. Sus consecuencias pueden ser identificadas también en las dimensiones sociales, politicas y culturales. James L. Johnson postula que los efectos colaterales pueden ser observados en la diversificación religiosa y étnica del estado de Utah.[11] Siguiendo estas observaciones, Edgard L. Lyman estableció que la llegada del ferrocarril a Utah "aumentó inmensurablemente las ganancias en la industria minera y a la vez promovió una gran influjo de residentes no Mormones en toda la región."[12] Esta sugerencia apunta al hecho de que el ferrocarril aumentó la diversidad religiosa del estado al transportar individuos de distintas creencias religiosas.

Muchas familias hispanas se establecieron permanentemente en el estado y muchos de ellos construyeron sus casas en los vagones del mismo ferrocarril. Tal fue el caso de la familia de John Florez. Su padre trabajó para la compañía Denver & Rio Grande Railroad y pudo comprar un viejo vagón ferrocarrilero que lo instaló en el lado Oeste de la ciudad de Salt Lake. La mitad del vagón les servía de cocina y la otra mitad era usada como vivienda familiar. John Florez nació en este antiguo vagón de pasajeros situado entre las calles Eight South y la Sixth Avenue—a solamente veinte pies del ferrocarril. Para describir las condiciones en el lado Oeste de la ciudad y las características de su "casa," John Florez hizo el siguiente comentario:

En el viejo vagón no había agua potable. Había un inodoro externo bien lejos de la casa. Pero mi padre consiguió un viejo tanque de agua, le cortó la parte de arriba y lo conectó a la estufa…cuando el llegaba a la casa, agarrábamos las cubetas, las llenábamos de agua, y las vaciábamos en el tanque. Nosotros eramos la única familia en el vecindario que tenía agua caliente…Mi cama—la de mi hermano, mi hermana—bueno, todos dormíamos en una sola habitación. Lo mas bonito de esto es que teníamos líneas férreas a un lado y otro de nuestra casa-vagón. De lo que me acuerdo también es que el terreno estaba cubierto de un polvo negro, casi como cenizas volcánicas. Eran gránulos muy finos. Pero alrededor del corredor y rodeando la orilla del vagón, mi madre siempre plantaba flores. Ella era muy buena jardinera. El jardín se convirtió en una parte muy importante de nuestras vidas… Poder ver crecer algo, algunas flores; algo que floreciera. Ah, y recuerdo también como mi madre limpiaba el piso con jabón y cal. Era una casita muy limpia. Sí, todos nos bañábamos el sábado por la noche. En este baño semanal teníamos que compartir el agua ya que era muy escasa. Todos mis hermanos y hermanas se bañaban, y si te tocaba ser el último, te tocaba bañarte con agua helada. Además, también te tocaba bañarte con la mugre que quedaba pegada dentro de la bañera. Cuando la gente habla de los viejos tiempos, siempre lo hace con mucho romanticismo porque no les tocó vivir lo que nosotros vivimos.[13]

Mientras los padres de John Florez trataban de vivir con dignidad en el lado Oeste de la ciudad, John y sus hijos afrontaban humillaciones en las escuelas ya que los maestros calificaban la cultura mexicana como una cultura "salvaje y barbárica."[14] Estas caracterizaciones se volvieron la norma en las ciudades de Salt Lake y Ogden, pero especialmente en el lado Oeste donde se concentraban la mayoría de los Mexicanos.

Desafortunadamente el ferrocarril en Utah dividió la población y las comunidades en categorías de raza, religión, nacionalidad, y clases sociales. Los ferrocarriles se convirtieron en las líneas divisorias que separaban el lado Este del lado Oeste de la ciudad. Aquellos que vivian en el lado Oeste eran considerados inferiores, indeseables y eran calificados como transeúntes.[15] El esquema social que dividía el lado Este-Oeste de Salt Lake City, basado en las ferrovías, se convirtió en la estructura desde la cual se dió paso a la segregación y discriminación. De acuerdo a los investigadores Edward Buendía y Nancy Ares, la división del Este-Oeste también trajo consigo la segregación religiosa ya que los Mormones se establecieron en el lado este de los ferrocarriles. De esta manera, la caracterización de los habitantes como indeseables, la calidad de las viviendas, las connotaciones raciales y étnicas, y distinciones socioeconómicas, fueron creadas a lo largo de las vías ferrocarrileras y durante el desarrollo del ferrocarril en Utah.[16]

A pesar de todos estos desafíos, los ferrocarrileros lograron objetivos muy importantes como individuos y como comunidad. Después de trabajar por más de veinte años como trabajador doméstico en los ferrocarriles, el Sr. Vicente Mayer fué promovido al rango de capataz. Sus hijos e hijas se convirtieron en prominentes políticos, educadores y líderes durante el Movimiento de los Derechos Civiles en el estado. Una situación similar se dió con la familia de John Florez, cuyo hijo, John, se graduó de la Universidad de Utah y tiempo después llegó a ser el director de la Oficina de la Igualdad de Oportunidades. Durante la administración del Presidente George W. Bush, John Florez fue nombrado Secretar*í*a del Trabajo y posteriormente fue designado como director de la Comisión Presidencial para la Educación Superior.

Debido a su tenacidad y esfuerzo los trabajadores ferrocarrileros crearon las bases sobre las cuales se crearon las comunidades hispanas de Utah. Sus familias se difundieron a todo lo largo y ancho de las vías ferroviarias: desde Monticello a Logan y desde el condado de Milard hasta las montañas del Uintah. Su participación en los sindicatos y organizaciones políticas les concedió una gran experiencia la cual utilizaron durante los años de 1960–1970 para proteger su dignidad y sus derechos civiles. Entre otras organizaciones los ferrocarrileros fueron una pieza clave en la creación de la Organización de Hispanos para la Promoción de la Comunidad, Integridad, y Oportunidad (SOCIO).

In addition to Hispanics, African-American, Chinese, and Japanese immigrants did the hard manual labor on the railroad tracks. Hispanics replaced Italians and Greeks, who had moved on to better jobs in Utah. Photo courtesy of Central Pacific Railroad Photographic History Museum.

Antes de los Hispanos, los inmigrantes chinos y japoneses hicieron el trabajo manual en las vías del ferrocarril. Los Hispanos reemplazaron a los Italianos y Griegos a quienes se les promovió a mejores puestos de trabajo. Foto cortesía de Central Pacific Railroad Photographic Historic Museum.

From 1915 to the 1940s, the majority of Latinos in the state of Utah worked on railroad companies as "track labor," laying down the tracks and keeping the railroad lines in good condition. Photo courtesy of Edward H. Mayer.

Desde 1915 hasta la década de 1940, la mayoría de los Latinos trabajaron en las compañías ferrocarrileras como "rieleros". Su obligación era mantener las vías del ferrocarril en buenas condiciones. Foto cortesía de Edward H. Mayer.

Agapito and Eugenio Archuleta (*second and third from left*) working on the Atchison, Topeka and Santa Fe Railway. Mr. Agapito and Eugenio were the father and uncle of Archie Archuleta. Photo courtesy of Robert "Archie" Archuleta.

Agapito y Eugenio Archuleta (*segundo y tercero a la izquierda*) trabajando en el ferrocarril Atchison, Topeka y Santa Fe. El Sr. Agapito y Eugenio fueron el padre y el tío de Archie Archuleta. Foto cortesía de Robert "Archie" Archuleta.

One of the reasons Mexican railroad workers were preferred hires in Utah was the experience they had with constructing their own railroad in Mexico and other areas of the Southwest. Used by permission, Utah State Historical Society. All rights reserved.

Una de las razones por la que los ferrocarrileros mexicanos eran preferidos para trabajar en Utah fue la experiencia que tenían en la construcción de su propio ferrocarril en México y en otras zonas del Suroeste de los Estados Unidos. Foto cortesía de la Sociedad Histórica del Estado de Utah. Todos los derechos reservados.

Bottom left: On the Santa Fe Railroad, Hispanics built a positive reputation, and were recognized as hard workers, with great pride in their heritage and a strong loyalty to the railroad companies. Mr. Archuleta posing with his boss. 1917. Photo courtesy of Robert "Archie" Archuleta.

En la compañía de los ferrocarriles de Santa Fe, los Hispanos obtuvieron una buena reputación, como lo muestra la foto en la que posa el Sr. Archuleta con su jefe. La mayoría de los Hispanos fueron reconocidos por su trabajo ejemplar, por su orgullo Hispano, y por su lealtad a la compañía. 1917. Foto cortesía de Robert "Archie" Archuleta.

Working on the railroads in 1920 was a laborious endeavor. There were no trucks available and the Mexicans had to load the train and lay the tracks with their hands. Used by permission, Utah State Historical Society. All rights reserved.

El trabajo en las ferrocarrileras en 1920 fue una tarea ardua y laboriosa. Las compañías no tenían carretillas motorizadas y los Mexicanos cargaban los vagones del ferrocarril manualmente. La construcción de las vías ferrocarrileras también la hicieron manualmente sin la ayuda de cualquier maquinaria. Foto cortesía de la Sociedad Histórica del Estado de Utah. Todos los derechos reservados.

During summer time, the Union Pacific Railroad hired "extra gangs" of Mexican workers to work on the tracks. In the summer of 1927, 75 percent of trackers were Hispanic. Used by permission, Utah State Historical Society. All rights reserved.

Durante el verano, la Union Pacific Railroad, contrató a "cuadrillas especiales" de Mexicanos para trabajar en las ferrocarrileras. Para el verano de 1927, el 75 por ciento de los trabajadores que construían las vías eran Hispanos. Foto cortesía de la Sociedad Histórica del Estado de Utah. Todos los derechos reservados.

Western Pacific, Rio Grande, and Union Pacific Railroads recruited Mexican workers from Mexicali, Juarez, and Chihuahua. The recruiters financed their transportation and offered boxcars to the Mexicans so they could live close to the railroad tracks. Photo courtesy of Edward H. Mayer.

Las compañías ferrocarrileras Western Pacific, Río Grande, y Union Pacific reclutaron a trabajadores Mexicanos de Mexicali, Juárez y Chihuahua. Los contratistas financiaron su transporte y les ofrecieron varios vagones para que los Mexicanos vivieran cerca de las vías del tren. Foto cortesía de Edward H. Mayer.

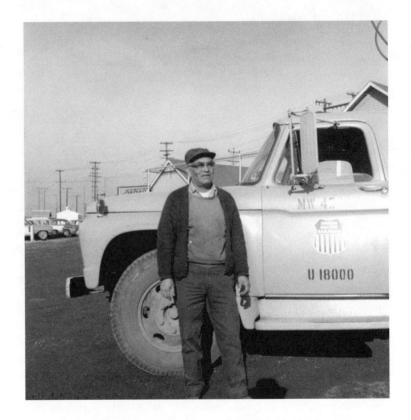

In 1940, Vicente Mayer became the first foreman at Union Pacific Railroad. Photo courtesy of Edward H. Mayer.

En 1940, el señor Vicente Mayer fue el primer supervisor Hispano en la Union Pacific Railroad. Foto cortesía de Edward H. Mayer.

During the economic depression of the 1930s, Mexican railroad workers were the first to be laid off. In 1932, only fourteen out of 264 workers had Spanish surnames. Photo courtesy of Edward H. Mayer.

Durante la Depresión Económica de la década de 1930, los ferrocarrileros Mexicanos fueron los primeros en ser despedidos. En 1932, sólo catorce de los 264 trabajadores eran Hispanos. Foto cortesía de Edward H. Mayer.

Sons and daughters of railroad workers created the first music bands in 1941. *From left to right:* Elias Torres, Antonio Torres, Eliseo Martinez, and Reyes Lopez. Photo courtesy of Edward H. Mayer.

Los hijos y hijas de los trabajadores de los ferrocarrilles crearon las primeras bandas musicales en 1941. (*De la izquierda a la derecha*) Elias Torres, Antonio Torres, Eliseo Martínez, y Reyes Lopez. Foto cortesía de Edward H. Mayer.

During WWII, the demand for railroad workers in Utah increased and, once again, railroad companies turned to Mexico, Colorado, and New Mexico for workers. Photo courtesy of Edward H. Mayer.

Durante la Segunda Guerra Mundial, la demanda de ferrocarrileros en Utah aumentó considerablemente y las compañías se dirigieron a México, Colorado y Nuevo México en busca de estos trabajadores. Foto cortesía de Edward H. Mayer.

With the expansion of the railroad in Utah came the expansion of Hispanic families in the state. In the wedding party with groom Raymond Garcia and bride Virginia Cabrera are (*to the right of the bride*) Luz Solorio, Frank Solorio, and flower girl Luisa Solorio. Photo courtesy of Edward H. Mayer.

Con la expansión del ferrocarril en Utah también llegó la expansión de las familias Hispanas en el estado. Boda: novio, Raymond García; novia, Virginia Cabrera; *a la derecho de* Virginia estan Luz Solorio, Frank Solorio, y Luisa Solorio. Foto cortesía de Edward H. Mayer.

Agapito Archuleta (*first from left*, holding flag down) was instrumental in the creation of labor unions that defended the rights of railroad workers, plumbers, and other craftsmen. Photo courtesy of Robert "Archie" Archuleta.

El Sr. Agapito Archuleta (*primero a la derecha*, sosteniendo la bandera baja) jugó un papel decisivo en la creación de sindicatos que defendieron los derechos de los ferrocarrileros, plomeros, y artesanos. Foto cortesía de Robert "Archie" Archuleta.

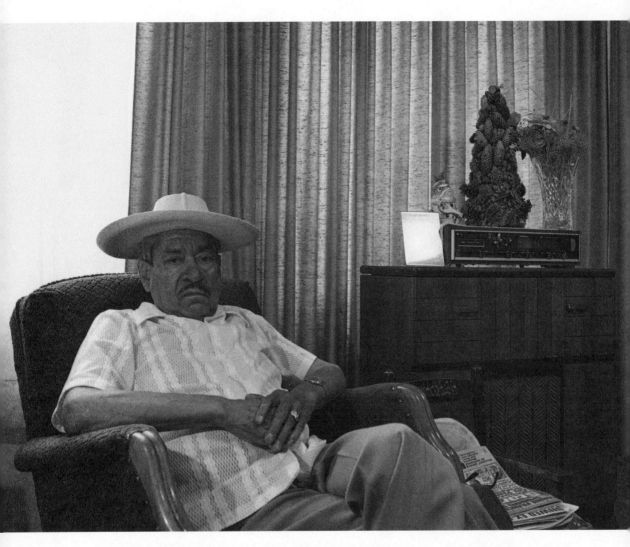

Mr. Garcia. April 16, 1986. Photo by George Janecek, Working Together: A Utah Portfolio. P0705. Special Collections Department, J. Willard Marriott Library, University of Utah.

Sr. Garcia. April 16, 1986. Foto de George Janecek, Working Together: A Utah Portfolio. P0705. Departamento de Colecciones Especiales, Biblioteca J. Willard Marriott, Universidad de Utah.

Bottom right: Track inspector on a handcar in Red Desert, Utah. May 6, 1910. Photo courtesy of Edward H. Mayer.

Inspector de vías ferrocarrileras posando con sus vagonetas en el Desierto Rojo. Seis de Mayo de 1910. Foto cortesía de Edward H. Mayer.

Edward and Gloria Mayer, children of Vicente Mayer, who was one of the first Hispanics who came to Salt Lake City to work on Utah's railroad tracks. Photo courtesy of Edward H. Mayer.

Eduardo y Gloria Mayer, hijos del señor Vicente Mayer, uno de los primeros Hispanos que llegó a Salt Lake City para trabajar en los ferrocarriles. Foto cortesía de Edward H. Mayer.

Children of Hispanic workers getting together for the celebration of a Mexican holiday. Photo courtesy of Edward H. Mayer.

Los hijos y hijas de ferrocarrileros hispanos en una celebración de las Fiestas Mexicanas. Foto cortesía de Edward H. Mayer.

CHAPTER 5

Mexican Migrant Workers in Utah

Since the beginning of the twentieth century, Mexican and Mexican-American migrant workers have been the backbone of the farm and agricultural industry of the state. They worked as sheepherders, harvested potatoes, onions, tomatoes, apricots, apples, cherries, pears, and raspberries, and, for a long time, worked in the sugar beet fields. Mexican-origin migrant workers were also essential in the canning and processing plants of the state. Presently they work for meatpacking companies and dairy farms, and continue traveling the state harvesting the fruit and agricultural products that Utah and the nation consume. At one time, Mexican agricultural workers received lower wages than those received by people in the welfare system. Migrant workers remain the most pitied, the least understood, and the least protected of all workers in the Beehive State.

The presence of Mexican migrant workers in Utah can be traced to the beginning of the twentieth century when Utah was one of the most important producers of sugar in the nation. In fact, by 1916 Utah ranked third in sugar production in the U.S.[1] The increasing demand for this product and the shortage of labor due to World War I forced the Utah Sugar Company and the Utah-Idaho Sugar Company to bring Mexican agricultural workers to Utah.[2]

The majority of Mexican sugar beet workers were concentrated in Garland, a small community located in Box Elder County. By 1918, a group of sixty Hispanic families had already become established in this area. Reports from the *Salt Lake Tribune* showed that the Mexicans enjoyed working in the sugar beet fields but lacked the basic living essentials such as running water, toilets, and stoves to cook their food. Mexicans and Mexican-Americans used wood to heat their quarters and to boil their drinking water.[3] Being Mexicans and Catholics, they were challenged working in the northern communities of Utah that were heavily populated by Anglo-American Mormons. But in spite of the cultural and religious differences, the Mexican sugar beet workers helped to build the local schools and their wives became maidservants for the bosses of the sugar companies.

With no Catholic churches in the nearby area, the migrant workers traveled every Sunday to Ogden to attend Mass or to celebrate the baptism of their children. Facing economic hardships and with no possibilities of assimilation, Mexicans started leaving the area to work in the railroads and in the mining industry. Labor contractors, such as Edward D. Hashimoto, believed that Mexican sugar beet workers were not able to settle or to advance their economic position in the area because their cultural practices held them back. Hashimoto put it this way: "Mexicans are content to remain laborers, because they are floaters and don't make a permanent place by acquiring property."[4] The truth was that Mexican migrant workers were brought to Utah to work in the sugar beet industry with no possibilities of economic advancement. At the same time, other economic industries like the railroad companies were offering Mexicans menial jobs that did not secure them a better economic position. Cultural explanations were offered as an alternative to the discrimination that migrant workers experienced in the fields. Nonetheless, it was not the Mexican culture that impeded home ownership for the workers; rather, their low salaries and the absence of economic opportunities acted as the main impediments.[5]

Prior to 1940, Utah growers began showing a strong preference for Mexican agricultural workers. This preference was expressed by an executive of the Amalgamated Sugar Company who stated: "The Mexican-Americans tend to their own business and do not try to mix with the White race. Most of them spend their money as fast as they get it."[6] When WWII broke out, the majority of Mexican and Mexican-American migrant workers were recruited by the defense industries. Given this situation, Utah government officials imported more agricultural workers from Mexico. The workers were hired to work in the same areas where Japanese-Americans were living in internment camps. The Mexican workers joined the Native Americans, African Americans, and Mexican-Americans who were arriving from Texas and Colorado.

By 1949, the number of migratory farm workers in Utah was about two thousand. Almost 65 percent of them were Spanish speakers. The main employers were the sugar beet growers whose recruitment activities were subsidized by the federal government. For each worker they brought from Mexico, federal officials contributed fifty dollars.[7] The end of World War II, however, brought a period of prosperity to Utah's farms. Federal agencies stopped subsidizing the importation of workers. This decision produced a scarcity of agricultural workers since Utah was competing with other south-western states for migrant workers. Housing and living conditions in the camps were not attractive to the workers. To stimulate their interest, state officials and agricultural companies placed strategic signs along highways that pointed the migrant workers toward Utah. These efforts were futile, however, and no Mexican agricultural workers entered Utah in 1950.[8] With no alternatives, Navajo Indians and Mexican-Americans from Texas and California became the labor substitutes for the Mexican migrant workers.

The diversification of agricultural activities in the state, such as the opening of canneries and food processing plants, as well as the demand for fruit and tomatoes, made the scarcity of migrant workers even more acute. Officials at the State Employees Service considered recruiting Mexican-American workers who, at the time, were involved in other areas of the economy, but those workers were not willing to sacrifice their salaries or return to rural areas. Supporting the initiative of the packing companies, the Utah Employment Security Commission authorized the immigration of seven hundred Mexican national agricultural workers, but only three hundred workers arrived.[9]

In the 1950s, a serious effort was made to supply the state with migrant workers and, simultaneously, the state undertook systematic efforts to create strict legislation that required the workers to return to their country after the harvest season was over. The Mexican migrant worker population began projecting different demographics but the most striking was its gender composition. In Ogden, for instance, 37 percent of all workers were women with young children.[10] The demographic literature of this time also shows that Mexican agricultural workers indicated no desire to return to work in Utah.

Migrant agricultural workers were discouraged by the inadequate housing conditions, especially the ones provided by the sugar beet companies in Sevier and Sanpete counties. Instead of returning to Utah, they traveled to Idaho and California. Reports from the 1950s bear witness to the fact that migrants' housing lacked indoor toilets and running water. Migrant workers also experienced a lack of safe transportation, health care services, and educational opportunities for their children.[11]

Unfair wages were also customary in Utah. In 1961, the Timp Labor Association was charged with underpaying its migrant workers by twenty cents per hour. This situation was seriously contested, especially because the minimum wage for agricultural workers in the state of Utah was one of the highest in the Southwest. While agricultural workers' wages in Utah were set at one dollar per hour, the wage in Texas was set at seventy cents.[12]

Multiple complaints about the lack of protection for Mexican workers brought the Mexican Consulate to launch an investigation concerning the living conditions of the workers. The report showed flagrant violation of housing codes, unfair wages, and labor abuses. As a consequence, more than 130 Mexican workers were moved to other fields and companies. Following these concerns, the American G.I. Forum, whose Utah chapter was created in Ogden in 1954, included the protection and the betterment of migrant working conditions in its agenda. But this agenda was never implemented. However, Utah's officials got directly involved in migrant workers' affairs and, through Employment Services, they created the "Annual Worker Plan" in 1957 to oversee the conditions of farm labor. This plan represented an important shift in assessing the conditions of migrant labor camps. Instead of focusing on the growers, the attention turned towards the crew leaders.[13] At this time, the growers and food companies showed their disappointment in the state policies by recruiting workers independently of the state. The growers started arranging labor contracts and the transportation of migrant workers to Utah.

By 1958, the federal government created a set of guidelines and regulations to apply to farm labor employers. These laws had a strong impact in Utah, a case in point being the regulation of child labor in the agricultural fields. Since the 1920s, child labor was a common practice in Utah, but the closer enforcement of federal child labor restrictions resulted in fewer children under the age of sixteen being employed in agriculture.[14] Another important law, the Foreign Worker's Law, which was created in 1958, prohibited unlawful employment, assured fair conditions, and demanded that growers and farm organizations maintain a record of wages paid to domestic and foreign agricultural laborers. The impact of this law was so visible that, in 1957, no more than two thousand migrant workers were reported to be working in Utah; however, after the law of 1958, more than nine thousand workers were registered at the United States Employment Service. In comparison to other states in the region—Texas, Arizona, Colorado, Nevada, and Idaho, Utah did not enact laws for the transportation of migrants nor for regulating the conditions of migrant labor camps. These conditions changed in 1960 when the Utah State Highway Patrol, the Bureau of Employment Security, and the Department of Health closely scrutinized the conditions affecting migrant workers. Their findings demonstrated that in 50 percent of the 826 cases investigated, the regulations of migrant labor standards were violated.[15]

The demand for migrant workers decreased in the 1960s due to the mechanization of agricultural activities, the use of chemicals and fertilizers, and the decreasing number of farms in Utah. However, the harvest of some fruit

and vegetable crops, such as tomatoes, sweet cherries, cucumbers and potatoes, resisted mechanization and thus continued to fuel the demand for farm
workers. Even by 1960, the sugar beet companies remained the most important employers of migrant agricultural workers. By that time, the conditions
of migrant workers in Utah started improving, in part because of the Chicano Civil Rights Movement. For the first time, state agencies set a minimum
wage for agricultural workers, guaranteed the provision of health services,
and promised to improve the workers' housing conditions.

The attitudes toward Mexican migrant workers by the 1970s seemed to be
the same as those faced by workers in the 1940s. The *Utah Annual Farm Labor
Report* of 1971 showed that 98 percent of migrant housing in the state was
inadequate and migrant agricultural workers continued to live in substandard conditions.[16] All in spite of the fact that, in the 1960s, Utah had already
created mechanisms and organizations that guaranteed minimum rights for
the workers. Several organizations like the Utah Department of Health, the
Migrant Council, the Governor's Advisory Committee on Migrant Labor,
and volunteers from Vista Project (an AmeriCorps education program man-
aged by the Corporation for National and Community Service whose goal is
to build community projects and to sustain students for post-secondary education) were carefully enforcing the rights of farm workers. Probably the most
efficient organization that advocated and worked to improve the conditions
of the migrant population was the Institute for Human Resource Development (IHRD). This organization was an extension of the programs created by
SOCIO in the 1970s and 1980s. IHRD received funds from the federal government to assist Utah migrant workers with educational programs, health projects, legal counseling, and nutritional aid for the children of seasonal workers.
The agency also received funds from the Rehabilitative Services Administration to assist the migrant workers who were injured or physically impaired
during their work. From IHRD emerged the Utah Migrant Council and the
Migrant Head Start Program, both of which presently represent the interests
of seasonal and year-round agricultural workers and their families in Utah.

A common denominator that affects the history of Mexicans and
Mexican-American migrant workers in Utah is the inhumane treatment they
received from growers and processing plants. As a result, Utah still experiences a scarcity of migrant workers each year because a great number of
former workers don't return. With the intention of assessing the living and
health conditions of migrant workers in the Beehive State, a research team
from Salt Lake County found in 1986 that illnesses and diseases were more
prevalent among the migrant workers than any other group in the state. The

proliferation of diseases was attributed to poor sanitation, poor hygiene, and the impure drinking water the migrant workers consumed. The most prevalent health problems among migrant worker populations were low birth weight, high rates of infant mortality, tuberculosis, and measles.

Even nowadays it is a challenge to know the exact number of migrant workers who enter the state to work. In 2010, the Utah Migrant and Seasonal Farm Worker Coalition estimated that 19,000 workers enter the state annually, earning an average salary of $7500 per year. Estimates aside, the reported numbers have changed radically, depending on the agency or the sources that collect the information. Record-keeping procedures have not been systematically observed and there exist multiple iterations of reports. However, the presence of seasonal agricultural workers in Utah is an economic necessity given the revival of the agricultural industry, and the persistent fact that Utah does not produce workers willing to labor under such less-than-satisfying-working conditions. Looking at the history of migrant workers in Utah, Ann Nelson observed that the migrant worker "is a commodity valuable only for short periods of time during the course of each year. The migrant worker received no real encouragement to settle permanently in Utah, to enroll his children in school, or to find year-round housing."[17] Even today, migrant workers remain a disposable people living in inhuman conditions. They are the poorest of the state, unprotected by legislation, living in fear of further segregation, and with a future that lacks educational opportunities and real possibilities of advancing their position in Utah.

Los Trabajadores Migrantes de Utah

Desde el principio del siglo veinte, los trabajadores migrantes mexicanos han sido la columna vertebral de la industria agrícola y ganadera del estado de Utah. Estos trabajadores han prestado sus servicios como pastores de ovejas, han cosechado papas, cebollas, tomates, duraznos, manzanas, peras, cerezas, y frambuesas. Por mucho tiempo laboraron en la industria de la caña de azúcar. Los trabajadores mexicanos fueron también parte esencial de las compañías procesadoras y empacadoras de frutas y legumbres. Actualmente, los trabajadores migrantes laboran en los rastros, en las compañías empacadoras de carne, y continúan cosechando las frutas y vegetales que el estado y la nación consume. La situación de los trabajadores migrantes en Utah es tan lamentable que en la década de los 1960s, sus salarios fueron mucho más bajos que los de las personas que recibían asistencia social. Los trabajadores emigrantes aún representan la población más subestimada, la más pobre, y la menos protegida del estado.

La presencia de los migrantes mexicanos data desde el principio del siglo veinte cuando Utah era unos de los productores de azúcar más importante de la nación. De hecho, en 1916, nuestro estado ocupó el tercer lugar en la producción de azúcar en los Estados Unidos.[1] La creciente demanda de este producto y la escasez de mano de obra durante la Segunda Guerra Mundial, forzó a la Utah Sugar Company y a la Utah-Idaho Sugar Company a importar trabajadores Mexicanos.[2]

La mayoría de los Mexicanos que trabajaban en la industria de la azúcar se concentraron en Garland, una comunidad pequeña localizada en el condado de Box Elder. Los reportes publicados en el periódico *Salt Lake Tribune* muestran que a los Mexicanos les agradaba el trabajo de betabeleros a pesar de que carecían de agua potable, sanitarios, y estufas adecuadas donde podían preparar sus alimentos. Para calentar sus viviendas, los Mexicanos quemaban madera en la cocina, y para beber agua limpia tenían que hervirla.[3] El hecho de ser Mexicanos y Católicos representaba un gran reto en las comunidades del norte de Utah, las cuales estaban habitadas por personas de origen Anglo-Americano y de la religión Mormona. Pero a pesar de las diferencias culturales y religiosas, los Mexicanos betabeleros contribuyeron a crear escuelas y sus esposas trabajaron como sirvientas para las familias angloamericanas de la clase media.

Ante la ausencia de iglesias católicas en la región, los trabajadores migrantes viajaban los domingos a Ogden para celebrar la misa o para el bautismo de sus hijos. Debido a los problemas económicos que enfrentaban, y con pocas posibilidades de integrarse plenamente a las comunidades, los Mexicanos empezaron a abandonar el área para trabajar en las minas o en la construcción del ferrocarril. Contratistas, como el Sr. Edward D. Hashimoto, consideraban que los betabeleros mexicanos, debido a su cultura, no eran capaces de establecerse permanentemente o de avanzar en sus aspiraciones económicas. El Sr. Hashimoto se expresó de la siguiente manera: "Los Mexicanos se contentan con ser betabeleros, y viajan a muchos lugares sin preocuparse por echar raíces o por adquirir alguna propiedad en el área."[4] La verdad era que los Mexicanos fueron contratados para trabajar en áreas de la industria que no ofrecían ninguna posibilidad de mejoría económica ni progreso social. Al mismo tiempo, otras áreas de la economía, como las compañías ferrocarrileras, solo ofrecían trabajos que no aseguraban a los Mexicanos mejorar en sus posiciones económicas. Como explicación a este fenómeno, los dueños de las empresas y contratistas daban razones de tipo culturales para explicar la discriminación y explotación de los trabajadores. Desde nuestra perspectiva, no era la cultura mexicana la que impedía que los Mexicanos adquirieran sus casas, pero los bajos salarios y la ausencia de oportunidades para continuar avanzando en las escalas económicas del estado.[5]

Desde los años de 1930, las compañías agrícolas de Utah empezaron a mostrar su preferencia por los trabajadores migrantes Mexicanos y los *México*-Americanos. Esta preferencia fue puesta de manifiesto por el ejecutivo de la Amalgamated Sugar Company: "Los trabajadores *México*-Americanos no se meten en problemas, no se mezclan con la raza blanca, y la mayoría gastan el dinero tan pronto como lo ganan."[6] Al inicio de la Segunda Guerra Mundial en 1942, los trabajadores migrantes *México*-Americanos fueron reclutados para trabajar en la industria de la defensa nacional. Como consecuencia, los oficiales del estado se vieron orillados a importar más trabajadores de México. Desde su llegada a Utah, estos trabajadores vivieron en comunidades representadas por Japoneses, Indios-Americanos, Afro-Americanos, y México-Americanos que llegaban de Tejas y Colorado.

Para el año de 1949 el número de trabajadores migrantes en Utah se estimó en dos mil trabajadores. Aproximadamente el 65 por ciento de estos trabajadores eran Mexicanos y México-Americanos. La mayoría de los empleadores eran las compañías betabeleras que reclutaban trabajadores mexicanos con apoyo financiero del gobierno federal. Por cada trabajador que importaban de México, el gobierno federal aportaba cincuenta dólares.[7] Sin embargo, al final de la Segunda Guerra Mundial, en 1947, y gracias al apogeo de las compañías agrícolas en Utah, el gobierno federal cesó su apoyo a los empleadores. Esta decisión trajo consecuencias negativas puesto que se experimentó una escasez de trabajadores migrantes en el estado. Unido a esta decisión, las compañías en Arizona, Colorado, y California empezaron a emplear a los trabajadores antes de que continuaran su viaje a Utah. Simultáneamente, el estado no había puesto ningún esfuerzo en mejorar las viviendas y las condiciones de vida para los migrantes. A fin de atraer a los trabajadores, los oficiales del estado y las compañías agrícolas empezaron a colocar, en lugares estratégicos, letreros que señalaban el camino que los trabajadores deberían de seguir para llegar a Utah. Estos esfuerzos resultaron inútiles, puesto que ningún trabajador vino al estado de Utah en 1950.[8] Sin muchas alternativas, los Indios Navajos, y los México-Americanos de Tejas llegaron a reemplazar a los trabajadores mexicanos.

La diversificación de las actividades agrícolas en el estado tales como la apertura de nuevas empacadoras de verduras y carnes, y la demanda de frutas y tomates, hizo que la escasez de trabajadores migrantes se hiciera más aguda. Los directores de la Oficina Estatal de Empleos consideraron reclutar trabajadores México-Americanos que estaban ya trabajando en los ferrocarriles o en las minas del condado del Carbon o Kennecott. Pero los México-Americanos no estaban dispuestos a sacrificar sus salarios o regresar a las áreas rurales. En apoyo a las iniciativas de las empacadoras, la Comisión de Seguridad Laboral autorizó la contratación de setecientos trabajadores mexicanos. Al final, solo tres cientos trabajadores vinieron a trabajar en los campos agrícolas de Utah.[9]

La década de 1950 trajo una serie de esfuerzos por parte del estado para solventar la escasez de trabajadores, y al mismo tiempo, se creó una legislación más restrictiva para asegurar que los trabajadores regresaran a su país después de haber concluido las cosechas. Dada estas circunstancias, la población mexicana migrante en Utah empezó a reportar diferente características demográficas, la más sobresaliente fue la composición de hombres y mujeres dentro de las comunidades. En Ogden, por ejemplo, 37 por ciento de todos los trabajadores eran mujeres con niños pequeños.[10] Los reportes de este año también muestran que los trabajadores mexicanos no tenían la intención de regresar a Utah.

Los migrantes estaban descontentos por las condiciones paupérrimas de sus casas, especialmente por las condiciones de vida en los campos betabeleros en las municipalidades de Sevier y Sanpete. En ves de regresar a Utah, los betabeleros se dirigían a los estados de Idaho y California. Las estadísticas de la década de los 1950s ilustran el hecho de que las casas de los trabajadores migrantes carecían de escusados y agua potable. También carecían de oportunidades para educar a sus hijos, servicios de salud, y una transportación segura y adecuada.[11] Los salarios también dejaban mucho que desear. En 1961, la compañía Timp Labor Association, fue acusada de pagar a los Mexicanos veinte centavos menos de lo que pagaba a otros trabajadores de la empresa. Esta situación resultaba muy contrastante debido a que los salarios mínimos para los trabajadores agrícolas en Utah eran más altos que los salarios en el resto del Suroeste de los Estados Unidos. Así por ejemplo, en Utah el salario mínimo era de un dólar por hora, mientras que en Tejas era de setenta centavos.[12]

Las múltiples quejas sobre la falta de protección –para los trabajadores orilló al Consulado Mexicano a iniciar una investigación concerniente a sus condiciones de vida. Los resultados mostraron, que en efecto, las violaciones a los códigos sanitarios para las viviendas, salarios equitativos, y los abusos laborales eran persistentes. Como consecuencia de esta investigación, más de ciento treinta trabajadores mexicanos fueron trasladados a otras compañías. Siguiendo el desarrollo de estas actividades, the American G.I. Forum, que había sido creado en Ogden en 1954, incluyó dentro de sus metas la protección para los trabajadores y la mejora de sus habitaciones. Pero esos programas nunca se llevaron a cabo. Sin embargo, oficiales del gobierno se involucraron directamente en los asuntos de los trabajadores y en 1957, a través de la Oficina de Trabajo, crearon "El Plan Anual para los Trabajadores." Este plan representó un cambio importante en la manera de evaluar y supervisar a los trabajadores. El peso del programa ya no recaía en los dueños de los campos agrícolas, pero "en la falta de responsabilidad de los jefes de las cuadrillas."[13] Desilusionados con la intervención del estado en asunto de los trabajadores, y por su ineficiencia, los dueños de los negocios agrícolas empezaron a contratar trabajadores por ellos mismos, y asumieron la responsabilidad de mejorar la transportación para los que deseaban trabajar en los campos de Utah.

Para el año de 1958, el gobierno federal había establecido algunas regulaciones para las organizaciones laborales del campo. Estas leyes tuvieron un gran impacto en Utah, especialmente la legislación que prohibía el trabajo infantil en los campos agrícolas. Desde los años de 1920s, el trabajo infantil era muy común, pero desde la aplicación de las restricciones federales para el trabajo infantil hizo que el número de niños, menores de diez y seis años, disminuyera considerablemente.[14] Otra regulación importante creada en 1958 demandó que los empleadores y las organizaciones laborales mantuvieran un registro de salarios para trabajadores domésticos y otro registro para el salario de trabajadores migrantes provenientes de otros países. Las consecuencias de esta ley fueron inmediatamente percibidas en el número de trabajadores que residían en el estado. Mientras que en 1957 dos mil trabajadores fueron reportados en Utah, para 1958—el año que se implementó la ley, se encontró que había más de nueve mil trabajadores registrados en la agencia de empleo. Si comparamos el estado de Utah con otros estados de la región—Tejas, Arizona, Colorado, Nevada, e Idaho, nos percatamos de que Utah no cumplió con las leyes que regulaban la transportación de trabajadores ni las regulaciones que regían las condiciones laborales de los migrantes.[15]

Esta situación tuvo que cambiar en 1960 cuando el Departamento de Policía del Estado de Utah, la Oficina para la Seguridad del Empleo, y el Departamento de Salud se unieron para escrudiñar las condiciones en las que vivían los trabajadores agrícolas. Los resultados de esos estudios mostraron que el 50 por ciento, de los 827 casos investigados, se encontraron violaciones a los estatutos creados.

La demanda de trabajadores agrícolas disminuyó a mediados de los 1960s debido a varios factores. Entre ellos la mecanización de la industria, el uso de pesticidas y fertilizantes, y la disminución del número de granjas y empleadores agrícolas. Sin embargo, algunas frutas y vegetales, tales como el jitomate, las cerezas, y los pepinos no podían cosecharse con maquinaria, y de esta manera, la presencia de los trabajadores era indispensable. Aun en los años de 1960s las compañías betabeleras eran las que empleaban el mayor número de trabajadores. Al final de la década de los 1960s, las condiciones de vida de los trabajadores migrantes empezaron a mejorar, en parte, por los esfuerzos del Movimiento por los Derechos Civiles de los Chicanos. Por primera vez en Utah, las agencias estatales establecieron un salario mínimo para los trabajadores, –garantizaron proveer servicios de salud, y prometieron mejorar las condiciones de las viviendas.

A pesar de estas promesas y de algunos programas que se establecieron, los resultados no se hicieron patentes entre los trabajadores migrantes. No todos los programas se implementaron porque la atención se concentró en la lucha por los derechos civiles de los chicanos y la atención del país estaba en la guerra de Vietnam.

Algo tuvo que haber sucedido en los años de 1970s que hicieron que las condiciones de los trabajadores deterioraran considerablemente. Las actitudes en contra de los trabajadores migrantes Mexicanos, y la manera como eran tratados, parecieron ser las mismas a la de los años de 1940s. Los reportes anuales de 1971 mostraban que el 98 por ciento de las casas donde vivían eran inadecuadas y carecían de las mínimas condiciones para la salud.[16] Todo esto se volvía a repetir a pesar de que en los años de 1960s el estado de Utah había creado los mecanismos indispensables para garantizar la protección de los trabajadores. Diferentes organizaciones tales como El Departamento de Salud del Estado, El Concilio de los Trabajadores Emigrantes, El Comité de Consejeria para el Gobernador en Asuntos del Campo, y agentes voluntarios vigilaban celosamente que los derechos de los trabajadores se cumplieran.

Probablemente, la organización más eficiente que se dedicó a la protección de los trabajadores fue el Instituto para el Desarrollo de los Recursos Humanos (IHRD). Esta organización fue una rama de los programas creados durante las décadas de los 1970s y 1980s. Este instituto recibió financiamiento del gobierno federal para asistir a los trabajadores migrantes en el área de educación, proyectos de salud, asesoria legal, y programa de nutrición para los hijos de los trabajadores. La agencia también recabó fondos de la Agencia de Rehabilitacion para la Asistencia de los Trabajadores para dar servicios a los trabajadores que sufrieron accidentes mientras que realizaban su trabajo. Del Instituto para el Desarrollo de los Recursos Humanos surgió El Concilio para los Trabajadores Migrantes de Utah y el programa Head Start que proveía servicios educativos a los niños y a los mismos migrantes.

El denominador común que se presenta a lo largo de la historia de los migrantes mexicanos y México-Americanos de Utah es el tratamiento inhumano que han recibido de parte de los dueños de las granjas y los campos agrícolas. Como consecuencia de esta situación, el estado de Utah experimenta una escasez de trabajadores migrantes cada año. Muy pocos trabajadores regresan al estado una vez que han cumplido con sus contratos o cuando el periodo de cosechas ha terminado. En 1986, y con la intención de evaluar las condiciones de vida de los migrantes, un equipo de investigadores del condado de Salt Lake encontró que el índice de las enfermedades en la población de los trabajadores sobrepasaban los índices de cualquiera otra población. La proliferación de las enfermedades era atribuida a las condiciones insalubres, la falta de higiéne, y la impureza del agua que los trabajadores consumían. Las enfermedades prevalentes en esta población eran la tuberculosis y la viruela. Además, la mayoría de los niños que habían nacido en esta población reportaban ser de bajo peso, y las tasas de mortalidad eran las más altas entre la población de Utah.

Aun en estos días, no existe una información completa sobre el número de trabajadores migrantes que llegan cada año al estado de Utah. Las estadísticas son muy disparejas y dependen, por lo regular, de las agencias o las fuentes que recaban esta información. El sistema para recopilar estas estadísticas no es consistente y por lo tanto existe muchas fuentes con información contradictoria, y en la mayoría de los casos, inconclusa. Sin embargo, la demanda por estos trabajadores es real, sobre todo en los últimos años, cuando la industria agrícola del estado ha aumentado sus operaciones, y al hecho de que en Utah no se producen los trabajadores que esta industria demanda. Al evaluar la historia de los trabajadores migrantes en Utah, Ann Nelson hizo la observación de que los trabajadores migrantes "son una mercancía muy valiosa solo por un corto tiempo. Estos trabajadores no reciben ningún apoyo ni estímulos para quedarse a vivir permanentemente en Utah, para inscribir sus niños en las escuelas, y nunca se les ofrece trabajo permanente durante el año."[17] Los trabajadores migrantes de Utah son una mercancía que se reemplaza fácilmente y continúa siendo el secreto para la acumulación de ganancias para los agricultores de Utah y para las compañías procesadoras de carnes y productos agrícolas.

Since the 1920s Hispanic migrant workers have contributed to the agricultural, farming, and ranching industries of Utah. Used by permission, Utah State Historical Society. All rights reserved.

Desde la década de 1920 los trabajadores migrantes hispanos han contribuido a las industrias de la agricultura y la ganadería de Utah. Foto: Sociedad Histórica del Estado de Utah. Todos los derechos reservados.

Mexican worker preparing supper in his migrant camp. Photo courtesy of Edward H. Mayer.

Trabajador mexicano preparando la cena en su campamento. Foto cortesía de Edward H. Mayer.

In the spring of 1986, Cesar Chavez, the founder of the United Farm Workers of America, visited Utah to promote legislation for Hispanic migrant workers. Photo by Kent Miles, Working Together: A Utah Portfolio. P0705. Special Collections Department, J. Willard Marriott Library, University of Utah.

En la primavera de 1986, César Chávez, el fundador de la organizacíon Uníon de Campesinos, visitó Utah para promover una legislación favorable para los trabajadores migrantes. Foto de Kent Miles, Working Together: A Utah Portfolio. P0705. Departamento de Colecciones Especiales, Biblioteca J. Willard Marriott, Universidad de Utah.

A child migrant worker harvesting onions in Ogden, Utah. Children were paid 40 cents for each fifty-pound bag they filled with onions. Photo by George Janecek, Working Together: A Utah Portfolio. P0705. Special Collections Department, J. Willard Marriott Library, University of Utah.

Un niño migrante cosechando cebollas en Ogden. A los niños se les pagaba 40 centavos por cada costal de 50 libras que cosechaban. Foto de George Janecek, Working Together: A Utah Portfolio. P0705. Departamento de Colecciones Especiales, Biblioteca J. Willard Marriott, Universidad de Utah.

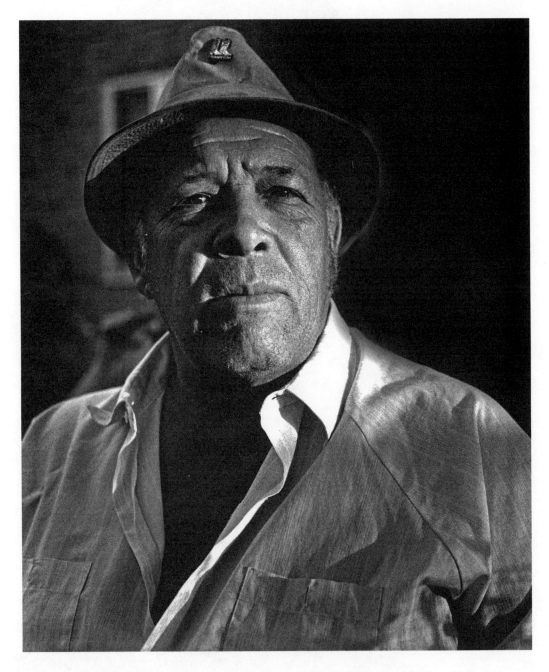

Migrant workers came to Utah from Mexico, Texas, Colorado, and New Mexico. Photo by George Janecek, Working Together: A Utah Portfolio. P0705. Special Collections Department, J. Willard Marriott Library, University of Utah.

Los trabajadores migrantes llegaron a Utah de México, Texas, Colorado y Nuevo México. Foto de George Janecek, Working Together: A Utah Portfolio. P0705. Departamento de Colecciones Especiales, Biblioteca J. Willard Marriott, Universidad de Utah.

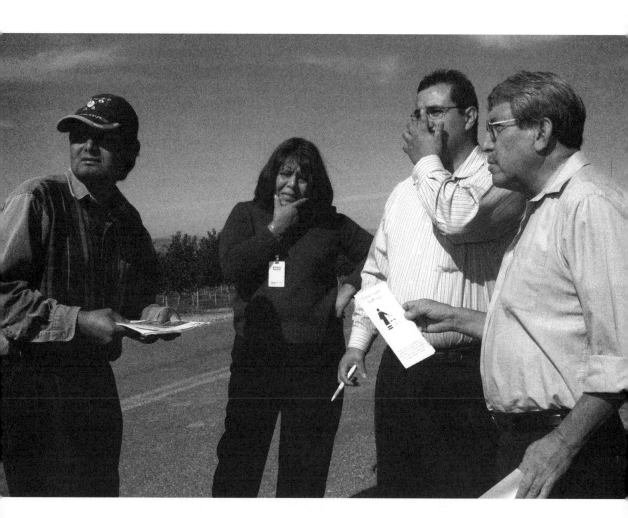

Since the 1960s, Hispanics have created multiple organizations for the protection of migrant workers. The main issues affecting this population are substandard housing, education, health care, labor conditions, and inequitable salaries. Photo by Tony Yapias.

Desde los años de 1960 los Hispanos han creado múltiples organizaciones para proteger los derechos de los trabajadores migrantes. Los problemas más importantes que afectan a esta población son de habitación, educación, salud, condiciones laborales y salarios. Foto de Tony Yapias.

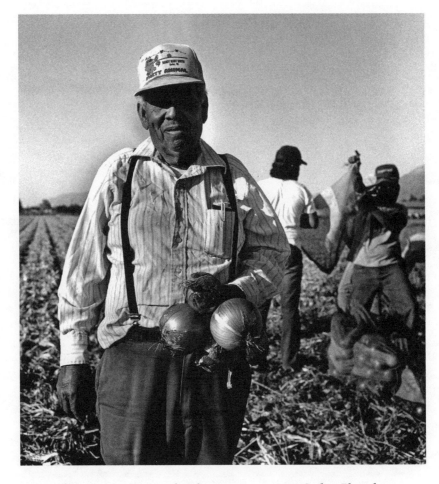

A crew of Mexican migrant workers harvesting onions in Ogden. Photo by George Janecek, Working Together: A Utah Portfolio. P0705. Special Collections Department, J. Willard Marriott Library, University of Utah.

Trabajadores migrantes mexicanos cosechando cebollas en Ogden. Foto de George Janecek, Working Together: A Utah Portfolio. P0705. Departamento de Colecciones Especiales, Biblioteca J. Willard Marriott, Universidad de Utah.

Mexican migrant workers picking apples in the orchards of Santaquin, Utah. 2006. Photo by Tony Yapias.

Trabajadores migrantes mexicanos cosechando manzanas en los huertos de Santaquin, Utah. 2006. Foto de Tony Yapias.

Because of their physical appearance, some migrant workers cross the Mexican border every year without being questioned about their nationality. 2006. Photo by Tony Yapias.

Debido a su apariencia física, algunos trabajadores mexicanos, cruzan la frontera sin ser cuestionados sobre su nacionalidad. Su tez clara, ojos azules, y dominio del idioma los hace pasar como Anglo-Americanos. 2006. Foto de Tony Yapias.

Peruvian sheepherders working in the proximity of Yuba Lake. 2005. Photo by Tony Yapias.

Pastores peruanos en la proximidad de Yuba Lake. 2005. Foto de Tony Yapias.

Far right: The sheepherding tradition begun by Spaniards and Mexicans at the beginning of the century continues, although the majority of the sheepherders today are Peruvians. 2005. Photo by Tony Yapias.

La tradición de pastoreo iniciada por los Españoles y Mexicanos a principios de siglo sigue aún vigente. Actualmente esta actividad se lleva a cabo por pastores Peruanos. 2005. Foto de Tony Yapias.

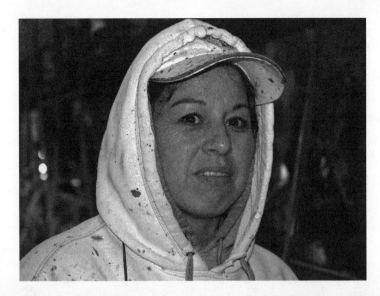

The development of dairy farms in Delta attracted a new wave of migrant workers to the state. 2006. Photo by Tony Yapias.

El desarrollo y crecimiento de lecherías en Delta ha atraído a una nueva generación de trabajadores migrantes al estado. 2006. Foto de Tony Yapias.

A large number of Latino agricultural and farm workers in Utah today are women. In 2004, 58 percent of migrant workers were women. 2006. Photo by Tony Yapias.

Un gran número de trabajadores agrícolas y de personas que trabajan en las granjas de Utah son mujeres. En el año de 2004, 58 por ciento de los trabajadores migrantes eran mujeres. 2006. Foto de Tony Yapias.

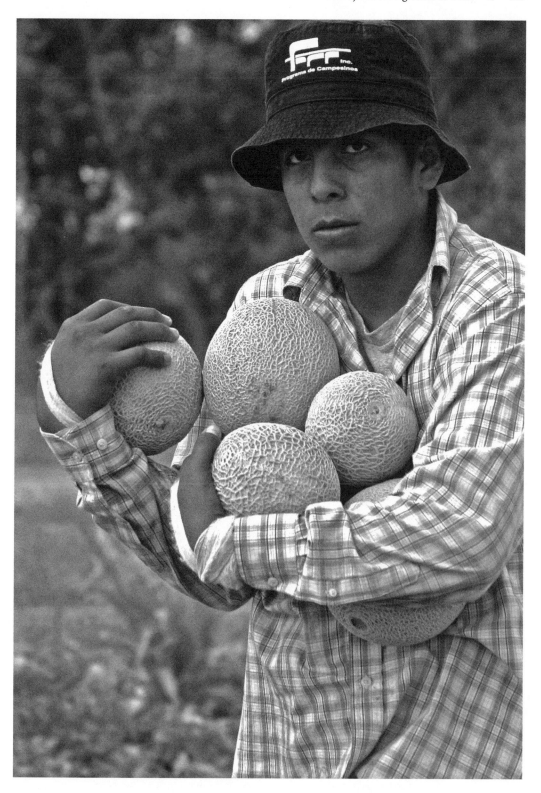

A Mexican migrant worker picking cantaloupes in Green River, Utah. 2006. Photo by Tony Yapias.

Trabajadores Mexicanos en la cosecha de melones en Green River, Utah. 2006. Foto de Tony Yapias.

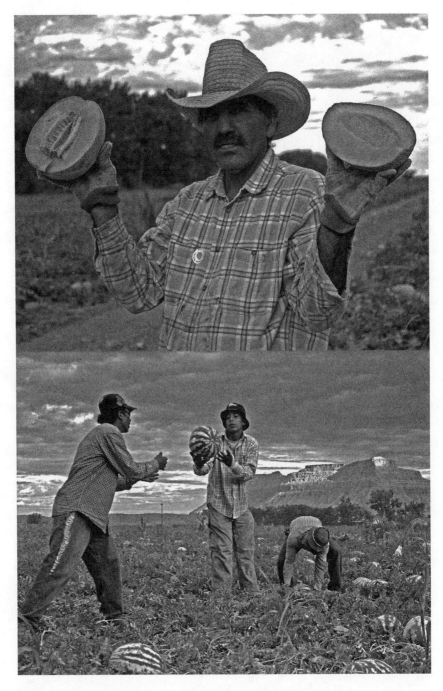

In 2008, 95 percent of the migrant workers who harvested the fruit in Utah were undocumented. 2006. The fruit industry in Utah, largely made up of Mexican migrant workers, has an annual income of 9 million dollars. 2006. Photos by Tony Yapias.

En el año 2008, el 95 por ciento de los trabajadores migrantes en Utah eran indocumentados. 2006. La industria fruticulturera en Utah, en gran medida apoyada por los trabajadores migrantes mexicanos, tiene un ingreso anual de 9 millones de dólares. 2006. Fotos de Tony Yapias.

A migrant worker travelling from the melon harvesting fields to his headquarters in Green River. 2006. Photo by Tony Yapias.

Trabajador migrante viajando desde los campos de cosecha de melón a su cuartel habitacional en Green River. 2006. Foto de Tony Yapias.

CHAPTER 6

Hispanic Veterans of Utah

Tracking Hispanic military servicemen from Utah is an enormous task since their service records are dispersed around the state and the nation. Nonetheless, the oral history interviews that were collected in the 1970s, which included some of the oldest Hispanic citizens in the state of Utah, are good maps that can serve to guide our quest for information. The Hispanic pioneers who were interviewed acknowledged that there have been Mexicans and Mexican-Americans from Utah serving in the different branches of the U.S. military since 1912. Such are the cases of Federico Ibarra, Enrique Espinoza, Ignacio and Frank Solorio, and Bruno Chavez. In a 1971 interview, Santos Cabrera alluded to the fact that Hispanics working on Utah's railroads, especially in the Union Pacific, were required to register for the draft during World War I.[1] Cabrera was recruited by the U.S. Army in 1917 but he did not participate in any of the battles because, in November of 1918, the nations involved in the conflict signed the Armistice.

During the 1920s, Carbon County was a successful ground for the recruitment of Hispanics in the military. Hispanics started arriving to the county in 1912 to work in the coalmines and to lay the water pipes that provided water to Price. When World War I erupted, at least twenty-five Hispanics were drafted and then left for Europe in order to advance the cause of the United States.[2] After the war, Hispanics continued volunteering for military services while others were drafted. In 1920, the year the first Hispanic Mormon Ward in Salt Lake City was created—*The Lucero Ward/The Mexican Branch*—sixteen young men were drafted from that same ward.[3] During this time, the economic depression of the late 1920s affected Hispanics and many turned to the army as a measure to ameliorate their economic situation.

By the 1940s, Hispanics hadn't advanced much further in their socioeconomic class and many began to look at the U.S. Army as a way to improve

their status. Such was the case of Epifenio González who voluntarily enrolled in the military and earned a Silver Star for his bravery and loyalty. Gonzalez joined the army when he was nineteen years old but, in order to enlist, he had to present written permission from his mother. He became a combat engineer. His assignments, among other duties, consisted of clearing a path for the infantry by either installing or blowing up bridges. After detecting and clearing mine fields, he would return to the rest of the infantry to fight in the battles. He was assigned to North Africa and later to the Sahara Desert. After three years of service, he became a commander of a platoon of forty soldiers. Gonzalez was awarded the Silver Star for saving the lives of his battalion when the soldiers crossed bridges into enemy territory during the Battle of Monte Casino in southern Italy. After five years in the military, Gonzalez was offered the opportunity to become a lieutenant and eventually a general, but he declined. He needed to go back home to take care of his mother and siblings.

Summarizing his experiences, Sergeant Gonzalez commented:

> "I kind of enjoyed it. You know. It took me out of the poverty and it gave me a dignity. I wasn't an overbearing Sgt. I loved my soldiers. I would never ask a man in my group to do something that I wouldn't do. I would go with them. I could have had—I had the authority to just send them—But I know when I left, those guys were crying you know...But I wouldn't accept the commission. I'm going home."[4]

When he came to Salt Lake City, two of his brothers were drafted for the Korean War. Once back in Utah, Gonzalez experienced contradictory feelings due to the discrimination he experienced in daily life. When he was interviewed, he commented: "How would you feel if you came decorated, you fought your heart out in the war, and you say: 'Now I am an American, I'm just as good as anybody.' And then, all of a sudden, you're just a second-rate citizen?"[5]

Since World War II, and when compared to the general population, Utah's Hispanics have been disproportionately represented in the U.S. military. According to the *Memoirs of Monticello Ward Relief Society,* at least thirty-nine Hispanics were drafted in World War II and approximately seventy-two men and women of the Ward served in the war.[6] The *San Juan Record* at the time also reported that six hundred people were Mormons and Caucasians and 125 were Catholics and exclusively Hispanics.[7] Considering these statistics, we can claim that 31 percent of Hispanics from Monticello enrolled in the army and only 12 percent of the Anglo-European population did the same. Daniel

S. McConkie asserts, "By the early 1940s, many of the young Hispanics joined the armed services... and many of them served with distinction."[8]

At the outbreak of World War II, a large contingency of Hispanics from Carbon County enrolled in the military. Individuals like Joseph Aguayo, Jose Valdez, Tony Bueno, Ramon Madrigal, Frank H. Vega, John Palacios, and Pete Palacios saw action in Central Europe, France, and Germany. At least three Hispanics from Carbon County were killed in battle and several were listed as missing. At the end of the war, Hispanics returned to the county with Purple Hearts, Medals of Honor, honorable distinctions, and honorable discharges.[9] These accomplishments, however, did not change the prejudice against them. On the contrary, prejudice toward Hispanics intensified as they started claiming their rights and their sense of place in the county.

By the end of World War II, five hundred thousand Hispanics had served in all branches of the U.S. armed forces and earned a total of seventeen Medals of Honor, more than any other ethnic group. Utah's Hispanics brought home some of those medals to remind us of their patriotism and their unconditional love for a country that sacrifices their best citizens to defend and advance the ideas of freedom and democracy. Jose Valdez, a native of Pleasant Grove, Utah, was one of the seventeen Hispanics awarded the Medal of Honor. Posted in France, his battalion was about to be captured by the Germans. The patrol leader ordered the U.S. troops to withdraw and Valdez volunteered to provide fire coverage for his comrades. In the action, Valdez was wounded. A bullet entered his stomach and passed through his back. Valdez resumed his position and provided a "protective screen" for the soldiers in his troop. Shortly after, he died. He was twenty-one years old.

During the Vietnam War in the 1960s, three Hispanics from Utah won the highest military honors due to their bravery and tragic deaths. Frank L. Tafoya died in the province of Bình Thuận in 1967 at the age of nineteen. Tom Gonzalez died in the same province when he was twenty years old. Additionally, John J. Martinez from Midvale died in 1967 in an explosion produced by a booby trap. These three young soldiers, all sons of Hispanic miners who worked in Bingham Canyon in the 1920s, died the same year. They had known each other, attended the same school, and lived in the same neighborhood. Jimmy Martinez died on Thanksgiving Day, and Tafoya died twenty-four hours before his friend. A citation inscribed in the posthumous Silver Star Award of Frank Tafoya described his courage:

Tafoya exposed himself to the enemy fire as he moved forward to provide security to his platoon's right flank. He was wounded by an exploding mortar shell. Despite his wound, he remained exposed to enemy fire as he provided covering fire for a helicopter, which was trying to land. While providing this suppressive fire he was mortally wounded. Tafoya was 19 years old.[10]

To maintain the memory of these three friends, Stephen Dark created a metaphor that compares a baseball game with the lives of these Hispanic soldiers of the Vietnam War: "The bases are loaded. Tommy's on first, Le Roy's on second and Jimmy's on third. All each of them needs is one more hit to bring them safely home. But the miracle never happened. They died. They never made it home…"[11]

The Vietnam War also brought tragedy to other Hispanics in the military. The records show that at least twelve Hispanics from Utah died in combat. Jesus M. Archuleta, Rodolfo J. Archuleta, Luis Godinez Cervantez, Roberto M. Delgado, Tom Gonzalez Jr., John J. Martinez, Johnny Salaz, Frank L. Tafoya, Victor A. Tafoya, Richard Tony Trujillo, Michael Vazquez, and Tony M. Vazquez are forever remembered in the Vietnam Veterans Memorial Wall in Washington, D.C.

The most recent conflicts of the United States, in the Middle East, Iraq, and Afghanistan, have prompted a new generation of Latinos, committed to the protection of our inalienable rights, to enlist. During the Operation Enduring Freedom in Iraq, more than 120,000 Latinos were serving on active duty in the military. In 2004, eight percent of the nation's total defense force was represented by Latinos, with more than 15,000 Latino soldiers serving full time in Iraq. At that point, Latinos from Utah were represented in all branches of the U.S. military.

Such was the case of Captain Erick Wettstein-Burgos. In 1976, Irma Burgos emigrated from Honduras with her three-year-old son Erick. Surviving the hardships of life, Irma made it possible for Erick to attend and graduate from the University of Utah. After graduation he enlisted in the U.S. Marines Corps Aviation division, where he became a captain. He trained with U.S. international forces in the Middle East, and participated in search and rescue operations in Afghanistan. In December of 2002, former president George W. Bush awarded Captain Burgos the Air Medal in recognition of his fifty flying missions in Afghanistan and for protecting the life of the infantry on the ground. In 2004, he retired with honors.

The success of Captain Wettstein-Burgos in the Marines contrasted with the situations of Cesar Machado Olmos and Juán Carlos Cabral, both of whom died in Iraq. Cabral was born in México and his family immigrated to Utah when he was one year old. In 1996, he joined the U.S. Army in order to pay for college, support his wife and children, and obtain his citizenship. In January of 2004, during his first assignment in Iraq, he was killed when his vehicle was struck with a homemade explosive near the northern city of Kirkuk. He left behind his wife, Anita, and two young sons, one aged eighteen months and the other seven years old. Relatives from Cabral's native Mexico wanted to come to the interment but were denied visas. Before his burial, however, officials gave Juan's family a Purple Heart for his injuries and a Bronze Star for meritorious services. Juan was posthumously promoted to sergeant and his family received his U.S. citizenship. Members of his family considered his death as the ultimate sacrifice, one in which life has been traded for citizenship.

Cesar Machado Olmos was also born in Mexico. His family moved to Provo, Utah. In Provo, Cesar delivered newspapers and became an assistant librarian at Spanish Fork High School. He joined the U.S. Army on August 25, 2001, a few months after graduating from high school. While fulfilling his military duties, Cesar was killed in a vehicle accident in the Al Anbar Province in Iraq. He died before he could get his U.S. citizenship. The Department of Homeland Security lost his application and was not able to grant his citizenship. To honor his name, U.S. Secretary of Defense Donald Rumsfeld stated: "Name after name is a Hispanic name in every war and every battle our country has fought... It's a wonderful thing being able to look (these people) in the eye and thank them and tell them how important it is what they are doing for their country."[12] In unison with these remarks, Alfonso Brito, representative of the Mexican Consulate in Utah stated that, "Even if Cesar was not an American, the fallen Marine was a hero to us." But the most forceful eulogy was delivered by Senator Orrin Hatch at the U.S. Senate:

> Mr. President, September was a hard month for the people of Utah. Three more of our sons were called home into the arms of God...One of them is Lance Corporal Cesar F. Machado Olmos. His life is extraordinary, since at the time of his death, he had not yet become an American citizen. Imagine a young man who loved this country so much that before he even became a citizen he entered into a life of service and chose to earn the title of United States Marine.

The participation of Utah's Latinos in the military, alongside Latinos in the rest of the United States, brings a series of contradictory emotions. On one hand, there is a sense of pain and profound loss in the families who have sacrificed their loved ones on the battlefields. On the other, there is a sense of pride and dignity, as the sacrifices of Latinos in the Armed Forces have contributed to the strength of the nation and its values. What is also important is the fact that many Latino veterans from Utah obtained leadership skills and applied the lessons they learned in the military to civil society. A prime example is the creation of The Spanish-Speaking Organization for Community, Integrity and Opportunity (SOCIO), one of the most important civil rights organizations in Utah, which was influenced by the experience of individuals who came back from the wars in Vietnam and Korea. Roberto Nieves, a native from Puerto Rico, served in the Navy during World War II and later became one of the most visible leaders of SOCIO. Also, Hispanic veterans like Molly Galvan, Abel Medina, and the Salazar brothers established a chapter of the American G.I. Forum (AGIF) in the city of Ogden in 1954 and another in Salt Lake City in 1955. These organizations had multiple purposes but the fundamental idea was to claim equal rights for Hispanic veterans, and to improve the education of the Hispanic population in the state.

Los Veteranos Hispanos de Utah

Seguir el trazo de los Hispanos de Utah que han servido en el Ejército de los Estados Unidos es una tarea difícil ya que sus archivos se encuentran dispersos por todo el estado y la nación. Sin embargo, las colecciones de entrevistas de historia oral hechas durante la década de los años 1970 constituyen los mapas referenciales que guían nuestra información. Los primeros Hispanos que fueron entrevistados están conscientes que desde 1912 había Mexicanos y México-Americanos de Utah que sirvieron en las diferentes ramas del ejército de los Estados Unidos. Algunos de estos casos los constituyen Federico Ibarra, Enrique Espinosa, Frank Solorio y Bruno Chávez. En una entrevista realizada en 1971, Santos Cabrera aludió al hecho de que los trabajadores hispanos de los ferrocarriles de Utah, especialmente lo de la Unión del Pacifico se les requería inscribirse para prestar su servicio en la Primera Guerra Mundial.[1] Cabrera fue reclutado por el Ejército de los Estado Unidos en 1917 pero no participó en batalla alguna debido a que en noviembre de 1918, las naciones involucradas en el conflicto, firmaron el Armisticio.

Durante la década de 1920 el condado del Carbón fue un lugar prominente para el reclutamiento de Hispanos al servicio militar. En 1912 los Hispanos comenzaron a llegar al condado para trabajar en las minas de carbón y en el servicio de alcantarillado que proporcionaría el agua a la ciudad de Price. Al estallar la Primera Guerra Mundial al menos veinticinco Hispanos fueron enlistados para participar en los campos militares de Europa.[2] Después de la Guerra, los Hispanos continuaron registrándose voluntariamente mientras que otros eran reclutados por el servicio militar.[3] En 1920, el mismo año que fue creada la Primera Rama Mexicana de la iglesia Mormona, dieciséis jóvenes de esa rama fueron llamados al ejército norteamericano.[2] Durante los años de la recesión económica de los 1920s, los Hispanos sufrieron las consecuencias y muchos de ellos se enrolaron en el ejército para resolver su precaria situación económica.

Para la década de 1940, los Hispanos no habían mejorado su clase social y vieron al ejército estadounidense como una oportunidad para resolver su estatus económico. Tal es el caso de Epifenio González quien voluntariamente se enlistó en el ejército cuando tenía diecinueve años. Una vez en el ejército, González ocupó el puesto de ingeniero de combate. Entre sus obligaciones estaba la de abrir paso para la infantería ya fuera instalando o dinamitando puentes. Después de detectar las minas explosivas y retirarlas, González regresaba a la línea de combate. Luego de tres años de servicio llegó a ser Comandante de Pelotón compuesto por aproximadamente cuarenta soldados. Fue enviado a África del norte y después al desierto del Sahara. A González le fue otorgada la medalla Estrella de Plata por haber salvado las vidas de miembros de su batallón cuando cruzaban los puentes de territorio enemigo durante la Batalla de Monte Casino, en el sur de Italia. Después de cinco años en el ejército, González recibió el rango de Teniente Mayor con la posibilidad de convertirse en General, pero declinó la oferta. González necesitaba regresar a casa para cuidar de su madre y hermanos. Resumiendo sus experiencias militares González comentó:

> Puedo decir que disfruté mi estancia en el ejército. Me ayudó a salir de la pobreza y me dió un gran sentido de dignidad. Nunca fui un sargento déspota; amaba a mis soldados. Nunca le pedí a ningún soldado de mi batallón que hiciera algo que yo no haría. Siempre iba con ellos. Hubiera podido pedírselos, tenía la autoridad para mandar. Sé que cuando me retiré del ejército los muchachos lloraron. Yo no podía aceptar el nombramiento, tenía que regresarme a mi casa."[4]

Al regresar a Salt Lake City se enteró de que dos de sus hermanos habían sido reclutados para la Guerra de Corea. Una vez que se estableció en Utah, a González le invadieron sentimientos contradictorios debido a la discriminación que sufría. Al tiempo de ser entrevistado comentó: "¿Cómo se sentiría usted si después de regresar con gallardetes, después de entregarse con todo corazón en la guerra, y decir: 'Ahora ya soy Estadounidense, soy tan bueno como cualquier Americano.' Pero de repente la gente le dice: 'eres un ciudadano de segunda clase'."[5]

Desde la Segunda Guerra Mundial, los Hispanos de Utah han sido desproporcionadamente representados en el ejército de los Estados Unidos. De acuerdo a los *Testimonios de la Sociedad de Socorro de la Iglesia Mormona de Monticello*, al menos treinta y nueve Hispanos fueron reclutados para la Segunda Guerra Mundial y aproximadamente setenta y dos personas, hombres y mujeres de la Iglesia Mormona, participaron en la guerra.[6] El periódico

San Juan Record reportó que durante ese tiempo había seiscientas personas que eran Mormonas y Americanos, mientras que ciento veinticinco eran Católicas e Hispanas.[7] Considerando esta estadística, podemos argumentar que el 31 por ciento de los Hispanos de Monticello se enlistó en el ejército y tan solo el 12 por ciento de la población Anglo-Europea hizo lo mismo. En vista de esta situación, Daniel S. McConkie afirma que "Al comienzo de la década de 1940, muchos de los jóvenes Hispanos participaron en el ejército...y muchos terminaron sus servicios con altos honores."[8]

Al principio de la Segunda Guerra Mundial, un gran número de Hispanos del condado del Carbón se enlistaron en el ejército. Individuos como Joseph Aguayo, Jose Valdez, Tony Bueno, Ramón Madrigal, Frank H. Vega, John Palacios, y Pete Palacios estuvieron al frente de los campos de batalla en Europa Central, Francia, y Alemania. Al menos tres Hispanos del condado murieron en las batallas y otros tantos se les registraron como desaparecidos. Al final de la guerra, los Hispanos regresaron al condado con medallas del Corazón Púrpura y distinciones honorables.[9] Sin embargo, estos logros no cambiaron los prejuicios en contra de ellos. Al contrario, el prejuicio se intensificó al momento en que los veteranos empezaron a reclamar sus derechos y sentirse como ciudadanos plenamente integrados en el condado. Al final de la Segunda Guerra Mundial, quinientos mil Hispanos habían servido en todas las divisiones militares de los Estados Unidos, y les fueron otorgadas diecisiete Medallas de Honor, las cuales sobrepasaron el número de medallas que cualquier otro grupo étnico haya recibido. Los Hispanos de Utah trajeron a casa algunas de estas medallas para recordarnos de su patriotismo y su amor incondicional hacia un país que sacrifica sus ciudadanos para avanzar los ideales de la libertad y la democracia. José Valdez, un soldado que nació en Pleasant Grove, fue uno de los diecisiete Hispanos a quienes les fueron otorgadas las Medallas de Honor. En Francia, su batallón estaba a punto de ser capturado por las tropas alemanas. El líder del batallón ordenó que las tropas estadounidenses avanzaran y Valdez se ofreció para cubrir las espaldas a sus camaradas que iban incursionando dentro de territorio enemigo. Valdez fue herido de gravedad; una bala le penetró el estómago y le salió por la espalda. Valdez continúo defendiendo su posición y proporcionando una barrera de protección para los soldados de su tropa. Cuando murió, Valdez tenía veintiún años.

Durante la Guerra de Vietnam en la década de los 1970s, tres Hispanos de Utah recibieron también los más altos honores militares debido a su valentía. Frank L. Tafoya murió en la provincia de *Bình Thuận* en 1967 a los diecinueve años. Tom González murió en la misma provincia cuando tenía veinte años.

John J. Martinez, de Midvale, murió en 1967 debido a la explosión producida por una bomba colocada en el camino. Estos tres soldados eran hijos de mineros Hispanos que trabajaron en el Cañón de Bingham durante la década de los 1920s. Todos ellos murieron el mismo año, conservaban una amistad íntima, asistián a la misma escuela, y vivían en el mismo vecindario. Jimmy Martinez murió el Día de Acción de Gracias y Tafoya murió veinticuatro horas antes que su amigo. Una descripción inscrita en la Estrella de Plata de Frank Tafoya describe su valor y su muerte bajo el fuego enemigo:

> Tafoya se expuso al fuego enemigo al adelantarse para proveer seguridad al flanco derecho de su pelotón. Fue herido al estallar un mortero. A pesar de su herida y quedar expuesto al fuego enemigo cubrió el flanco para que defendiera el helicóptero que trataba de rescatarlos. Momentos después fue mortalmente herido. Tafoya tenía diecinueve años.[10]

Para mantener viva la memoria de estos tres soldados, Stephen Dark creó una metáfora que compara un juego de *béisbol* con las vidas de estas víctimas de la Guerra de Vietnam: "Las bases están todas llenas. Tommy estaba en la primera base, Le Roy estaba en la segunda, y Jimmy estaba en la tercera. Todo lo que necesitaban era un HIT para entrar salvos a casa. Pero el milagro nunca ocurrió. Los tres murieron y nunca regresaron a casa."[11]

La Guerra de Vietnam también trajo otras tragedias a los Hispanos de Utah. Los archivos demuestran que al menos doce Hispanos murieron en combate: Jesús M. Archuleta, Rodolfo J. Archuleta, Luis Godinez Cervantez, Roberto M. Delgado, Tom Jr. Gonzalez, John J. Martinez, Johnny Salaz, Frank L. Tafoya, Victor A. Tafoya, Richard Tony Trujillo, Michael Vazquez y Tony M. Vazquez. Todos ellos son recordados en el muro de honor de los Veteranos de Vietnam que se encuentra en la ciudad de Washington, D.C.

Los conflictos más recientes de los Estados Unidos en el Medio Oriente, Irak y Afganistán, ha hecho posible una nueva generación de Latinos plenamente comprometidos con la protección de los derechos inalienables de los ciudadanos americanos. Durante la Operación Enduring Freedom que se llevó a cabo en Irak, más de ciento veinte mil Latinos participaron en las campañas militares. Las estadística demuestran que en 2004 el 8 por cientos del total de la fuerzas armadas de los Estados Unidos estaba representado por Latinos. En el mismo año más de ciento cincuenta mil soldados latinos sirvieron en Irak, los Latinos de Utah estaban representados en todas las ramas militares del ejército.

Tal es el caso del capitán Erik Wettstein-Burgos. En 1976, Irma Burgos emigró de Honduras con su hijo de tres años de edad. Sobreviviendo todas las dificultades, Irma se afanó para que Erik pudiera asistir y graduarse en la Universidad de Utah. Después de recibir su licenciatura, Erik se enlistó en los Marines, en la División de Aviación en donde llegó a ocupar el rango de capitán. Su entrenamiento tuvo lugar en el Medio Oriente y participó en las operaciones de rescate en Afganistán. En diciembre del 2002 el Presidente de los Estados Unidos, George W. Bush, condecoró al Capitán Wettstein-Burgos con la Medalla Aeroespacial en reconocimiento a los cincuenta vuelos de misiones especiales en Afganistán y por proteger la vida de los soldados de Infantería. En el año del 2004 Erik se retiró con los más altos honores.

El éxito del capitán Erik Wettstein-Burgos en los Marines contrastó con la situación de César Machado Olmos y Juan Carlos Cabral quienes murieron en Irak. Cabral nació en México y su familia emigró a Utah cuando tenía un año de edad. En 1996 se enlisto en el ejército de los Estados Unidos para pagar la colegiatura, sostener a su esposa e hijos, y obtener la ciudadanía estadounidense. En enero del 2004 y durante su primera asignación en Irak, fue asesinado cuando su vehículo fue atacado por un comando militar, cerca de la ciudad norteña de Kirkuk. A Juan Carlos le sobreviven su esposa Anita y sus dos hijos de siete años y de dieciocho meses de edad. Familiares de Cabral que residían en México intentaron venir a su funeral pero les fueron negadas las visas. Antes de su entierro, oficiales del ejército norteamericano, le concedieron a la familia de Juan dos medallas: una del Corazón Púrpura por las heridas recibidas y la medalla de la Estrella de Bronce por sus servicios meritorios. Juan fue póstumamente promovido a sargento y le fue concedida la ciudadanía Americana. Miembros de su familia consideraron su muerte como el precio más alto que se paga por ser ciudadano estadounidense.

César Machado Olmos nació en México también. Su familia emigro a Provo, Utah, cuando César era apenas un adolescente. En Provo, César repartió periódicos y trabajó como asistente de biblioteca en la escuela secundaria de Spanish Fork. Ingresó al ejército en 25 del agosto del 2001, a escasos meses de haberse graduado de la secundaria, y fue enviado a la provincia de Al Anbar en Irak. Mientras cumplía con sus labores militares, una bomba arrojada por comandos opositores, estalló en el vehículo en que viajaba ocasionándole la muerte. César falleció antes de que se le concediera la ciudadanía Americana. En un homenaje póstumo, el Secretario de Defensa Donald Rumsfeld declaró: "Los Hispanos han luchado en todas las guerras y batallas de nuestro país... es algo maravillo mirar a los ojos de esta gente y agradecerles las cosas tan importantes que han hecho por nuestro país".[10]

Al unísono con esta declaración, Alfonso Brito, representante del Consulado Mexicano de Utah sostuvo que "Aunque César no fue Estadounidense, como uno de los Marines que cayó en la batalla fue un héroe para nosotros". Pero el elogio más significativo fue pronunciado por el senador de los Estados Unidos, Orrin Hatch:

> Señor Presidente, el mes de septiembre fue uno de los más difíciles para el estado de Utah. Tres más de nuestros hijos fueron enviados a su mansión celestial, al regazo de Dios. Uno de ellos es el Capitán Cesar F. Machado Olmos. Su vida fue ejemplar ya que al morir aún no era ciudadano Americano. Imagínese a un hombre joven que amó tanto a su país, y que antes de convertirse en ciudadano, ingresó a nuestro ejército, para servir al país en los Marines de los Estados Unidos.[12]

La participación de los Latinos de Utah en las fuerzas militares, así como el resto de los Latinos en los Estados Unidos, nos trae a considerar una serie de emociones contrastantes. Por una parte, existe el dolor y la pérdida en las familias que han sacrificado a sus seres queridos en los campos de batalla, y por la otra, existe un sentimiento profundo de orgullo y dignidad por haber contribuido a fortalecer los valores que identifican a nuestro país. Muy importante también es el hecho de que muchos veteranos latinos de Utah han ocupado puestos de liderazgo dentro del ejército y han sabido aplicar sus experiencias dentro de la sociedad civil. Un ejemplo es la creación de La Organización Hispana para la Comunidad, la Integridad, y Oportunidad, mejor conocida como SOCIO. Esta organización fue la más importantes durante la lucha por los Derechos Civiles que los Latinos organizaron en los años de 1960s. SOCIO fue organizada y dirigida por Latino veteranos que habían participado en las guerras de Vietnam y Corea. Roberto Nieves, un ciudadano puertorriqueño, sirvió en la Fuerza Naval durante la Segunda Guerra Mundial y su experiencia la vertió en la creación de SOCIO. Veteranos hispanos como Molly Galván, Abel Medina y los hermanos Salazar, establecieron en Ogden, en 1954, una sucursal del Foro Americano G.I. Fórum (AGIF) en 1955, hicieron lo mismo pero ahora en Salt Lake City. Estas organizaciones tuvieron propósitos múltiples pero en el fondo pretendían lograr la igualdad de derechos para todos los veteranos hispanos que habían participado en las distintas guerras de los Estados Unidos, y buscaban incrementar la educación de la población Latina.

The Salazar Brothers from Ogden, Utah: Ross Salazar, Nick Salazar, Tom Medina, Jim Salazar, and Tony Salazar. Used by permission, Utah State Historical Society. All rights reserved.

Los hermanos Salazar: Ross, Nick, Jim, Tony, y Tom Medina. Todos ellos nativos de Ogden, Utah. Foto cortesía de la Sociedad Histórica del Estado de Utah. Todos los derechos reservados.

Jesse Salazar participated in the Korean War and was deployed to Hong Kong. 1952. Photo courtesy of Edward H. Mayer.

Jesse Salazar participó en la Guerra de Corea y fue enviado posteriormente a Hong Kong. 1952. Foto cortesía de Edward H. Mayer.

Soldier returning from the battlefields of North Korea. Photo courtesy of Edward H. Mayer.

Soldado hispano a su regreso de los campos de batalla de Corea del Norte. Foto cortesía de Edward H. Mayer.

Omar Amador. June, 1958. Photo courtesy of Edward H. Mayer.

Omar Amador. Junio, 1958. Foto cortesía de Edward H. Mayer.

Members of the U.S. Naval School, 1949. Ruben Valenzuela is first on the right in the front line. Construction Battalion Center. Port Hueneme, California. Photo courtesy of Gabriel Valenzuela.

Los miembros de la Escuela Naval de los E.E.U.U. 1949. Rubén Valenzuela es primera a la derecha. Batallón del Centro de Construcción. Port Hueneme, California. Foto cortesía de Gabriel Valenzuela.

Tony Bueno of Helper, Utah served in the 17th Field Artillery Battalion in France and Central Europe from 1941 to 1945. Photo courtesy of the Western Mining & Railroad Museum. Helper, Utah. Tony Bueno received several recognitions for his service in the Army. Among other accolades, he received the Victory Medal, the Middle Eastern Service Ribbon, the Good Conduct Medal, and the American Theater of Operations Service Ribbon. Documents courtesy of the Western Mining & Railroad Museum, Helper, Utah. (*Inset*) Tony Bueno's discharge papers.

Tony Bueno, de Helper, Utah sirvió en el Ejército de Artillería en Francia y Europa central desde 1941 a 1945. Foto cortesía de Western Mining & Railroad Museum, Helper, Utah. Tony Bueno recibió varios diplomas por su servicio en el Ejército de los E.E.U.U. Entre otras condecoraciones recibió la Medalla de la Victoria, la medalla por su servicio en el Medio Oriente, y la medalla por conducta ejemplar. Documentos cortesía del Western Mining & Railroad Museum, Helper, Utah. (*Inset*) Documentos de despedida de Tony Bueno del Ejército de los Estados Unidos.

Hispanic World War II veterans from Carbon County (*Clockwise, from top left*): Joseph Aguayo Sr., Frank H. Vega, John Palacios, and Pete Palacios. Photo courtesy of Western Mining & Railroad Museum, Helper, Utah.

Veteranos Hispanos de la Segunda Guerra Mundial del condado del Carbón (*parte superior izquierda*): Joseph Aguayo Sr., Frank H. Vega, John Palacios, y Pete Palacios. Foto cortesía de Western Mining & Railroad Museum, Helper, Utah.

Joseph Palacios served in the European theater of WWII. Photo courtesy of Western Mining & Railroad Museum, Helper, Utah.

Joseph Palacios sirvío en Europa durante la Segunda Guerra Mundial. Foto cortesía de Western Mining & Railroad Museum, Helper, Utah.

Ramon N. Madrid, U.S. Army. 1945. Photo courtesy of the Western Mining & Railroad Museum, Helper, Utah.

Ramón N. Madrid, Ejército E.E.U.U. 1945. Foto cortesía del Western Mining & Railroad Museum, Helper, Utah.

Hispanic veterans Vicente T. Ximenez and Procopio Martinez unloading adobe bricks for the construction of the American G.I. Forum Building. July 1955. Used by permission, Utah State Historical Society. All rights reserved.

Veteranos Vicente T. Ximénez y Procopio Martínez descargando ladrillos para la construcción del edificio del G.I. Forúm. Julio, 1955. Foto cortesía de la Sociedad Histórica del Estado de Utah. Todos los derechos reservados.

Raul Parrilla Marquez. He served in the U.S. Armed Forces from 1951 to 1972 (picture on the left side). Mr. Parrilla in Bermuda, 1968 (picture on the right side). Serving in Puerto Rico, 1951. Photos courtesy of Maria Parrilla del Kokal. Ogden, Utah.

Raúl Parrilla Márquez. Sirvió en las fuerzas armadas de los Estados Unidos de 1951 a 1972 (foto a la derecha). Raúl Parrilla Márquez en Bermuda, 1968 (foto a la izquierda). También sirvió en Puerto Rico en 1951. Fotos cortesía de María Parrilla del Kokal. Ogden, Utah.

Hispanic soldiers after a celebration honoring their return from World War II. Photo courtesy of William H. Gonzalez.

Soldados hispanos después de una celebración a su regreso de la Segunda Guerra Mundial. Foto cortesía de William H. González.

Home altar in remembrance of Jimmy Martinez, who died in the Vietnam War. September 5, 1985. Photo by George Janecek, Working Together: A Utah Portfolio. P0705. Special Collections Department, J. Willard Marriott Library, University of Utah.

Altar conmemorativo en memoria de Jimmy Martínez, quien murió en la guerra de Vietnam. Septiembre 5, 1985. Foto de George Janecek, Working Together: A Utah Portfolio. P0705. Departamento de Colecciones Especiales, Biblioteca J. Willard Marriott, Universidad de Utah.

CHAPTER 7

The Quest for Civil Rights in Utah

Because of the alleged low number of minorities in the state of Utah, the tactics and purposes of the Chicano's struggle for civil rights in Utah contrasts with other struggles in the Southwest. The absence of a minority population seems to be related to the way Hispanics were registered in the census. For instance, the U.S. Census of 1960 reported that Utah's population was 98 percent white and two percent minority. At this time, Mexican-Americans/ Chicanos/Hispanics were not considered to comprise a separate racial/ethnic category. Table 7.1 shows Utah's ethnic composition in 1950 and 1960. In these two censuses, Mexican-Americans were included in the categories of either Whites or Indians. Thus, the 1961 Utah Commission on Civil Rights acknowledged, "the two groups (Mexicans and Indians) have intermarried and often are confused as one and the same group."[1] This situation was confirmed in the files of the Spanish-Speaking Organization for Community, Integrity and Opportunity (SOCIO).[2] In the 1950s, Hispanics/Mexican-Americans/Spanish-speaking people were identified as Whites. This categorization extended to 1971, when Hispanics in Utah submitted their applications to the Intensive Placement Program and 70 percent of them were classified as Indians.[3]

The same Commission on Civil Rights also reported that it was very difficult to report any cases of discrimination against the Spanish-speaking people of Utah, as Mexican-Americans were very reluctant to talk or bring forward any concerns. The report, written in 1967, concluded that: "(Mexicans) are not effectively organized and have no genuine spokesman for their cause."[4]

To correct misunderstandings around Hispanic demographics, SOCIO estimated that by the 1960s there was at least 50,000 Hispanics living in the state.[5] In 1965, however, a major breakthrough for people of color in Utah took place. The state legislature passed civil rights legislation with the intention of advancing the economic and social well being of Utah's minority populations.

TABLE 7.1. RACIAL/ETHNIC COMPOSITION IN UTAH: 1950–1960

	1950	1960	Percent Increase
TOTAL	689,862	890,627	29.3
WHITE	679,909	873,828	29.1
NONWHITE	11,953	16,799	40.5
Negro	2,729	4,148	52.0
Indian	4,201	6,961	65.7
Japanese	4,452	4,371	-1.8
Chinese	335	629	87.8
Filipino	NA	207	.....
All other	236	483	.....

Sources: United States Department of Commerce. Bureau of the Census, 1950, 1960. *Census of Population. Volume 1. Advance Report for Utah.*

Two years later, a group of Hispanic bureaucrats, academicians, veterans, and grassroots leaders created SOCIO, which became the most powerful expression of the Chicano Civil Rights Movement in the state. Although the history of this social movement is still in the making, preliminary findings show that the Chicano Civil Rights Movement in Utah is unique in the sense that it did not use confrontational tactics, was a reformist rather than a radical movement, lacked an ideology, and refused to join other Chicano Civil Rights efforts in the Southwest and the nation.

SOCIO was created on December 15, 1967, when two hundred people—predominantly Mexican-Americans, gathered at the Guadalupe Center to discuss civil rights issues and the causes of their economic and political isolation. One of their goals was to look at their past in order to build a better future: "The legacy of our forefathers has been one of repression, deprivation and degradation, we cannot allow this condition to continue. We cannot and must not leave this legacy to our children."[6] SOCIO would attempt to represent the interests of the 50,000 Hispanics living in Utah and to reach all Chicanos through the creation of chapters and programs throughout the state.

To cover the cost of its operations, the SOCIO board of directors approved a membership fee of five dollars. Simultaneously, they requested funds from the Roman Catholic and United Presbyterians churches. While the Human Development Fund of the U.S. Catholic Church in Washington, D.C., contributed ten thousand dollars, the United Presbyterian Church sent SOCIO approximately six thousand dollars.[7]

Since its founding in 1967, SOCIO approached Utah's school officials to demand an immediate improvement of the educational status of Spanish-speaking children. With financial resources from the Elementary and Secondary Education Act, passed by the U.S. Congress in 1965, educators started recruiting Chicanos and minority children. After one year of operation, the minority student population in the state reached 10,653 students, 6,642 of whom were Chicanos. With the recruitment of students came an increase of minority teachers. By the end of the academic year there were sixty-nine Chicano teachers in Utah, compared to just nineteen working in 1961. Within five years, the employment of minority teachers increased 263 percent.[8]

Other changes were also noticeable. By 1971, ten Chicanos became members of the Salt Lake City District Board of Education, and at least 30 percent of the budget for the Salt Lake School District was covered by federal money under Title I.[9] Also, SOCIO created the Governor's Advisory Council on Hispanic Affairs and the Minority Ombudsman position as permanent offices in the state of Utah. Based on this success, SOCIO moved to create chapters in Ogden and Davis County. To develop leadership potential within the Spanish-speaking communities, the University of Utah financed the Chicano Leadership Conference and recruited Chicanos from around the state.[10] At the conference, Luis B. Medina, Assistant Professor at the College of Social Work at the University of Utah, stated "Chicano history and values have been distorted and stereotyped and need to be corrected in the schools."[11] To recover Chicanos' dignity and identity, Medina proposed a new curriculum for public schools, which included appointing Chicanos to key positions on the state board, having a Chicano as an assistant to the state superintendent of public instruction, and developing a mechanism for regular dialogue between Chicanos and school officials.

The early effects of SOCIO's programs were reflected in the high concentration of Chicano students in the Davis, Salt Lake, Ogden, and Granite school districts.[12] Reports from 1969–1970 showed that Mexican-American students represented 3.2 percent of Utah's school population. This percentage ranked Utah tenth in per capita Mexican-American student enrollment in the United States.[13] The bad news was that Hispanic students from the southwestern suburbs of Salt Lake City were reporting a dropout rate of 60 percent.[14] By October 15, 1970, Ricardo J. Barbero, state president of SOCIO, successfully pressured Governor Rampton to create bilingual and bicultural programs throughout the state.[15]

SOCIO's efforts to enroll Hispanic children in education would soon produce more visible results. From 1970 to 1973, the number of Hispanic children in Utah's schools increased by 16.8 percent. In the arena of political representation, SOCIO was also getting what it demanded. By 1970, the governor authorized the creation of the Hispanic Ombudsmen position. SOCIO President Ricardo J. Barbero also submitted to the governor the names of Orlando Rivera and Rubén Jimenez to be considered as members of the state Manpower Council.[16] That same year, Ricardo Barbero and Father Gerald Merrill created the Utah Migrant Council. In 1971, and under the administration of Governor Rampton, SOCIO created the Hispanic Council with statewide representation.[17] At this time, the Hispanic Council became the strongest advocate for Mexican-American migrant workers who were living in precarious conditions.

Accomplishments were coming rapidly. At the beginning of 1971, in a surprising move, the Utah State Legislature appropriated $100,000 to aid minorities in higher education. These funds were further increased in 1972 when the legislature provided $200,000 dollars to advance the educational status of Hispanics in the state. As a result, the University of Utah recruited and enrolled 350 Chicano students during the 1971–72 school year. This Chicano student body was a huge change from the five Chicano students who were enrolled at the University in the 1969–70 academic year.[18]

In spite of these efforts, the educational status of Chicanos in Utah still looked grim. The origin of the problem was located in secondary schools, where the dropout rate of Chicanos was 57 percent. A report prepared by Roberto Nieves noted that by "the time a Chicano Student is 11 or 12 years old he is already behind the Anglos by one whole grade."[19] To strengthen their educational efforts, SOCIO created the Committee on Education, with professors from the University of Utah serving as representatives.[20] As a consequence of their lobbying efforts, the Granite School District elected its first Hispanic administrator. In this district there were over three thousand Mexican-American students but only three bilingual teachers. In the Tooele County School District, the educational situation was also worrisome since the rate of Hispanic dropouts was 63 percent.

To prevent the high dropout rates in institutions of higher education, the Committee on Education submitted to the University of Utah a plan of action to guarantee the graduation of Chicanos. In response, university administrators provided SOCIO two hundred and ninety thousand dollars for minority scholarships. Not surprisingly, by September 1972, the Mexican-American student population increased to three hundred and twenty seven students. Following this outcome, Weber State University and the College of Eastern Utah implemented similar programs. More importantly, the Chicano Mobile

TABLE 7.2. SOCIO ORGANIZATIONAL DIVISION, 1974

Region I Weber County	**Region II** Salt Lake
Davis County	Midvale/Jordan
Box Elder County	Utah County
Region III Tooele	**Region IV** Grand County
Magna	Green River
South West	Price/Carbon County

Institute, under the leadership of Mario Melendez started promoting a Chicano curriculum throughout the state.[21]

On May 10, 1972, Barbero resigned as President of SOCIO and his position was taken by Epifanio I. Welch, head of the personnel department at Hercules Power Company.[22] Welch's accomplishments were rapidly realized in the creation of a SOCIO chapter in Magna, in the appointment of Manuel Vigil as head of the Utah Anti-Discrimination Division, in the placement of Dr. Richard Ulibarri to the Utah Board of History, and in the assignment of Dr. Eugene Garcia to the Course of Study Commission. This commission was in charge of reviewing curricula for elementary and secondary schools and improving the conditions for minorities in Utah's educational system.

SOCIO continued extending its influence to other areas of the state. In 1972, it created another chapter in Davis County. By 1974, SOCIO reported a total of one thousand and fifty-two members, with twelve chapters in four regions of the state.[23]

However, by the end of 1974, SOCIO's leadership decided to change the nature of the organization. Though it began as a grassroots movement, SOCIO became involved in corporate politics. Given the numerous programs SOCIO was administrating, and the effort involved in raising contributions from its members, SOCIO decided to obtain funds from the most important corporations in the state. Among the businesses it approached were Utah Power & Light, Mountain Fuel, Kaiser Steel, Hercules Power Company, and Southern Pacific Railroad. SOCIO also sought financing from the Mormon Church, claiming that its coordinating office at the University of Utah was in danger of being discontinued.[24] Unlike the corporations, the church denied the request, and SOCIO had no other alternative but to move its offices from the university to the Redwood Multipurpose Center.[25]

Up to 1977, the Chicano Civil Rights Movement in Utah, as represented by SOCIO, had consciously isolated itself from the Chicano Civil Rights Movement in the rest of the nation. Its success as a lobbying organization, however, was very well known by Chicano organizations such as the American G.I. Forum (AGIF) and the League of United Latin American Citizens (LULAC). Ralph Sandoval, the president of the G.I. Forum, invited SOCIO to join the national movement, writing that, "Input from the state of Utah is necessary at national gatherings of Chicanos to develop the best approach to the needs affecting our community." To motivate SOCIO's participation, the G.I. Forum president stressed that the connection of the G.I. Forum and SOCIO will be one of "the most important contributions (SOCIO) can make to the Chicano community in the State of Utah." [26] However, SOCIO's leaders declined the invitation.

By 1981, most of the state and federal grants to SOCIO were drying up. One of the first programs to close was the Bilingual and Bicultural Education Program. Situations continued deteriorating to the point that, in mid-September of 1982, the Salt Lake School District requested SOCIO to pay rent for the classroom used by their advisors. "Our Board of Directors has informed me that SOCIO has no funds to pay the rent so we are requesting the month of September to move out of the building...We also apologize that our economic status is such that we cannot pay your rent." [27]

SOCIO and the offices it had created began to be criticized by members of the Hispanic community. Strong criticisms were directed towards the Governor's Hispanic Committee and the Office of Hispanic Affairs: "The Governor's Hispanic Committee is a whitewash committee that serves the purpose of giving validity to the 'keep the status quo' bureaucrats." [28] For some members of the Hispanic community, SOCIO and the institutions it had created had lost their democratic tradition and their mission to advance the well-being of Chicanos.

By 1984, SOCIO experienced a strong decline in its membership. Only thirty-five hundred Hispanics were enrolled. [29] This situation prompted SOCIO's leaders to recreate its identity through a new mission statement. [30] Among the new goals, SOCIO included: 1) To increase the rate of high school completion; 2) to assure that adults were being trained or retrained to take advantage of employment opportunities; 3) to work with employers to make sure they comply with equal opportunity policies; and 4) to avoid discrimination in hiring Hispanics.

In spite of all the efforts to revive it, the death of SOCIO was unavoidable. Federal, state, and municipal funds were not coming. Utah's government officials started diverting SOCIO's programs to other social service agencies. For instance, SOCIO's job-training programs were awarded to Job Services. The Emergency Food Pantry, funded by both state and federal governments, was moved to Human Services. The program helping Cuban refugees stopped receiving funds. The last hope for financial survival was the United Way, but this agency was not able to provide the emergency funds requested by SOCIO.[31] SOCIO's president at the time, Bob Nieves, sent his last appeal to Utah Governor Scott Matheson, writing, "I believe that Hispanics have to fight for every inch of ground that we gain and yet we are never considered seriously for any type of funding. It is hard to understand that although we number 70,000 Hispanics statewide, we are always being ignored by the system. We need the funds so we can remain serving the many thousands of individuals that are hungry, unemployed and uneducated."[32]

It was obvious that by 1984 SOCIO had lost the power, vitality, and motivation of previous years. More importantly, other Hispanic organizations such as El Centro Civico Mexicano, the Mexican Consulate, Movimiento Estudiantil Chicano de Aztlán (MEChA) at the University of Utah, and other organizations began making important inroads into the Hispanic communities. Simultaneously, new waves of Latino immigrants started arriving to Utah in large numbers. These immigrants came from different countries in Central and South America, and their problems were different from those of Chicanos in the 1960s. From 1980 to 1990 the population growth among Anglo-Europeans was 16.9 percent, while the Latino population increased 41 percent.[33] The Latino community in Utah in 1990 continued growing at a fast pace. The new demands of the Latino immigrants made SOCIO's agenda obsolete. However, SOCIO left an impact on the social, political, and economic institutions of Utah, one which remains unsurpassed by other Latino organizations.

La Lucha por los Derechos Civiles en Utah

La lucha por los derechos civiles en Utah contrasta con las luchas en el Suroeste de los Estados Unidos debido al número reducido de personas minoritarias, a las tácticas que se utilizaron, y a los objetivos que se pretendían. El número reducido de Hispanos se debía a la manera en que fueron registrados en los censos de población y vivienda. Por ejemplo, el censo de 1960 divulgó que el 98 por ciento de la población de Utah era blanca y solo el 2 por ciento pertenecía a grupos minoritarios. Durante esos años no se consideraba a los Hispanos como una categoría racial o étnica. El Cuadro 7.1 demuestra la composición étnica de Utah en los años de 1950 y 1960. En estos dos censos se incluyeron a los Hispanos dentro de las categorías de Blancos o Indígenas. En 1961, La Comisión de Derechos Civiles de Utah, reconoció públicamente que: "los miembros de los dos grupos (Mexicanos e Indígenas) se casaban entre ellos y erróneamente se percibía que los dos grupos eran idénticos."[1] Esta anomalía fue posteriormente confirmada en los archivos de la Organización de Habla Hispana Para la Comunidad, la Integridad y Oportunidades (SOCIO).[2] En los años de 1950s, a los Hispanos, México-Americanos, y personas de habla hispana se les incluyó dentro del grupo étnico de los Blancos. Pero esta situación cambió en 1971, cuando los Hispanos sometieron sus solicitudes al Programa Intensivo de Trabajo, y el 70 por ciento de ellos fueron clasificados como Indígenas.[3]

La misma comisión también divulgó que era muy difícil reportar cualquier situación de discriminación o maltrato en contra de la población Hispana de Utah. De acuerdo con los miembros de la comisión, los Hispanos eran muy renuentes para hablar o para presentar sus quejas. El informe concluyó de la siguiente manera: "(Los Mexicanos) no están organizados y carecen de un portavoz genuino que pueda representar sus causas con eficacia."[4]

Para corregir el malentendido en los datos demográficos de los Hispanos, SOCIO calculó que en la década de los 1960s había por lo menos 50,000

TABLA 7.1. Composición Racial/Étnica en Utah: 1950, 1960

	1950	1960	Porcentaje de aumento
TOTAL	689,862	890,627	29.3
BLANCA	679,909	873,828	29.1
NO BLANCA	11,953	16,799	40.5
Negra	2,729	4,148	52.0
Indigéna	4,201	6,961	65.7
Japonés	4,452	4,371	-1.8
Chinos	335	629	87.8
Filipinos	NA	207	.....
Otros	236	483	.....

Fuentes: Censos de población. 1950 y 1960. *Reporte Anticipado de Resultados para el Estado de Utah.*

Hispanos en Utah.[6] En 1965, los grupos minoritarios de Utah lograron uno de sus victorias más importantes. La legislatura estatal aprobó una nueva legislación que protegía los derechos civiles y que pretendía avanzar los intereses económicos y sociales de las minorías. Dos años más tarde, un grupo de Hispanos burócratas, académicos, veteranos, y líderes crearon la Organización de Habla Hispana Para la Comunidad, la Integridad y Oportunidades (SOCIO), que llegó a ser la expresión más poderosa del Movimiento Chicano de Utah. Aunque la historia de este movimiento social está por escribirse, los resultados preliminares demuestran que el Movimiento Chicano de los Derechos Civiles en Utah es único y peculiar. Su peculiaridad se debe a que las personas que encabezaban este movimiento no utilizaron tácticas de confrontación, el Movimiento tenía tendencias reformistas que no buscaban cambios radicales, carecía de ideología, y rechazaba unirse a otros movimientos chicanos en el Suroeste de los Estados Unidos y el resto del país.

SOCIO fue creado el 15 de diciembre de 1967 por doscientas personas, predominantemente México-Americanas, quienes se reunieron en el Centro de la Guadalupe para discutir sobre los derechos civiles y las causas del aislamiento económico y político de los Hispanos. Una de sus metas era mirar hacia el pasado para construir un mejor futuro: "La herencia de nuestros antepasados ha sido de represión, carencias, y denigración que no podemos permitir que continúe. No podemos, y no debemos dejar esta herencia a nuestros

TABLA 7.2. DIVISIÓN ORGANIZATIVA DE SOCIO, 1974

Region I Weber County	**Region II** Salt Lake
Davis County	Midvale/Jordan
Box Elder County	Utah County
Region III Tooele	**Region IV** Grand County
Magna	Green River
South West	Price/Carbon County

hijos e hijas."[7] La intención de SOCIO era la de representar dignamente los intereses de los cincuenta mil Hispanos que vivían en Utah, y registrar a la mayoría de Chicanos a través de sus oficinas y programas.

Para cubrir el gasto de sus operaciones, la junta directiva de SOCIO aprobó una cuota anual de cinco dólares para sus miembros. Simultáneamente, solicitaron ayuda económica a la Iglesia Católica y a la Iglesia Presbiteriana. Ambas iglesias respondieron positivamente. La Iglesia Católica contribuyó con diez mil dólares, mientras que la Iglesia Presbiteriana aportó seis mil.[8]

Desde su fundación en 1967, la directiva de SOCIO se reunió con los funcionarios del sistema educativo de Utah para exigir un mejoramiento inmediato de la educación para la población hispana. Con los recursos financieros proveídos a través de los programas de educación elemental y secundaria, aprobados por el congreso de los E.E.U.U. en 1965, los maestros empezaron a reclutar Chicanos y a niños de diferentes grupos étnicos. Después de un año de actividad, la población estudiantil minoritaria aumentó a diez mil seiscientos cincuenta y tres estudiantes, de los cuales seis mil seiscientos cuarenta y dos eran Chicanos. Con el reclutamiento de estudiantes se dió también un incremento de profesores minoritarios. Al final del año escolar de 1966, había sesenta y nueve maestros Chicanos, comparado con diez y nueve maestros que se había reportado en 1961. En cinco años, el empleo de maestros minoritarios aumentó el 263 por ciento.[9] Otros cambios se hicieron también evidentes. En 1971, había ya diez Chicanos dentro de la Junta Escolar del Distrito de Salt Lake City, y por lo menos el 30 por ciento del presupuesto para este distrito fue cubierto con fondos federales.[10] A través de la influencia de SOCIO se creó también el Consejo Asesor del Gobernador Para Asuntos Hispanos así como también la Oficina para la Defensa de la Minorías. Todos estos éxitos animaron a la directiva de SOCIO para crear nuevas sucursales en Ogden y en el distrito de Davis. Para desarrollar el potencial de liderazgo que existía dentro de las comunidades hispanas, la Universidad de Utah financió la Conferencia Chicana Para la Promoción de Líderes y reclutó por todo el estado un buen número de estudiantes Chicanos.[11] Luis B. Medina, profesor adjunto en la Escuela de Trabajo Social de la Universidad de Utah, declaró: "La historia y los valores de los Chicanos han sido tergiversados y alimentados por estereotipos, toda esta situación necesita ser corregida en nuestras escuelas."[12] Para recuperar la dignidad y la identidad de los Chicanos, el profesor Medina propuso la siguiente agenda: un nuevo plan de estudios para todas las escuelas públicas, la designación de Chicanos en posiciones claves de los comités educativos, la promoción de Chicanos como superintendentes en oficinas de instrucción pública, y el desarrollo de mecanismos para incrementar el diálogo entre los Chicanos y los funcionarios de las escuelas. Los efectos de los programas creados por SOCIO se reflejaron directamente en el incremento de estudiantes Chicanos en los distritos escolares de Davis, Salt Lake, Ogden, y Granite.[13] Los informes del ciclo escolar 1969–1970 demostraron que los estudiantes Hispanos representaban el 3.2 por ciento de la población escolar del estado de Utah. Este porcentaje colocó a Utah en el décimo lugar, per cápita, de los estados con mayor inscripción de estudiantes hispanos en los Estados Unidos.[14] Pero no todo era color de rosa. Las malas noticias eran que los estudiantes hispanos de los suburbios del Suroeste de Salt Lake City reportaron un 60 por ciento de abandono y deserción escolar.[15] Dada esta situación, y desde octubre de 1970, Ricardo J. Barbero, presidente de SOCIO, presionó al Gobernador Rampton para crear programas bilingües y biculturales a lo largo y ancho del estado.[16]

Todos estos esfuerzos de la directiva de SOCIO se hicieron visibles en la inscripción de niños hispanos en las escuelas públicas. Para el año de 1973 el número de Hispanos inscritos aumentó a un 16.8 por ciento. En otras áreas de actividades, como en temas de representación política, SOCIO mostraba el mismo éxito. En 1970, el gobernador autorizó la creación de la Oficina de Mediación Hispana. Al mismo tiempo, el presidente de SOCIO, Ricardo J. Barbero, sometió al gobernador los nombres de Orlando Rivera y de Rubén Jiménez para que fueran considerados como miembros del Consejo Laboral del Estado de Utah.[17] En 1971, y bajo la administración del gobernador Rampton, SOCIO creó el Consejo Hispano que debería de ejercer su influencia por todo el estado.[18] Este Consejo se convirtió en el mecanismo más poderoso para la protección de los trabajadores migrantes. Bajo la influencia de Ricardo Barbero y del sacerdote Gerald Merrill se creó, en 1970, El Consejo Para la Protección de los Trabajadores Migrantes.

Los éxitos se venían dando rápidamente. En 1971, y en una acción sin precedente, la legislatura estatal de Utah aprobó $100,000 para ayudar a las minorías a ingresar a universidades y a colegios estatales. Estos fondos se aumentaron en 1972 cuando la legislatura proporcionó $200,000 para la misma causa. Consecuentemente, la Universidad de Utah reclutó tres cientos cincuenta estudiantes chicanos durante el año escolar 1971–72. Este número de estudiantes contrastaba radicalmente con los cinco estudiantes chicanos que estaban inscritos en el año escolar de 1969–70.[19]

A pesar de estos esfuerzos el nivel educativo de los Chicanos en Utah era todavía muy endeble. El origen del dilema educativo fue localizado en las escuelas secundarias en donde el nivel de deserción era del 57 por ciento. En un informe preparado por Roberto Nieves se puntualizó que "cuando los estudiantes chicanos tenían once o doce años ya estaban un año atrasados con respecto a los estudiantes Anglo Americanos."[20] Para consolidar sus esfuerzos educativos, SOCIO creó el Comité Educativo cuya función era la de aconsejar a los administradores sobre los pasos a seguir para mejorar la educación de los Hispanos, la mayoría de los miembros de este comité eran profesores de la Universidad de Utah.[21] Como resultado de las acciones del Comité Educativo, el distrito escolar de Granite eligió a su primer administrador de origen hispano. En este distrito había más de tres mil estudiantes México-Americanos pero solo había tres profesores bilingües. En el distrito escolar de Tooele la situación educativa era también preocupante puesto que la deserción de los Hispanos era del 63 por ciento.

Para prevenir los altos índices de deserción en instituciones de educación superior, el Comité Educativo sometió a la Universidad de Utah un plan de acción para garantizar la graduación de Chicanos. En respuesta, los administradores de la universidad proporcionaron dos cientos noventa mil dólares a SOCIO para becas minoritarias. Como era de esperar, antes de septiembre de 1972 la población de estudiantes México-Americanos aumentó a tres cientos veintitrés. Después de este resultado, la Universidad estatal de Weber y la Universidad estatal de Utah implementaron programas similares. Lo más importante era que el Instituto Móvil Chicano, bajo la dirección de Mario Meléndez, comenzó a promover un plan de estudios Chicano por todo el estado de Utah.[22]

El 10 de mayo de 1972, Ricardo Barbero dimitió como presidente de SOCIO y Epifanio I. Welch, jefe del departamento de personal en la Corporación de Energía Hércules, tomó el relevo.[23] El trabajo del nuevo presidente y sus esfuerzos se hicieron notar rápidamente en la creación de una nueva sucursal de SOCIO en Magna, en el nombramiento de Manuel Vigil como jefe del Departamento Antidiscriminación de Utah, en el nombramiento del Dr. Richard Ulibarri a la Junta Directiva de Historia, y en la asignación del

Dr. Eugene García a la Comisión de Estudios Curriculares. Esta Comisión estaba a cargo de repasar los planes de estudios para las escuelas elementales y secundarias, y de mejorar las condiciones para las minorías en el sistema educativo.

SOCIO continuó ampliando su influencia en otras áreas del estado. En 1972 creó otra sucursal en el Distrito Escolar de Davis. Para el año de 1974, SOCIO reportó un total de mil cincuenta y dos miembros y doce oficinas en cuatro regiones del estado.[24]

Sin embargo, al final del mismo año, la directiva de SOCIO decidió cambiar la filosofía de la organización. De ser una organización basada en las comunidades y de origen meramente popular se convirtió en una corporación con fines políticos y financieros. Dado que los programas que SOCIO administraba eran muy numerosos, y a la negativa de los Hispanos de pagar cuotas mensuales más elevadas, la administración de SOCIO decidió obtener fondos de las corporaciones más importantes del estado. Entre los negocios que solicito apoyo económico sobresalieron la Compañía de Energía y Luz de Utah, la empresa Combustibles de la Montaña, la metalúrgica Acero de Kaiser, Hércules, y la Compañía Ferroviaria del Sur del Pacifico. SOCIO también buscó el financiamiento de la Iglesia Mormona argumentando que sus oficinas coordinadoras, localizadas en la Universidad de Utah, corrían el peligro de ser cerradas por falta de fondos.[25] Contrario a las otras corporaciones, la iglesia negó su colaboración, y SOCIO no tuvo otra alternativa que la de mover sus oficinas de la Universidad de Utah al Centro Multifuncional de Redwood.[26]

Hasta el año de 1977, El Movimiento Chicano de los Derechos Civiles en Utah, representado por SOCIO, se había mantenido aislado de otros Movimiento Chicanos del Suroeste y del resto del país. Sin embargo, su fama y éxito como organización política, era bien conocida por otras organizaciones Chicanas tales como el American G.I. Fórum y la Liga Unida de Ciudadanos Latino Americanos (LULAC). Rafael Sandoval, el presidente del G.I. Fórum, invitó a los directivos de SOCIO para que se uniera a su movimiento nacional. En su invitación, el Sr. Sandoval escribió que "las experiencias y sugerencias provenientes del estado de Utah son necesarias en las reuniones nacionales de Chicanos para desarrollar un mejor acercamiento a los problemas que afectan a nuestras comunidades." Para motivar la participación de SOCIO, el presidente del G.I. Fórum hizo hincapié en que las relaciones de su organización con SOCIO serian "una de las contribuciones más importantes que SOCIO podía hacer a la comunidad chicana del estado de Utah."[27] Sin embargo, los líderes de SOCIO declinaron la invitación.

Para el año de 1981, la mayoría de los apoyos financieros y subvenciones estatales y federales disminuyeron considerablemente, los programas de SOCIO sintieron la escases de recursos. Uno de los primeros programas que cerraron sus puertas fue el Programa Educativo Bilingüe y Bicultural. La falta de fondos seguía extendiéndose hasta el punto que el seis de septiembre de 1982, el distrito escolar de Salt Lake, pidió a la directiva de SOCIO que pagara el alquiler por la sala que sus consejeros usaban. El presidente de SOCIO respondió de la siguiente manera: "Nuestra junta directiva me ha informado que SOCIO no tiene fondos para pagar el alquiler y nos está solicitando que desocupemos el edificio... También les pedimos disculpas ya que nuestro estado financiero es tal que no podemos pagar el alquiler."[28]

Unido a la falta de solvencia económica, la directiva de SOCIO y las organizaciones que había creado, comenzaron a ser duramente criticada por los miembros de la comunidad hispana. Las críticas fueron principalmente dirigidas al Comité Hispano del Gobernador y a la Oficina de Asuntos Hispanos: "El Comité Hispano del Gobernador es un comité ficticio que solo pretende mantener el status quo y a sus burócratas."[29] Para la comunidad Hispana de Utah, SOCIO y sus instituciones, habían traicionado su vocación democrática y su misión de avanzar el bienestar de los Chicanos.

Al principio de 1984 SOCIO sufrió una baja considerable de miembros y solo tres mil quinientos Hispanos estaban registrados en sus filas.[30] Esta situación incitó a los líderes de SOCIO a reconstruir su identidad a través de una nueva filosofía.[31] Entre las nuevas metas, SOCIO pretendía: 1) disminuir el número de estudiantes que abandonaban las escuelas secundarias, 2) asegurar que los adultos estuvieran lo suficientemente capacitados para aprovechar las nuevas posibilidades de empleo, 3) trabajar con las empresas para asegurarse de que cumplían con las políticas establecidas por las leyes de igualdad de oportunidades, y 4) evitar la discriminación de Hispanos en fabricas y empresas laborales.

A pesar de todos los esfuerzos para restablecer su identidad de compromiso social, la desaparición de SOCIO era inevitable. Los fondos financieros federales, estatales, y municipales cesaron por completo. Los oficiales del gobierno de Utah comenzaron a distribuir los programas de SOCIO a otras agencias de servicio social. Por ejemplo, los programas de formación laboral fueron concedidos a las agencias de colocación de trabajos. La Despensa de Alimentos, financiada por el estado y el gobierno federal, fue otorgada a las agencias de servicios humanos. El programa para ayuda a los refugiados cubanos paró de recibir fondos. La única esperanza de sobrevivencia que SOCIO tenía era la del financiamiento del United Way, pero desafortunadamente esta agencia no pudo proporcionar los fondos de emergencia que SOCIO había solicitado.[32] El presidente de SOCIO en aquel tiempo, Bob Nieves, envió su última súplica al gobernador de Utah, Scott Matheson. Sus palabras eran fuertes y trataban de convencer al gobernador: "Creo que los hispánicos hemos luchado fieramente por todo lo que tenemos, sin embargo, nunca se nos ha considerado seriamente para ningún tipo de financiamiento. Esto es muy difícil de entender sobre todo ahora que somos 70,000 Hispanos a lo largo y ancho del estado. El sistema no nos hace caso. Necesitamos los fondos económicos para poder seguir sirviendo a los miles de individuos que pasan hambre y que no tienen ninguna educación."[33]

Era obvio que para el año de 1984 los directivos de SOCIO habían perdido la energía, la vitalidad y la motivación de años anteriores. Al mismo tiempo, otras organizaciones hispanas tales como El Centro Cívico Mexicano, el Consulado Mexicano, el Movimiento Estudiantil Chicano de Aztlán (MECHA) de la Universidad de Utah, y otras organizaciones comenzaron a trabajar nuevamente en las comunidades hispanas.

Simultáneamente, un número impresionante de inmigrantes mexicanos y suramericanos empezaron a llegar a Utah. Estos inmigrantes provenían de diversos países, y sus problemas eran muy diferentes a los problemas que los Chicanos enfrentaban en los años de 1960s. Para el año de 1990, la comunidad latina de Utah seguía creciendo a un ritmo acelerado. Mientras que el crecimiento demográfico en la población Anglo-Americana era del 16.9 por ciento, en la población latina el aumentó era del 41 por ciento.[34] Las nuevas necesidades y demandas de los inmigrantes Latinos hicieron que la agenda de SOCIO fuera obsoleta e inoperante. Sin embargo, SOCIO dejó como herencia un cumulo de éxitos e instituciones sociales, políticas, y económicas que serán muy difíciles de igualar.

Mr. Tomas Pérez and his family. Centro Cívico Mexicano. April 19, 1986. Photo by George Janecek, Working Together: A Utah Portfolio. P0705. Special Collections Department, J. Willard Marriott Library, University of Utah.

El Sr. Tomas Pérez y su familia. Centro Cívico Mexicano. Abril 19, 1986. Foto de George Janecek, Working Together: A Utah Portfolio. P0705. Departamento de Colecciones Especiales, Biblioteca J. Willard Marriott, Universidad de Utah.

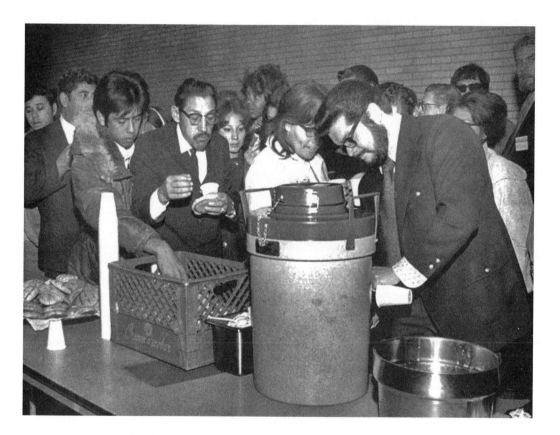

John Medina (*first on right*) and members of SOCIO during a break in one of their monthly meetings. Photo courtesy of Andrew Gallegos.

Juan Medina (*primero a la derecha*) y miembros de SOCIO durante el descanso en una de sus reuniones mensuales. Foto cortesía de Andrew L. Gallegos.

Professor Clark Knowlton of the
Sociology Department at the
University of Utah. Dr. Knowlton
was the main advisor and supporter
of the Chicano community in the
1970s and 1980s. Photo courtesy of
Andrew L. Gallegos.

El profesor Clark Knowlton del
Departamento de Sociología de
la Universidad de Utah. El Dr.
Knowlton fue el asesor principal y
defensor de la comunidad chicana
en los años 1970 y 1980. Foto
cortesía de Andrew L. Gallegos.

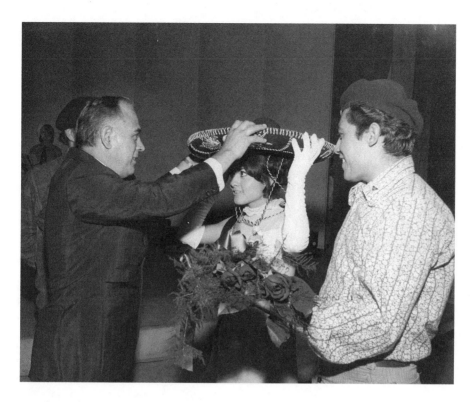

Members of Utah's Brown Berets. Photo
courtesy of Andrew L. Gallegos.

Miembros de la organización de las Boinas
Café de Utah. Foto cortesía de Andrew L.
Gallegos.

Bottom left: Dolores Silva, officer of SOCIO in
Ogden and Director of Hispanic Affairs. She
moved to Utah from Denver, Colorado after
working with federal programs that promoted
housing integration for Chicanos. Photo courtesy
of Andrew L. Gallegos.

Dolores Silva, oficial de SOCIO en Ogden y
Directora de Asuntos Hispanos del estado de Utah.
La Sra. Silva se mudó a Utah después de haber
trabajado en Denver, Colorado, en programas
federales que promovieron la integración de la
vivienda para los Chicanos. Foto cortesía de
Andrew L. Gallegos.

Jorge Arce Larreta was one of the first Peruvians to arrive in Salt Lake City and joined Mexican-Americans in their struggles for civil rights. Photo courtesy of Andrew L. Gallegos.

Jorge Arce Larreta fue uno de los primeros Peruanos que llegó a Salt Lake City y se unió a los México-Americanos en sus luchas por los derechos civiles. Foto cortesía de Andrew L. Gallegos.

Chicanos Unidos. SOCIO annual meeting at the Salt Lake Palace. Photo courtesy of Andrew L. Gallegos.

Chicanos Unidos. Reunión anual de SOCIO en el Salt Lake Palace. Foto cortesía de Andrew L. Gallegos.

Below left: The President of Westminster College attending one of the educational programs promoted by SOCIO. Photo courtesy of Andrew L. Gallegos.

El rector del Westminster College participando en uno de los programas educativos promovidos por SOCIO. Foto cortesía de Andrew L. Gallegos.

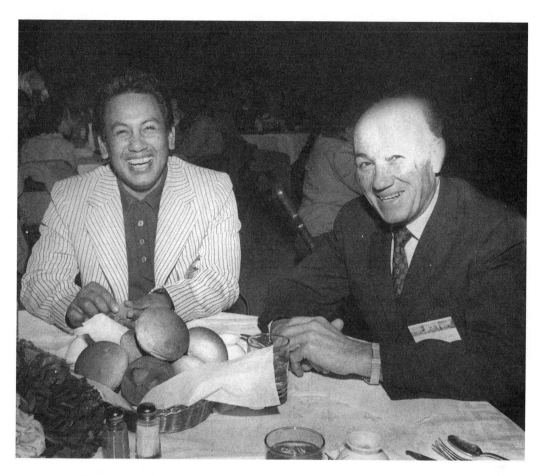

Lowell Bennion and Dan Gallegos at a Chicano celebration in the Salt Palace. Photo courtesy of Andrew L. Gallegos.

Lowell Bennion y Dan Gallegos en una celebración de los Chicanos en el Salt Palace. Foto cortesía de Andrew L. Gallegos.

Left: Utah's Brown Berets was a dynamic group of young Chicanos in the 1970s that engaged in the struggles for Chicanos' rights and the protection of the community. Photo courtesy of Andrew L. Gallegos.

La organización de las Boinas Café de Utah fue un grupo muy dinámico de jóvenes Chicanos en los años 1970. La organización participo en las luchas por los derechos civiles de los Chicanos y en la protección de las comunidades hispanas. Foto cortesía de Andrew L. Gallegos.

Cesar Chavez at the Catholic Cathedral in
Salt Lake City. Photo by Kent Miles. Special
Collections Department, J. Willard Marriott
Library, The University of Utah.

César Chávez en la Catedral Católica de Salt
Lake City. Foto de Kent Miles. Departamento
de Colecciones Especiales, Biblioteca J. Willard
Marriott, La Universidad de Utah.

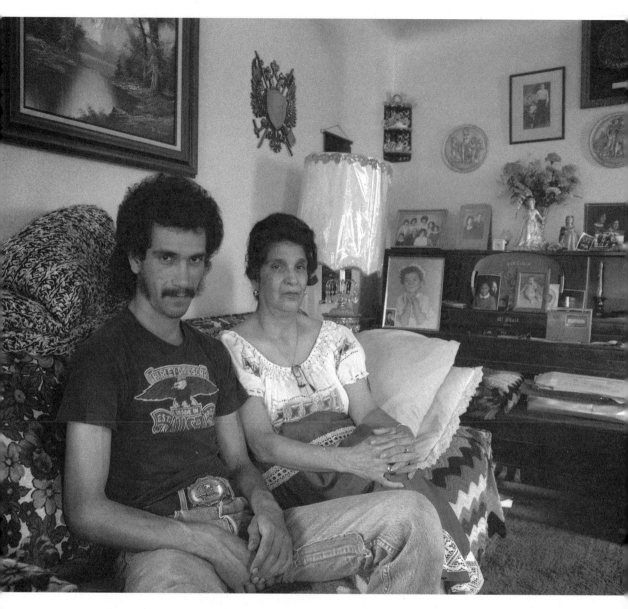

Mrs. Edith Meléndez and her son Gene. Photo by George Janecek, Working Together:
A Utah Portfolio. P0705. Special Collections Department, J. Willard Marriott Library,
University of Utah.

La Sra. Edith Meléndez y su hijo Gene. 1986. Foto de George Janecek, Working
Together: A Utah Portfolio. P0705. Departamento de Colecciones Especiales,
Biblioteca J. Willard Marriott, Universidad de Utah.

Orlando Rivera and Lee Martínez. Mr. Rivera was the strongest advocate for migrant workers in Utah and submitted several bills and laws for the protection of the educational and labor rights of workers. Lee Martínez was instrumental in bringing César Chávez to Utah, and also worked with religious leaders and state legislators for the implementation of programs that addressed the housing conditions of the migrant workers. Photo by Kent Miles, Working Together: A Utah Portfolio. P0705. Special Collections Department, J. Willard Marriott Library, University of Utah.

Orlando Rivera y Lee Martínez. El Sr. Rivera fue uno de los defensores más importantes de los trabajadores migrantes en Utah, propuso varias leyes para afianzar los derechos educativos y laborales de los trabajadores. Lee Martínez fue una pieza importante para traer a Cesar Chávez a Utah, también trabajó con líderes religiosos y legisladores del estado para implementar programas habitacionales para los trabajadores emigrantes. Foto de Kent Miles, Working Together: A Utah Portfolio. P0705. Departamento de Colecciones Especiales, Biblioteca J. Willard Marriott, Universidad de Utah.

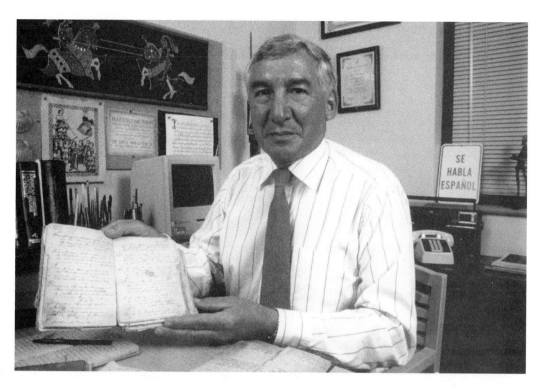

For many years, William Gonzalez was the coordinator for the educational projects of SOCIO. He became full professor at the University of Utah, where he contributed to the creation of Chicano Studies. Photo courtesy of William H. Gonzalez.

Durante muchos años, Bill González fue el coordinador de los proyectos educativos de SOCIO. Se convirtió en uno de los pocos profesores de tiempo completo en la Universidad de Utah, y contribuyó a la creación de los Estudios Chicanos. Foto cortesía de William H. González.

Pete Suazo started his political career just when the Chicano Civil Rights Movement came to an end. In 1996, he became the first Hispanic senator in the State of Utah. Photo courtesy of Alicia Suazo and family.

Pete Suazo comenzó su carrera política justo cuando el Movimiento Chicano por los Derechos Civiles llegaba a su fin. En 1996, se convirtió en el primer senador hispano en el estado de Utah. Foto cortesía de Alicia Suazo y familia.

Robert "Archie" Archuleta. Since the 1970s, Mr. Archuleta has been the most visible leader advocating for Chicanos' civil rights. In addition to advocating for civic and political rights, he has engaged in the defense of religious rights and rights for LGBT people. Photo courtesy of Robert "Archie" Archuleta.

Robert "Archie" Archuleta. Desde la década de 1970, el Sr. Archuleta ha sido el líder más visible que aboga por los derechos civiles de los Chicanos. Además se ha involucrado en la defensa de los derechos religiosos y los de las personas de diferente orientación sexual. Foto cortesía de Robert "Archie" Archuleta.

Archie Archuleta with members of the first generation of the Instituto de Español. 1965. Photo courtesy of Robert "Archie" Archuleta.

Archie Archuleta con los miembros de la primera generación del Instituto de Español. 1965. Foto cortesía de Robert "Archie" Archuleta.

Héctor Cuellar, Ph.D. with his biology class at the University of Utah. Photo courtesy of William H. González.

El Dr. Héctor Cuellar impartiendo clases de Biología en la Universidad de Utah. Foto cortesía de William H. González.

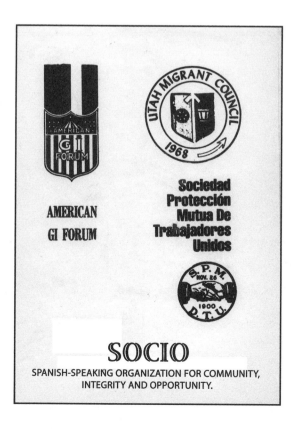

Logos and symbols of the different Hispanic organizations that have been created in Utah since the beginning of the twentieth century. Photo composition by Armando Solórzano.

Logos y símbolos de las diferentes organizaciones Hispanas que se crearon en Utah desde el inicio del siglo veinte. Composición fotográfica de Armando Solórzano.

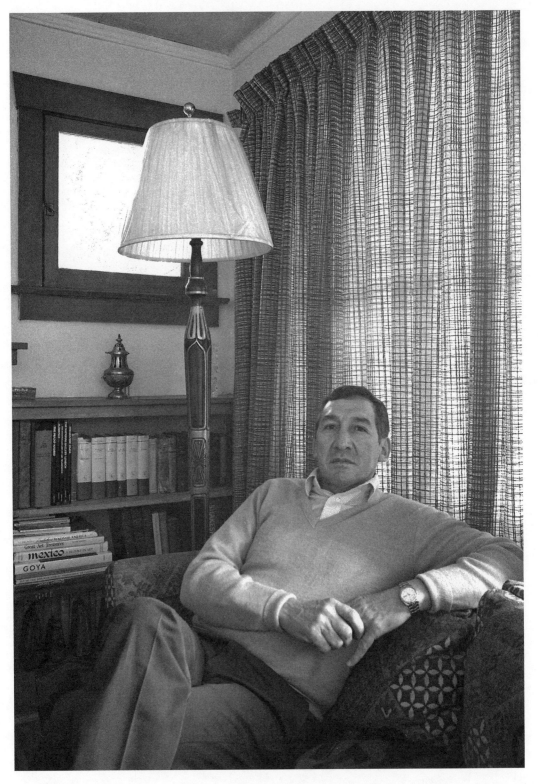

Dr. William Gonzalez. May 5, 1986. Photo by George Janecek, Working Together: A Utah Portfolio.
P0705. Special Collections Department, J. Willard Marriott Library, University of Utah.

Profesor William González. Mayo 5, 1986. Foto de George Janecek, Working Together: A Utah Portfolio.
P0705. Departamento de Colecciones Especiales, Biblioteca J. Willard Marriott, Universidad de Utah.

John Florez was a member of SOCIO who became a highly recognized politician at the national level and worked in the administrations of President Reagan and President Bush. Photo by George Janecek, Working Together: A Utah Portfolio. P0705. Special Collections Department, J. Willard Marriott Library, University of Utah.

John Flórez fue uno de los miembros más activos de SOCIO y un político importante tanto a nivel estatal como a nivel federal. Foto de George Janecek, Working Together: A Utah Portfolio. P0705. Departamento de Colecciones Especiales, Biblioteca J. Willard Marriott, Universidad de Utah.

Mr. Antonio Tovar. La Frontera Restaurant. Photo by George Janecek, Working Together: A Utah Portfolio. P0705. Special Collections Department, J. Willard Marriott Library, University of Utah.

Sr. Antonio Tovar. La Frontera Restaurant. Foto de George Janecek, Working Together: A Utah Portfolio. P0705. Departamento de Colecciones Especiales, Biblioteca J. Willard Marriott, Universidad de Utah.

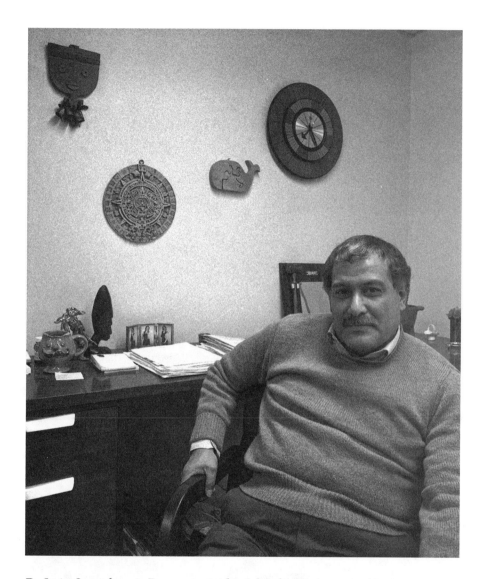

Dr. Javier Saenz, born in Panama, arrived in Salt Lake City in 1975 and became SOCIO's representative on issues of mental health, counseling, family dynamics, and community psychology. April 29, 1986. Photo by George Janecek, Working Together: A Utah Portfolio. P0705. Special Collections Department, J. Willard Marriott Library, University of Utah.

El Dr. Javier Sáenz nació en Panamá, adquirió su Licenciatura en Psicología, y desde 1975 se hizo cargo de los programas de salud mental proveídos por SOCIO. Además, fue consejero de dinámica familiar y de psicología de la comunidad hispana. April 29, 1986. Foto de George Janecek, Working Together: A Utah Portfolio. P0705. Departamento de Colecciones Especiales, Biblioteca J. Willard Marriott, Universidad de Utah.

Tomas Perez. Director of Centro Cívico Mexicano. April 19, 1986. Photo by George Janecek, Working Together: A Utah Portfolio. P0705. Special Collections Department, J. Willard Marriott Library, University of Utah.

Sr. Tomas Pérez. Director del Centro Cívico Mexicano. Abril 19 del 1986. Foto de George Janecek, Working Together: A Utah Portfolio. P0705. Departamento de Colecciones Especiales, Biblioteca J. Willard Marriott, Universidad de Utah.

First building of the Centro Cívico Mexicano or Mexican Civic Center. 1930s. Photo courtesy of Tomas Perez.

Primer edificio del Centro Cívico Mexicano. 1930s. Foto cortesía de Tomás Pérez.

Graduation at Centro Cívico Mexicano. Photo courtesy of Tomas Perez.
Graduación en el Centro Cívico Mexicano. Foto cortesía de Tomás Pérez.

Women founders of the Centro Cívico Mexicano. Photo courtesy of Tomas Perez.
Mujeres fundadoras del Centro Cívico Mexicano. Foto cortesía de Tomás Pérez.

Daniel Maldonado, a shoemaker in Salt Lake City. 1985. Photo by Kent Miles, Working Together: A Utah Portfolio. P0705. Special Collections Department, J. Willard Marriott Library, University of Utah.

Daniel Maldonado, zapatero de Salt Lake City. 1985. Foto de Kent Miles, Working Together: A Utah Portfolio. P0705. Departamento de Colecciones Especiales, Biblioteca J. Willard Marriott, Universidad de Utah.

Religion and Spirituality

The modern history of Utah is intrinsically related to religion. This relationship began in 1847 when members of the Church of Jesus Christ of Latter-day Saints (Mormons) entered Mexican territory and established their permanent headquarters in the Salt Lake Valley.

Since then, Utah has been the state with the highest percentage of people of the same religious affiliation. According to statistical sources, in the metropolitan area of Provo-Orem, Mormons represent 98 percent of the population, while Catholics represent only one percent.[1] Although the Church of Jesus Christ of Latter-day Saints has historically been a U.S.–centered religion, its configuration has dramatically changed in the last forty years. By 2020, more than 50 percent of all Mormons will be from either Mexico or another Central or South American country. According to Ignacio Garcia, a professor of political science at Brigham Young University, this overwhelming presence of Mormon Hispanics will bring about the "Latinization" of the church, that is, the introduction of language, religious practices, symbols, and traditions characteristic of the Mexican and Central and South American people.

When looking at the religious history of Hispanics in Utah, we found that the first religious practices were manifested in San Juan County, specifically in Monticello, where the entire Hispanic population was Catholic. This situation contrasted with the rest of the counties in Utah where the majority of the population was Mormon. In general, Hispanic Catholics and Anglo Mormons in Monticello shared their social life, culture, schools, and recreational activities. Sundays, however, were the most isolated days for Hispanics. A point of contention came when Hispanics wanted to bury their dead in the city's cemetery but were denied. As a solution, a cemetery was set apart for Hispanics. As an example, according to William H. Gonzalez, "The town's

LDS bishop told the family that Ramon Gonzalez could be buried in a section of the cemetery set aside for non-Mormons. Ramon remains in the original Monticello cemetery alongside other Hispanics."[2]

As we explained in Chapter 3, religion was an important component in the life of Hispanic miners. Mormons, Catholics, and Methodists shared resources while still maintaining their particular beliefs. Nonetheless, some Hispanics changed religious affiliation several times due to the economic conditions that forced the churches out of the mining towns. Given this situation, Hispanics learned the difference between religion and spirituality. Spirituality became a way to transcend religious divides. Joseph Gallegos, whose family lived in Carbon County, was a member of the LDS Church, and then he converted to the Assembly of God. Later, he became a Catholic, and then, finally, a Pentecostal. One of his relatives commented:

> I don't think you have to be a member of the Assembly of God to get to heaven, and I don't think you have to be Catholic, or Mormon, or whatever. I think [it] is really the relationship that you have with God. [In my family] there was a need for the formalization and the experience of going to church. But I don't think that it's the church in itself. I do have a need to go to church on Sunday. I have a need to teach my child about the importance of believing in God, about the importance of church attendance, about the importance of paying your tithing, about the importance of living like a Christian.[3]

For some Hispanic families, like that of Gallegos, religion was a way of living and not a way of thinking. The spiritual connection with divinity and the necessity of inculcating those principles inside the family made denominations secondary in relevance.

There were also meaningful contributions and interactions between Hispanic Catholics and Hispanic Mormons. During the 1940s, religion was not a source of rivalry but an opportunity to share a faith in God and the community. A case in point is the close relationship between Bertha Mayer, who was a Catholic, and Maria Luz Solorio, a member of the Mormon Church. Both sang and played guitar for their respective churches. They organized dances and cultural programs, sang at funerals, and collected money for mutual aid societies.[4]

Most Hispanics believed in one God and that the diversity of religions was simply a different manifestation of the same deity. In Ms. Mayer's words:

We believe in the same God. We try to live a good life the best we can; probably isn't as good as we could, but we try. I think that this would be enough towards religion for anybody…Well, try not to do any harm to anybody, and try to help a little bit when you can. I think that that's all you need in any one religion.[5]

During the time of the Civil Rights Movement of the 1960s and 1970s, an important transformation came about. For the first time, Hispanic Catholics and Hispanic Mormons understood religion in social and political terms. Under the guidance of the Second Vatican Council of the early 1960s, Hispanic Catholics invoked issues of social justice, active participation of lay people in the church, and the preferential option for the poor. Hispanic Mormons, on their side, looked closely at their position as Lamanites, and read the Book of Mormon for guidance in working toward the restoration of the Kingdom of God. It was not a coincidence that the first meeting of the Spanish-Speaking Organization for Community, Integrity and Opportunity (SOCIO) took place in the Guadalupe Center on the west side of Salt Lake City. More relevant was the fact that the leadership of the movement came from a coalition of Hispanic Mormons and Hispanic Catholics. Orlando Rivera, a Mormon bishop in the Lucero Ward of Salt Lake City, along with Catholics William H. Gonzalez, a dynamic leader in the Hispanic population, Jorge Arce-Larreta, and Bob Nieves became the visible faces of SOCIO. This coalition was extended to Anglo-American priests, like Father Gerald Merrill, who became an important figure in the development of social justice programs, housing projects, and social services for the poor of the west side of Salt Lake City.

Hispanic Catholics, with economic aid from the Mormon and the Episcopalian Churches, created schools like the Guadalupe School. They also opened La Morena Café to finance the cost of educational programs, housing restoration, and social benefits activities.

The strongest connection between religion and Hispanics, however, came in the 1970s when Mormonism played an important role in the immigration of Hispanics to the state of Utah. A study at the University of Utah reported that the majority of Hispanic immigrants in the 1970s were Mormons from South America. Their motivation to immigrate was to live closer to the headquarters of the Mormon Church. The study shows that 85 percent of the people interviewed were Mormons and only 12 percent were Catholics. South American Mormons came to Utah to follow their religion, to study at

Brigham Young University, and to proselytize the Mexican-Americans living in the United States.

From 1990 to 2000, the Hispanic population in Utah increased 214 percent, but the demographics of the immigrant population contrasted with the characteristics of the previous decades. The majority of new immigrants were Catholic and came from Mexico and Central America. Their religious affiliations were much broader than their South American precursors. These days, 75–80 percent of all Catholics in Utah are Hispanics and Evangelical churches are spreading throughout the state. The Mormon Church is still an important magnet for Mexicans, Central Americans, and South Americans because of the connection between the Book of Mormon and the Southwest and Indians. Louis Barraza, professor at Weber State University, put it this way:

> Some Latinos are returning to Zion (Utah) . . . You get a certain number of Latter-day Saint Mormons who are saying, "I'm coming back. I'm going back, this is where I want to be, I want to be close to the center of my religion." If you're Catholic you go back to Rome (to) be close to the Vatican and the Pope. If you are Muslim you want to be close to Mecca. And so it is with Mormons. They want to be close to the seed of the religious center, the religious head, which is the President of the LDS church or the prophet.[6]

The future of Latinos in Utah depends, to a certain extent, on the position that different religions adopt in relation to undocumented immigration. The Catholic Church has publicly supported a new comprehensive immigration reform that considers not only issues of immigrants' integration in Utah but also the position of the U.S. abroad, particularly the effects of transnational U.S. corporations on the economies of other nations, which in turn affects immigration to the U.S. The Mormon Church prefers to keep a relative silence on the issue since undocumented immigration reflects the internal contradictions of a country that is guided by laws but is, at the same time, inspired by humanistic values.

CAPÍTULO 8

Religión y Espiritualidad

La historia moderna de Utah esta intrínsecamente relacionada con la religión. Esta conexión comenzó a partir de 1847 cuando los miembros de La Iglesia de Jesuscristo de los Santos de los Últimos Días (Iglesia Mormona) entraron al territorio mexicano y establecieron su sede en el valle de Salt Lake.

Desde su llegada al Lago Salado, los Mormones hicieron de Utah el estado con el mayor número de adeptos a su religión. De acuerdo a las fuentes estadísticas en las áreas metropolitanas de Provo-Orem, los Mormones representan el 98 por ciento de toda la población, mientras que los Católicos representan solamente el uno por ciento.[1] Aunque la Iglesia de Jesucristo de los Santos de los Ultimos Días, ha sido una religión nacida en los Estados Unidos, su configuración ha cambiado dramáticamente en los últimos cuarenta años. Se pronostica que para el año 2020 más del 50 por ciento de todos los Mormones en el mundo provendrán de México, Centro y Sur America. De acuerdo al Dr. Ignacio Garcia, profesor de historia en la Universidad de Brigham Young, la presencia abrumadora de Mormones Hispanos traerá como consecuencia la "latinización" de la iglesia, es decir, la introducción del lenguaje español, prácticas religiosas, símbolos y tradiciones que son esenciales entre los Mexicanos, Centro y Suramericanos.

Al recrear la historia religiosa de los Hispanos en Utah, nos damos cuenta que las primeras prácticas religiosas fueron llevadas a cabo en el condado de San Juán, especialmente en Monticello, donde la mayoría de la población era predominantemente Católica. Esta situación contrastaba con el resto de los condados de Utah que eran predominantemente Mormones. En general, los Hispanos católicos y los Anglo-Mormones compartían su vida social, su cultura, el sistema escolar y las actividades recreativas. Sin embargo, los domingos eran los días de mayor aislamiento debido a que los grupos atendían sus iglesias por separado y regresaban para celebrar el resto del día con sus

185

familias. Uno de los aspectos de discordia se hizo latente cuando los Hispanos querían enterrar a sus muertos en el cementerio de la ciudad pero no se les permitió. Como respuesta, los Hispanos tuvieron que crear su propio cementerio: "El obispo de la Iglesia Mormona le dijo a la familia González que Ramón González solo podía ser enterrado en una sección del cementerio designado para aquellos que no eran Mormones. Los restos de Don Ramón aún descansan en la sección del cementerio de Monticello que fue designado para los Hispanos, pero separado del resto de la población."[2] Como lo explicamos en el Capítulo tercero, la religión fue un factor importante en la vida de los mineros. Los Mormones, los Católicos, y los Metodistas compartieron sus recursos aunque mantuvieron sus propias convicciones religiosas. Sin embargo, algunos Hispanos cambiaron su afiliación religiosa varias veces debido a las condiciones económicas que forzaron algunas iglesias a abandonar los centros mineros. Dada esta situación, los Hispanos aprendieron a diferenciar entre religión y espiritualidad. Esta les ayudo a trascender divisiones religiosas. José Gallegos, cuya familia vivía en el condado del Carbón, era miembro de la Iglesia Mormona, después se convirtió a la Iglesia de la Asamblea de Dios, mas tarde se convirtió al Catolicismo y finalmente se enlistó en la Iglesia Pentecostal. Uno de sus familiares comentó:

> Yo no creo que usted tenga que ser un miembro de la Asamblea de Dios para llegar al cielo o que tenga que ser Católico, Mormón, o lo que sea. Yo creo que en realidad lo que cuenta es la relación que usted tiene con Dios. [En mi familia] había la necesidad de practicar y formalizar la experiencia de asistir a la iglesia, pero no necesariamente se tiene que ir a la iglesia. Es cierto que siento la necesidad de ir a la iglesia los domingos, y también tengo la necesidad de enseñarle a mi hijo la importancia de creer en Dios, de asistir a la iglesia, de pagar los diezmos, y de vivir como un verdadero Cristiano.[3]

Para algunas familias, como la de los Gallegos, la religión era una manera de vivir y no una forma de pensar. La conexión espiritual con la divinidad, y la necesidad de inculcar esos principios dentro de la familia, ponen a las religiones en un segundo plano. Lo relevante es la espiritualidad.

También hubo contribuciones e interacciones significativas entre los Hispanos católicos y los Hispanos mormones. Durante los años de 1940, la religión no era una fuente de rivalidad sino una oportunidad de compartir sus creencias en un solo Dios. Un caso ejemplar es la relación tan estrecha que mantuvieron la Sra. Bertha Mayer, quien era Católica, y la Sra. Maria Luz

Solorio, quien era miembro de la Iglesia Mormona. Bertha y Maria Luz canta-
ban y tocaban la guitarra para sus respectivas iglesias, pero al mismo tiempo
se reunían para tocar sus instrumentos en iglesias de otras religiones. Entre
las dos organizaban bailes, programas culturales, asistían a los funerales y
recolectaban dinero para las sociedades hispanas de ayuda mutua.[4]

La mayoría de los Hispanos creían en un solo Dios y opinaban que la
diversidad de religiones entre ellos era simplemente una manifestación de la
misma deidad. En las propias palabras de la Sra. Mayer:

> Creemos en el mismo Dios. Tratamos de vivir una vida buena y ejem-
> plar: probablemente no tan buena como no la imaginamos, pero por
> lo menos tratamos. Yo creo que esto debería ser suficiente para cual-
> quier religión. Tratamos de no hacerle daño a nadie y tratamos de
> ayudar con lo que podemos, aunque sea poquito. Yo creo que eso es
> todo lo que se necesita en cualquier religión.[5]

Durante las décadas del Movimiento de los Derechos Civiles de los años
1960 y 1970, se suscitó una transformación muy importante dentro de la comunidad Hispana. Por primera vez, los Mormones y Católicos comprendieron la
importancia que la religión tenía en la vida social y política. Bajo la inspiración
del Concilio Vaticano Segundo de los años 1960s, los Hispanos católicos invo-
caron los temas de la justicia social, participación personal, y el trato prefer-
encial por los pobres. Por otro lado, los Mormones hispanos reconsideraron
su identificación como "Lemanitas," y se enfocaron en el Libro del Mormón
como una guía para llevar a cabo la restauración del Reino de Dios. No fue
ninguna coincidencia que la primera reunión a que convocaron los Hispanos
para crear SOCIO tomaró lugar en el Centro de Guadalupe en el sector Oeste
de Salt Lake City. Más relevante aún fue el hecho de que el liderazgo del movimiento emergió de la coalición de Mormones y Católicos hispanos. El liderazgo de esta organización estaba encabezado por Orlando Rivera, obispo
Mormón de La Rama Lucero de Salt Lake City, William H. González, un diri-
gente carismático, Jorge Arce-Larretta y Bob Nieves, todos ellos Católicos.
Esta coalición se extendió a sacerdotes angloamericanos, como el Padre Gerald Merril, quien se convirtió en una figura importante en el desarrollo de
programas para la justicia social, proyectos habitacionales, y servicios sociales
para las personas indigentes que vivían en el sector Oeste de Salt Lake City.

Los Hispanos católicos, con la ayuda económica de la Iglesia Mormona
y de la Iglesia Episcopal, crearon centros educativos como la Escuela de Guadalupe. También abrieron el Café La Morena para financiar el costo de los

programas educativos, restauraciones de casas, y otros proyectos de beneficencia social.

Sin embargo, la conexión más fuerte que se dió entre la religión y los Hispanos, se llevo a cabo en los años de 1970. Un estudio conducido por la Universidad de Utah, reportó que la mayoría de los inmigrantes hispanos en Utah eran Mormones, provenían de Suramérica, y que sus motivos para inmigrar eran vivir más cerca de la sede principal de La Iglesia de Jesucristo de los Santos de los Ultimos Días. El estudio demuestra que el 85 por ciento de las personas entrevistadas eran Mormones y que el 12 por ciento eran Católicos. Los Mormones Suramericanos inmigraron a Utah debido a su religión, a sus deseos de estudiar en la Universidad de Brigham Young, y al llamado para convertir a los México-Americanos que vivían en los Estados Unidos.

A partir de 1990 y hasta el año 2000, la población Hispana de Utah aumentó en un 214 por ciento. Sin embargo, las características demográficas de la población inmigrante contrastaban drásticamente con las características de las décadas anteriores. La mayoría de los nuevos inmigrantes eran Católicos y provenían de México y Centro América, y sus afiliaciones religiosas eran mucho más amplias que las de sus precursores Suramericanos. Para el año del 2009, el 80 por ciento de todos los Católicos en Utah eran Hispanos, y las iglesias Evangélicas empezaron a cobrar una gran fuerza y representación. Sin embargo, la Iglesia Mormona continúa siendo un imán importante para los inmigrantes Mexicanos, Centro y Suramericanos. Esto se debe a la conexión que existe entre El Libro del Mormón, las poblaciones indígenas, y su teología. Louis Barraza, profesor de la Universidad Estatal de Weber, lo explica de la siguiente manera:

> Algunos Latinos están regresando al territorio de Zion (Utah).... Usted puede notar un cierto número de Mormones que dicen, "Ya estoy de regreso. Ya regresé, aquí es donde quiero vivir, quiero estar cerca del centro de mi religión." Si usted es Católico usted quiere vivir en Roma para estar cerca del Vaticano y del Papa. Si usted es Musulmán usted desea vivir cerca de la Meca. Lo mismo sucede con los Mormones. Ellos quieren vivir cerca de su centro religioso, de sus líderes, del Presidente de La Iglesia de Jesuscristo de los Santos de los Ultimos Días, de su profeta.[6]

El futuro de los Latinos en Utah depende, hasta cierto punto, de la posición que diferentes religiones adopten en relacion a los inmigrantes indocumentados. La iglesia Católica ha apoyado públicamente una reforma migratoria que tome en cuenta no solo los asuntos de integración de los inmigrantes en Utah, sino también la posición de los Estados Unidos en el mercado internacional. Por su parte la Iglesia Mormona es más cautelosa y mantiene un silencio relativo. La inmigración de indocumentados refleja las contradicciones internas de una nación que se fundamenta en leyes rígidas e intolerantes, pero al mismo tiempo, se inspira en valores humanos que transcienden formalidades anacrónicas y legalidades estériles.

Nuns of the Order of Perpetual Adoration who arrived from Mexico in 1927. Photo courtesy of Utah State Historical Society.

Monjas de la Orden de la Adoración Perpetua que llegaron de México en 1927 para atender las necesidades de los Hispanos católicos de Utah. Foto cortesía de la Sociedad Histórica del Estado de Utah.

Mexican women of the LDS Relief Society. 1938. Photo courtesy of Utah State Historical Society.

Grupo de mujeres mexicanas de la Sociedad Mormona para la Asistencia Social. 1938. Foto cortesía de la Sociedad Histórica del Estado de Utah.

Members of the Mormon Mexican Branch. 1930. Photo courtesy of Utah State Historical Society.

Miembros de la Rama Mormona Mexicana. 1930. Foto cortesía de la Sociedad Histórica del Estado de Utah.

Celebration in honor of the Virgin of Guadalupe at the Holy Rosary Parish. Father LaBranche. 1950. Photo courtesy of William H. Gonzalez.

Celebración en honor de la Virgen de Guadalupe en la Parroquia del Santo Rosario. Padre LaBranche. 1950. Foto cortesía de William H. González.

Hispanic pioneer Mormon family. *Back row:* Juanita Paez, Jesse Porter, and an unknown woman. *Front row:* Juanita Bautista. Photo courtesy of Gabriel Valenzuela.

Una de las primeras familias hispanas mormona. *En segunda fila:* Juanita Páez, Jesse Porter, y mujer desconocida. *En primera fila:* Juanita Bautista. Foto cortesía de Gabriel Valenzuela.

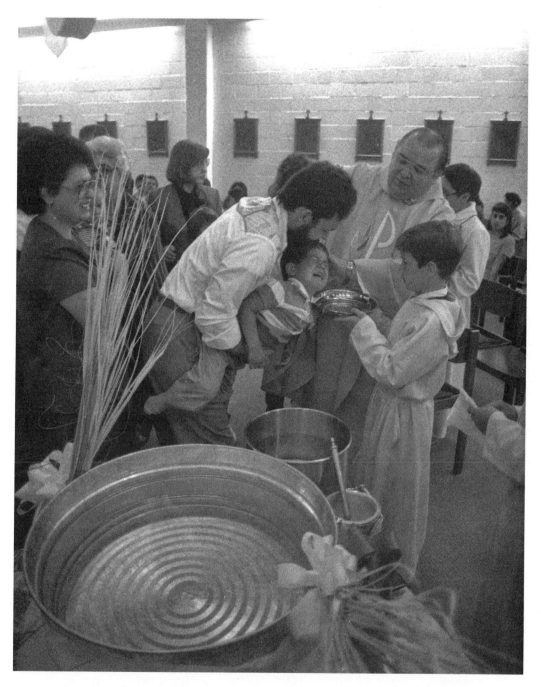

Baptism at the Guadalupe Church. March 29, 1986. Photo by George Janecek, Working Together: A Utah Portfolio. P0705. Special Collections Department, J. Willard Marriott Library, University of Utah.

Bautismo en la Iglesia de la Guadalupe. Foto de George Janecek, Working Together: A Utah Portfolio. P0705. Departamento de Colecciones Especiales, Biblioteca J. Willard Marriott, Universidad de Utah.

The Paez family was one of the first Hispanic Mormon families who immigrated to Utah in the late 1920s. All members of the family built their homes on Windsor Avenue in the proximity of Granite High School. *Left to right:* Antonia Páez Valenzuela, Juan Bautista Páez, Teófila "Tila" Páez Garcia, and Ana Páez Cano. Photo courtesy of Gabriel Valenzuela.

La familia Páez fue una de las primeras familias hispanas mormonas que emigró a Utah a finales de 1920. Todos los miembros de la familia construyeron sus casas en la Avenida Windsor en las proximidades de Granite High School. *Izquierdo a la derecha*: Antonia Páez Valenzuela, Juan Bautista Páez, Teófila Páez García "Tila" y Ana Páez Cano. Foto cortesía de Gabriel Valenzuela.

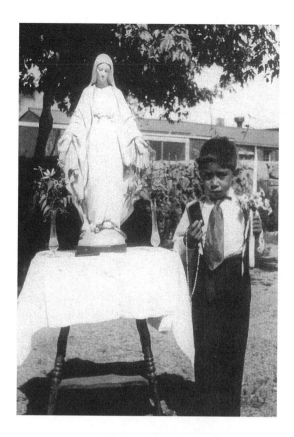

John Florez at his first communion. Mission of Our Lady of Guadalupe, Salt Lake City. 1939. Photo courtesy of John Florez.

La primera comunión de John Flórez, Misión de la Guadalupe, Salt Lake City. 1939. Foto cortesía de John Flórez.

Father James Earl Collins and members of the Mission of Our Lady of Guadalupe. 1930. Used by permission, Utah State Historical Society. All rights reserved.

El Padre James Earl Collins y miembros de la Misión de Nuestra Señora de la Guadalupe. 1930. Foto cortesía de la Sociedad Histórica del Estado de Utah. Todos los derechos reservados.

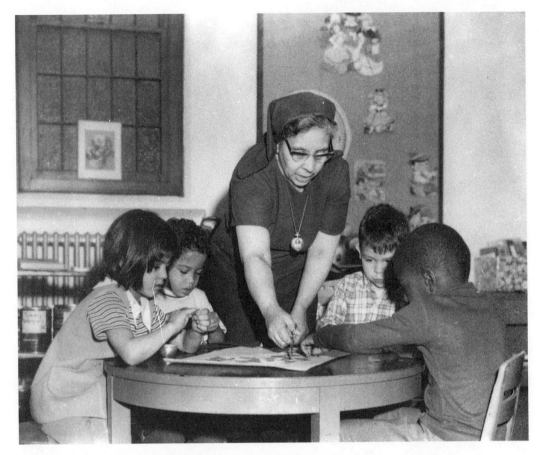

In 1962, The Guadalupe Mission became the Guadalupe Center and its programs were extended to all people on the West side of Salt Lake City. Used by permission, Utah State Historical Society. All rights reserved.

En 1962, la Misión de la Guadalupe se convirtió en el Centro Guadalupe y sus programas se extendieron a todos las personas que vivían en el lado Oeste de Salt Lake City. Foto cortesía de la Sociedad Histórica del Estado de Utah. Todos los derechos reservados.

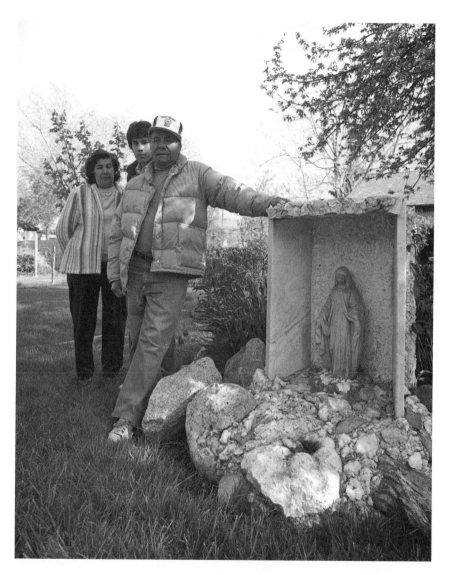

Mr. and Mrs. Epifanio Gonzales and their son. Photo by George Janecek, Working Together: A Utah Portfolio. P0705. Special Collections Department, J. Willard Marriott Library, University of Utah.

Sr. Epifanio Gonzales, su esposa, y su hijo. Foto de George Janecek, Working Together: A Utah Portfolio. P0705. Departamento de Colecciones Especiales, Biblioteca J. Willard Marriott, Universidad de Utah.

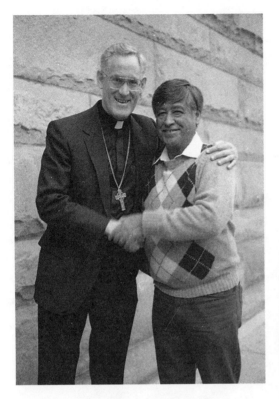

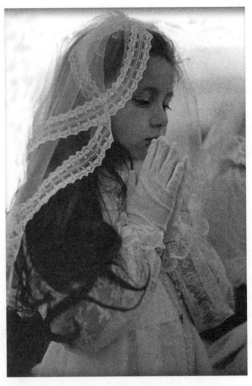

Catholic Bishop William Weigand and Cesar
Chavez. Spring, 1986. Photo by George Janecek,
Working Together: A Utah Portfolio. P0705.
Special Collections Department, J. Willard
Marriott Library, University of Utah.

Girl at her First Communion. Guadalupe
Church. 1986. Photo by George Janecek,
Working Together: A Utah Portfolio. P0705.
Special Collections Department, J. Willard
Marriott Library, University of Utah.

El Obispo Católico William Weigand y César
Chávez. Primavera de 1986. Foto de George
Janecek, Working Together: A Utah Portfolio.
P0705. Departamento de Colecciones Especiales,
Biblioteca J. Willard Marriott, Universidad
de Utah.

Primera Comunión. Iglesia de la Guadalupe.
1986. Foto de George Janecek, Working
Together: A Utah Portfolio. P0705.
Departamento de Colecciones Especiales,
Biblioteca J. Willard Marriott, Universidad
de Utah.

Far right: Mr. and Mrs. Garcia, September
5, 1985. Photo by George Janecek, Working
Together: A Utah Portfolio. P0705. Special
Collections Department, J. Willard Marriott
Library, University of Utah.

El Sr. y la Sra. García. Septiembre 5, 1985. Foto
de George Janecek, Working Together: A Utah
Portfolio. P0705. Departamento de Colecciones
Especiales, Biblioteca J. Willard Marriott,
Universidad
de Utah.

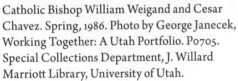

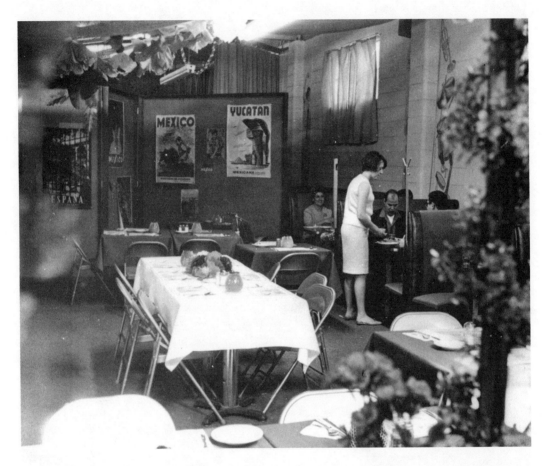

La Morena Cafe. Restaurant created by Father Gerald Merrill to collect funds for educational programs for the Guadalupe Center. The restaurant was located at 346 West and 100 South in Salt Lake City. Used by permission, Utah State Historical Society. All rights reserved.

La Morena Café. Restaurante creado por el Padre Gerald Merrill para recaudar fondos para los programas educativos del Centro Guadalupe. El restaurante se encuentra en Salt Lake City en la calle 346 Oeste y 100 Sur. Foto cortesía de la Sociedad Histórica del Estado de Utah. Todos los derechos reservados.

Bishop William Weigand. Monticello, Utah. December 25, 1985. *From left:* Carlos Edmunds, William H. Gonzalez, Jose Prudencio Gonzalez, and Bishop Weigand. Photo courtesy of William H. Gonzalez.

El Obispo Católico William Weigand en la ciudad de Monticello, Utah. Veinte y cinco de Diciembre. 1985. *De la izquierda*: Carlos Edmunds, William H. González, José Prudencio González, y Obispo Weigand. Foto cortesía de William H. González.

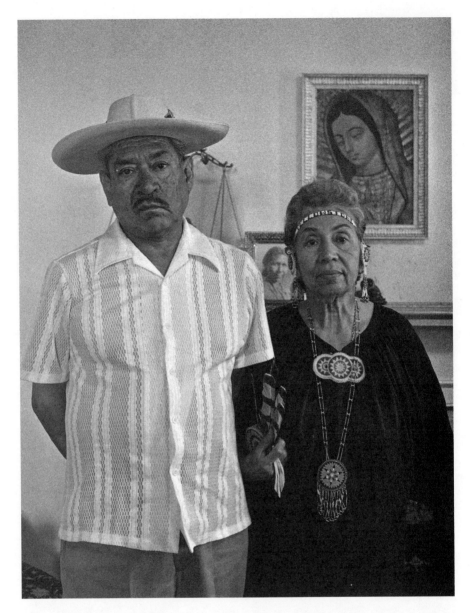

Mr. and Mrs. Cruz Garcia. April 16, 1986. Photo by George Janecek, Working Together: A Utah Portfolio. P0705. Special Collections Department, J. Willard Marriott Library, University of Utah.

El Sr. y la Sra. Cruz García. Abril 6,1986. Foto de George Janecek, Working Together: A Utah Portfolio. P0705. Departamento de Colecciones Especiales, Biblioteca J. Willard Marriott, Universidad de Utah.

Adoration of the Cross: Good Thursday at the Guadalupe Church. March 28, 1986.
Photo by George Janecek, Working Together: A Utah Portfolio. P0705. Special
Collections Department, J. Willard Marriott Library, University of Utah.

Adoración de la Santa Cruz: Jueves Santo. Iglesia de La Guadalupe. Marzo 28, 1986.
Foto de George Janecek, Working Together: A Utah Portfolio. P0705. Departamento de
Colecciones Especiales, Biblioteca J. Willard Marriott, Universidad de Utah.

Father Collins and children who received their First Communion at the Guadalupe
Church. Photo courtesy of Edward Mayer.

El Padre Collins con los niños que recibieron su Primera Comunión en la Iglesia de la
Guadalupe. Foto cortesía de Edward H. Mayer.

Members of the Seventh Day Adventist Church in Salt Lake City. 1998. Photo courtesy of Laura Nava.

Miembros de la Iglesia Adventista del Séptimo Día en Salt Lake City. 1998. Foto cortesía de Laura Nava.

Baptism of Francisco Alfaro by Reverend Orozco. Seventh Day Adventist Church, Salt Lake City. 1998. Photo courtesy of Laura Nava.

El bautismo de Francisco Alfaro, por el Reverendo Orozco. Iglesia Adventista del Séptimo Dia. Salt Lake City. 1998. Foto cortesía de Laura Nava.

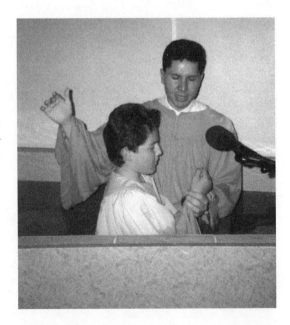

Far right: Praying at the Guadalupe Church. March 28, 1986. Photo by George Janecek, Working Together: A Utah Portfolio. P0705. Special Collections Department, J. Willard Marriott Library, University of Utah.

Oración en la Iglesia de la Guadalupe. April 28, 1986. Foto de George Janecek, Working Together: A Utah Portfolio. P0705. Departamento de Colecciones Especiales, Biblioteca J. Willard Marriott, Universidad de Utah.

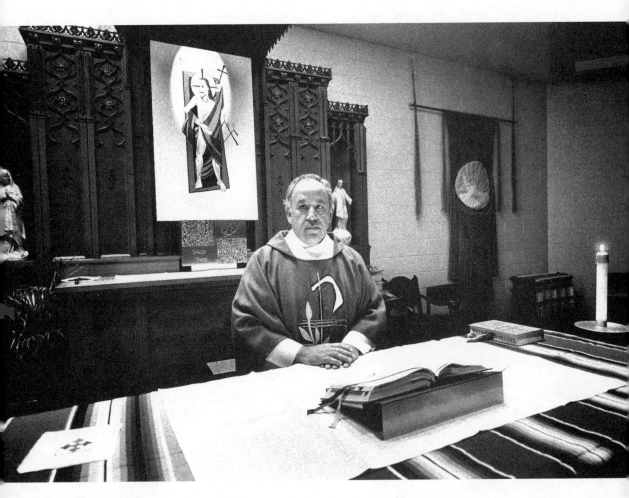

Father Reyes Rodriguez at the Guadalupe Church. Photo by Kent Miles, Working Together: A Utah Portfolio. P0705. Special Collections Department, J. Willard Marriott Library, University of Utah.

Padre Reyes Rodríguez celebrando Misa en la Iglesia de la Guadalupe. Salt Lake City, 1986. Foto de George Janecek, Working Together: A Utah Portfolio. P0705. Departamento de Colecciones Especiales, Biblioteca J. Willard Marriott, Universidad de Utah.

From Hispanics to Latinos

THE 1980S AND ON

Since the 1980s and 90s, Latino immigration to Utah has exploded as a consequence of violent conflicts in Central America, the economic downturns in South American countries, and the crumbling of the Mexican economy. From 1990 to 2000, the Latino population in Utah increased 140 percent. The 2000 Census reported that at least 55 percent of the foreign-born population in Utah was from Mexico or other countries in Latin America, and Latino immigrants made Spanish the second most spoken language in the state.[1] In previous decades, immigrants had always been coming from Mexico, but this time, Latinos were also arriving from El Salvador, Guatemala, Nicaragua, Panama, Venezuela, Colombia, Argentina, and Brazil.

The socio-economic conditions prevailing in the countries of origin contrasted with the economic growth in Utah, which could be seen in the acceleration of the construction industry, the growing service industry, the proliferation of hotels and restaurants, and the revitalization of the agricultural sector. This economic expansion was later sustained by the organization of the 2002 Winter Olympic Games, the reconstruction of Interstate 80, and the promotion of Utah as a vacation paradise. These developments increased the demand for cheap labor as Latinos supplied what the state needed. Figure 9.1 shows Latino immigration to Utah from 1970 through 2000.

The term Latino refers to a diversity of people, languages, and cultures encompassing at least twenty-two different nations. People originating from Mexico represent a majority 68 percent of the total Latino population in the state, followed by South Americans and Central Americans.

The majority of Latino immigrants worked in entry-level jobs such as food processing, meatpacking, livestock, and crop production. In 1990, the

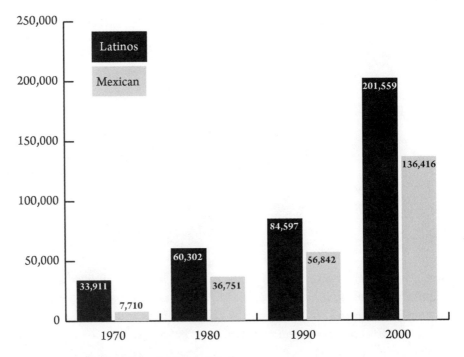

FIGURE 9.1. Latino Population in Utah: 1970–2000

Sources: Pamela S. Perlich. *Utah Minorities: The Story Told by 150 Years of Census Data.*

average weekly wage for Caucasians was $500, while Latinos earned $325 per week. The U.S. Bureau of the Census reported that only 2.6 percent of Latinos in Utah occupied executive, administrative, or managerial positions.[2] Interestingly, Latinas reported higher weekly salaries than Latinos, while at the same time Latino males earned the lowest weekly wages in the state.[3]

One of the most significant impacts of the new immigrants was reflected in Utah's educational system. The children of Latino immigrants started attending public schools in large numbers but the state was not prepared. The U.S. Department of Education reviewed seven Utah school districts and found that none of them complied with federal requirements for students whose native language was not English. Consequently, in 1990 almost 12,000 Spanish-speaking students were enrolled in Limited English Proficiency (LEP) classes. In January 2002, President George H.W. Bush signed the No Child Left Behind Act, which allowed students attending schools that failed state standards to be transferred to other schools in the district. In Utah, twenty-two schools with high concentrations of immigrant children failed to pass the test and the students were then transferred to schools with "highly qualified teachers."[4] An even bigger concern, however, was that Latinos were twice as likely to drop out as their Anglo-American counterparts. While the dropout rate in the state was 1.6 percent, Latino students dropped out of school at a rate of 4.1 percent. The situation was more alarming in high schools where 40 percent of Latinos were leaving school before they finished their sophomore year. In 1990, 60 percent of Latinos earned a high school diploma, but by the year 2000, that figure dropped to 56.5 percent.[5]

Similar situations emerged in the health care system. The most pressing needs were experienced in the area of prenatal and infant care. Overall, 30 percent of Latinas who delivered babies between 1989 and 1991 did not receive prenatal care and Latino infant mortality rates reached 8.5 deaths per 1,000 births.

Since the majority of Latino immigrants settled in the Salt Lake area, a visible manifestation of their presence was in the neighborhood of Rose Park, located in the northwest corner of Salt Lake City. The foreign-born population swelled from 310 in 1990 to 3,162 in 2000, tripling the number of Latinos in Rose Park. Then, a slow process of gentrification began. The majority of immigrants in Rose Park were employed in entry-level jobs and the median household income for the neighborhood increased only five percent in ten years. This increment contrasted with the statewide median income-per-household increase of 34 percent.

Given this socioeconomic condition, Latinos started organizing. With their activism, they endorsed old, established organizations like El Centro Cívico Mexicano, the Utah Coalition of La Raza, and the Chicano Student Movement of Aztlán. Simultaneously, other organizations such as Neighborhood Housing Services, directed by Maria Garciaz, emerged. Her efforts included the revitalization of the west side of town and the encouragement of Latinos' sense of self-reliance.

Since 1995, however, most of the attention in the state has been centered on the undocumented Latino population. To protect the rights and the dignity of unauthorized Latino workers, the Office of Hispanic Affairs, under the leadership of Leticia Medina, became the strongest advocate for the Latino immigrant community. Her office made possible, in 1994, the passage of House Bill 39 in the Utah State Legislature. Through this bill, those Latinos who did not qualify for a social security number received a Temporary Identification Number (TIN) that allowed them to obtain an identification card and then, later, a Utah driver's license. The TIN opened the doors for immigrants to be recognized as members of the community, and in cases of traffic violations, they were treated according to the nature of the violation and not according to their immigration status. The Office of Hispanic Affairs extended its influence into other areas of the state such as Ogden, Park City, Provo, and Saint George. The consuls from Mexico and Guatemala joined these efforts. As a result, 80,000 new applications were submitted to the Driver License Division, and the number of uninsured drivers in Utah dropped by 32 percent.[6] As an unexpected consequence of the TIN cards, financial institutions such as banks and credit unions began to accept those cards and undocumented workers were then able to open accounts and send money to their native countries. According to Banco de México, Mexican immigrants in the United States sent $10 billion home in the year 2002.

One of the biggest accomplishments by the Office of Hispanic Affairs in 1996 was the defeat of the Memorandum of Understanding, which would have allowed the local law enforcement to act as "authorities in immigration" and to carry out functions normally reserved for agents of the U.S. Immigration and Naturalization Service (INS). While activists were successful in advancing programs and services for Latino immigrants, they were unable to defeat an English-only bill. Attempts to declare English as the official language of the state were promoted by Utah's politicians who were concerned with the unprecedented growth of the Latino population. They were troubled by the idea that immigrants would transform the cultural and linguistic foundations of Utah. On November 7 of 2002, with resources from the state, and with financial support from national organizations, English became the official language of Utah.

In collaboration with institutions of higher education, and some members of the Utah State Legislature, Latinos sparked a new law, which allowed undocumented immigrant students to attend universities and colleges and pay in-state tuition. The bill was accepted under the provision that undocumented students had to have been enrolled in a public high school for at least three years. This bill was advanced by a student in Park City who dropped out of the University of Utah in order to work in housekeeping. The student, Silvia Salguero, was not in the position to pay $8,800 in tuition while resident students were paying only $2,900.

While Latinos were doing important work in the political arena, a proliferation of Latino businesses surfaced throughout the state. In the last ten years, the number of Latino restaurants, markets, tortilla factories, newspapers, and radio and TV stations doubled. At the turn of the century, the international relations between the Utah governor at the time, Mike Leavitt (1993–2003), and Mexican President Vicente Fox (2000–2006) were strong, to the point that both officials increased commercial interchange, cultural exchange, and advanced new programs in education, job training, and export of cement and petroleum from Mexico.

Just when Utah was being portrayed as an exemplary state for its protection of immigrants, a radical transformation came after the events of September 11, 2001. The attack on the twin towers in New York and the Pentagon in Washington nourished a series of anti-foreigner attitudes that unfortunately were directed against unauthorized immigrants. Three months after the attacks, Utah's Office of Homeland Security, in collaboration with federal agencies launched Operation Safe Travel. The goal of the operation was to provide passenger safety and to identify potential terrorists. As a result of related raids on employers, 208 workers lost their jobs and sixty-nine others were charged with falsifying employment records. The use of force and the tactics employed raised the indignation of the Latino population, who went to the state capitol to protest. James Yapias, the chairman of the Governor's Hispanic Advisory Council, called on Latinos to take part in a one-day statewide work stoppage during the 2002 Winter Olympics. Meanwhile, Latino unauthorized workers showed their sorrow for the U.S. citizens who died in the September 11 attack. According to *The Salt Lake Tribune*, the "illegal workers" attended memorial services in honor of the victims, sent fifty dollars to the Red Cross, donated blood for the victims of the attack, and answered television appeals to sponsor orphans in Third World countries.[7]

Following the raid of 2001, at least six other massive deportation campaigns of undocumented workers followed. The most publicized was carried out in February of 2002, when INS agents entered Champion Safe Company and arrested 75 percent of its work force. The raids continued throughout the state, like the one on December 18, 2006 in Hyrum, Utah, in which 145 people were arrested and put into deportation status. Mexican Consul Martin Torres was the first to advocate for the incarcerated immigrants. For some observers, the increasing visibility of the consul in Utah's political arena raised questions about the role and effectiveness of Hispanic organizations created in the early 1970s, especially the offices of the Governor's Council of Hispanic Affairs, and the Office of Hispanic Affairs. Latino leaders, such as James Yapias, believed that the problem was not within the Latino political groups or the Mexican Consulate per se, but in the state officials who lean more toward middle class values and abandon the interest of the working class.[8] Utah's government still provided the same funds to Latinos in 2002 as it did it in the 1970s without taking into consideration the dramatic increase in the population and the diversity of people who represent the Latino communities.

Without question, the largest accomplishment of Latinos came in April 2006, when they marched from City Hall to the Capitol in Salt Lake City to demand a more comprehensive immigration reform in an event called the "Dignity March." About 43,000 people, organized by Tony Yapias, brought forward their demands to live with dignity and respect. This march was the largest in the history of the state and inaugurated a new way of looking at democracy and human rights. Nowadays, both political parties, the Democratic and the Republican, have increased their efforts to recruit Latinos by offering them political posts in their administrations.

With Latinos outnumbering other minorities and sometimes outnumbering Anglo-Americans in some school districts, the future of the state will rest, to a large degree, with this population. But before Latinos will be fully integrated into the life of the state, we need to solve past and present dilemmas that shape the development of Latinos in Utah. Living in a state that is predominantly Mormon, the issue of religion is paramount given that the majority of Latinos in Utah are Catholics. A pattern that is emerging is one of Latinos leaders who are predominantly members of the Mormon Church while the majority of Latino constituents remain affiliated with the Catholic Church. An important issue that requires action is the continuing presence of hostile sentiments against Mexican unauthorized workers and their families. Since the year 2002, Utah legislators have been more stringent and biased in their assessments of the contributions of undocumented workers. This has resulted in laws and regulations that affect the future of this population, including their health care status and educational goals. Seemingly biased against the working class, Utah politicians have supported upper- and middle-class values that discount the efforts of Latino workers to ascend in accordance with their economic aspirations. Perhaps the strongest barriers to Latinos' achievements are the conservatism and nativism of many Utah residents, who do not recognize and value alternative ways of creating and building families, different cultural patterns and ethnic traditions, diverse religious backgrounds, and the manifold ways of understanding democracy and inclusion.

CAPÍTULO 9

De Hispanos a Latinos
1980 A Nuestros Días

Desde la década de 1980, la inmigración latina a Utah se desbordó de una manera exorbitante debido a los conflictos bélicos en Centro América, a las crisis económicas de los países Sur Americanos, y al desquebrantamiento de la economía mexicana. De la década de 1990 a la década del año 2000, la población latina incrementó en un 140 por ciento. El Censo Federal del año 2000 reportó que al menos el 55 por ciento de la población extranjera en el estado de Utah era de procedencia mexicana y suramericana. Además, el lenguaje español ocupó el segundo lugar entre los lenguajes mas hablados en Utah.[1] En la década anterior la mayoría de los inmigrantes procedieron de México. Para el año 2000, además de los Mexicanos, los Latinos llegaron de El Salvador, Guatemala, Nicaragua, Panamá, Venezuela, Colombia, Argentina, y Brasil.

Las condiciones socioeconómicas de los países de origen de los inmigrantes contrastaban con el crecimiento económico en el estado, con el desarrollo de la industria de la construcción, con el incremento de la industria de servicios públicos, con el aumento considerable de hoteles y restaurantes, y con la revitalización del sector agrícola. Esta expansión económica se vió incrementada por la organización de los Juegos Olímpicos de Invierno del año 2002, por la reconstrucción de las carreteras del estado, y por la promoción que se hacía de Utah como un paraíso vacacional. Todo este desarrollo requería de una obra de mano barata y los Latinos ofrecían lo que el estado necesitaba. En la Figura 9.1 describimos el crecimiento de la inmigración Latina en Utah desde el año de 1970.

El término Latino se aplica a una gran diversidad de personas, lenguajes, y culturas que encompasan al menos veinte y dos paises. Los

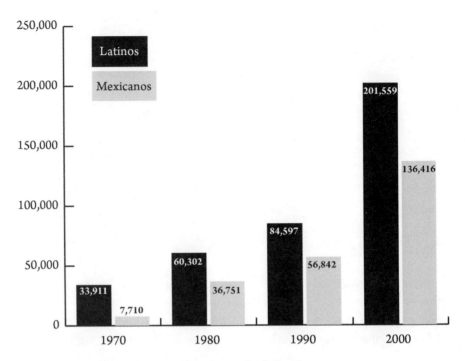

FIGURE 9.1. Población Latina en el Estado de Utah 1970–2000

Fuente de Información: Pamela S. Perlich. *Utah Minorities: The Story Told by 150 Years of Census Data.*

México-Americanos de Utah representan el 68 por ciento de la población, seguidos por los Sur Americanos y Centro Americanos.

La mayoría de los trabajadores inmigrantes Latinos se concentran en trabajos y ocupaciones que pagan un salario mínimo y con pocas posibilidades de ascender económicamente. Entre otras ocupaciones, los Latinos están representados en el procesamiento de alimentos, empacadoras de carne, en la industria hotelera, restaurants, aseo de patios y jardines, y actividades agropecuarias. En el año de 1990 el salario promedio semanal para los Anglo-Americanos fue de $500, mientras que para los Latinos fue de $325. El Censo Federal del mismo año reportó que el 2.6 por ciento de los Latinos en Utah ocuparon posiciones administrativas y de supervision.[2] El dato más sorprendente fue que las mujeres latinas reportaron salarios más altos que los hombres, al mismo tiempo, el salario de los hombres latinos fue el más bajo en todo el estado.[3]

Uno de los impactos más importantes de la población emigrante se reflejó en el sistema educativo de Utah. Sus hijos/as empezaron a matricularse en las escuelas públicas pero el estado no estaba preparado para atender a sus necesidades. El Departamento de Educación de los Estados Unidos inspeccionó siete distritos escolares en el estado y encontró que ninguno de ellos cumplía con los requisitos federales para estudiantes cuyo idioma nativo no era el inglés. Como consecuencia de esta deficiencia, en el año de 1990, 12,000 estudiantes que solo hablaban español fueron registrados dentro de un programa especial de Habilidad Limitada para Personas que no Hablan Inglés. En enero del año 2002, el Presidente George Bush firmó un acuerdo denominado la *Ley Que Ningún Niño Se Quede Atrás*, el cual permitía que los niños que atendían escuelas deficientes pudieran ser transferidos a otras escuelas más capacitadas. En el estado de Utah, veinte y dos escuelas con niños nacidos de inmigrantes no cumplían con este requisito. Consecuentemente los niños fueron trasladados a escuelas con "maestros más capacitados."[4] Pero la preocupación más grande de la población latina era que sus adolecentes estaban abandonando las escuelas secundarias en una proporción doble a la de los estudiantes Anglo-Americanos. Mientras que los niveles promedios de deserción escolar en el estado era de 1.6 por ciento, para los Latinos era del 4.1 por ciento. La situación era más alarmante en las escuelas preparatorias en donde el 40 por ciento de los jóvenes abandonaban la escuela antes de terminar el segundo año. En el año de 1990 el 60 por ciento de los Latinos se graduaba de las preparatorias, pero diez años más tarde ese número disminuyó al 56.5 por ciento.[5]

Una situación similar se registraba en los servicios de salud. La necesidad más apremiante se reportaba entre las madres latinas embarazadas y que requerían de servicios prenatales. Durante los años 1989 y 1991, el 30 por ciento de las madres Latinas no recibieron estos servicios y el índice de mortalidad infantil para los Latinos fue del 8.5 por mil niños nacidos.

Debido a que la mayoría de los inmigrantes se establecieron en el área del Lago Salado, su presencia se hizo manifiesta en el vecindario de Rose Park, localizado en la parte Noroeste de la ciudad. La población inmigrante de este vecindario incrementó de 310 individuos en el año de 1990 a 3,162 en el año 2000—la población Latina se triplicó durante ese periodo. El proceso de gentrificación empezó a tomar lugar en Rose Park. La mayoría de la población de este complejo habitacional estaba empleada en trabajos que solo ofrecían salarios mínimos, el ingreso promedio del vecindario incrementó en un cinco por ciento en diez años. Este incremento contrastaba radicalmente con el promedio de ingresos del estado el cual incrementó en un 34 por ciento.

Dada las condiciones económicas, los Latinos empezaron a organizarse para reclamar mejores condiciones de vida y su activismo se vió respaldado por organizaciones que se habían formado en el pasado tales como el Centro Cívico Mexicano, La Coalición de la Raza Unida de Utah, y el Movimiento Estudiantil Chicano de Aztlán. Simultáneamente otras organizaciones empezaron a surgir tales como los Servicios Comunitarios Habitacionales cuyo director era María Garciaz. Entre los esfuerzos de esta organización se contaba la revitalización del Oeste de la ciudad y el de fomentar entre los Latinos un sentimiento de solidaridad y autosuficiencia.

Mientras que las organizaciones latinas empezaron a incrementar, el estado de Utah empezó a concentrar su atención en los inmigrantes latinos indocumentados. Como respuesta, y para proteger los derechos y la dignidad de estos trabajadores, la Oficina de Asuntos Hispanos, bajo la dirección de Leticia Medina, se convirtió en la agencia que más defendía y representaba los intereses de estos trabajadores. A través de esta agencia en 1994 fue posible que se legislara la Iniciativa 39, la cual otorgaba a los Latinos un Número de Identificación Temporal (TIN) el cual podía ser utilizado como medio de identificación y para obtener la licencia de manejar. Este Número de Identificación Temporal les abrió las puertas a los trabajadores indocumentados para ser reconocidos como miembros integrantes de nuestras comunidades, y en caso de violación vial, los indocumentados eran tratados por la violación cometida y no de acuerdo con su estado migratorio. La Oficina de Asuntos Hispanos extendió su influencia a otras regiones del estado, a las ciudades de Ogden, Park City, y Saint George. Los cónsules de México y de Guatemala se unieron a estos esfuerzos y como consecuencia 80,000 solicitudes para licencias de manejo fueron recibidas en la División de Licencias para Manejar del estado de Utah. El número de automovilistas sin seguros disminuyó en un 32 por ciento.[6] Una de las consecuencias inesperadas de esta identificación se registró en las instituciones financiera del estado. Los bancos y las cajas populares empezaron a aceptar los números temporales como identificación para abrir cuentas bancarias que les permitía a los inmigrantes mandar dinero a sus países natales. De acuerdo con los estimados del Banco de México, en el año 2002 los Mexicanos que residían en los Estados Unidos, mandaron a su país más de $10 billones.

Uno de los logros más importantes de la Oficina de Asuntos Hispanos, en 1996, fue el de derrotar la proposición legislativaRecordatorio de Comprensión, el cual permitiría a la policía local actuar como agentes de inmigración y efectuar funciones que eran reservadas solo a los agentes del Departamento de Inmigración y Seguridad Nacional. Mientras que los éxitos de los activistas Latinos continuaban adelante, pronto tuvieron que aceptar sus limitaciones al tratar de derrotar la iniciativa que proponía al idioma inglés como el idioma oficial del estado. Esta iniciativa de ley fue promulgada por políticos conservadores del Partido Republicano quienes estaban preocupados con el crecimiento de la población latina y con el temor de que los Latinos fueran a transformar las prácticas lingüísticas y culturales del estado. Con ayuda proveniente de organizaciones políticas fuera del estado de Utah, en noviembre 7 del año 2000, el idioma inglés se convirtió en el idioma oficial de Utah.[7]

Con la colaboración de instituciones educativas, políticos comprometidos con la causa latina, y algunos miembros de la Cámara Legislativa de Utah, los Latinos sometieron una nueva propuesta de ley que permitiría a los hijos/as de los trabajadores indocumentados inscribirse en las universidades y colegios pagando la misma inscripción que pagaban los residentes del estado. La propuesta fue aceptada con la condición de que los estudiantes deberían de haber cursado por lo menos tres años en la preparatoria. La autora de esta ley fue una adolecente latina que vivía en Park City y que tuvo que abandonar la Universidad de Utah por no poder pagar la inscripción que se cobraba a los no residentes. Silvia Salguero tuvo que dedicarse a limpiar casas por no poder pagar los $8,800 de colegiatura, mientras que los residentes del estado solo tenían que pagar $2,900.

Al mismo tiempo que los Latinos lograban importantes mejoras en la política, los negocios y empresas latinas empezaron a florecer por todo el estado. En los últimos diez años, el número de restaurantes, mercados, tiendas de abarrotes, tortillerías, periódicos, y canales de televisión en español aumentaron en un 100 por ciento. El mismo ritmo de aceleración se registró en el área de las relaciones internacionales, específicamente en los acuerdos entre el gobernador del estado de Utah, Mike Leavitt (1993–2003) y el presidente de México, Vicente Fox (2000–2006). Ambos mandatarios hicieron posible que el intercambio comercial y las contribuciones culturales aumentaran. Nuevos programas de educación fueron inaugurados y los programas de entrenamiento laboral se multiplicaron. Las exportaciones mexicanas de petróleo y cemento al estado de Utah también alcanzaron índices históricos.

Cuando todo iba marchando a la perfección y el estado de Utah empezaba a sobresalir como uno de los estados que mas apoyaba a los inmigrantes, una transformación radical vino a darse a partir del 11 de Septiembre del 2001. Los ataques a las torres gemelas de Nueva York y al Pentágono en Washington, alimentó una serie de actitudes que desafortunadamente fueron encaminadas hacia los inmigrantes indocumentados. Tres meses después de los ataques aéreos, la Oficina de Seguridad Nacional del estado de Utah, en colaboración con agencias federales lanzaron la campaña denominada Operación de Seguridad para los Viajeros. La meta de este programa era la de proveer a todas las personas que viajaban por avión una protección especial y al mismo tiempo, se buscaba identificar a los terroristas potenciales que podrían repetir los ataques a los Estados Unidos. Como resultado, doscientos y ocho Latinos que trabajaban en el aeropuerto de Utah fueron capturados. Sesenta y nueve de ellos fueron acusados de falsificación de documentos y de violar las leyes de inmigración.

El uso de fuerza excesiva y las tácticas que se emplearon para la detención de los indocumentados causo la indignación de la población latina que se organizó para protestar en el Capitolio del Estado. James Yapias, presidente del Consejo Consultivo Para Asuntos Hispanos, convocó a los Latinos a un día de paro laboral durante la celebración de los Juegos Olímpicos del 2002. Mientras tanto, los trabajadores indocumentados se organizaron para manifestar su pésame por los ciudadanos norteamericanos que habían fallecido en los ataques aéreos del 11 de Septiembre. De acuerdo con el periódico *Salt Lake Tribune*, los indocumentados asistieron a servicios religiosos en honor a las víctimas, contribuyeron con cincuenta dólares cada uno a la Cruz Roja Norteamericana, y respondieron a mensajes televisivos que pedían el apoyo económico para los niños huérfanos del tercer mundo.[8]

Después de las redadas del 2002 otras seis deportaciones tuvieron lugar en el aérea del Lago Salado. La redada a la que se le dió mas publicidad fue cuando agentes del Departamento de Seguridad Nacional entraron a la fabrica del Champion Safe Company y arrestaron al 75 por ciento de los trabajadores. Las redadas se extendieron por todo el estado y en diciembre 18 del 2006, en la ciudad de Hyrum, Utah, ciento cuarenta y cinco personas fueron arrestadas y puestas a deportación. El primero que salió a la defensa de los inmigrantes fue el Cónsul Mexicano, Martin Torres. La continua visibilidad del Cónsul en asuntos de esta índole, trajo a los Latinos a cuestionar la función de las organizaciones hispanas que se habían creado desde los 1970s, en especial, al Consejo Consultivo para Asuntos Hispanos y la Oficina de Asuntos Hispanos. Los líderes Latinos tales como James Yapias manifestó que los problemas políticos no provenían de los Latinos, o del Cónsul Mexicano, sino de los políticos y gobernantes del estado que habían abandonado los valores de la clase trabajadora y apoyaban los intereses de la clase media del estado.[9] Además, el problema radicaba en el hecho de que el gobierno estatal aun proveía los mismos fondos para servicios sociales que había proveído desde los años de 1970. El gobierno no había tomado en cuenta el aumento radical de la población latina y la diversidad de nacionalidades y culturas representadas en estas comunidades.

El logro más grande de los Latinos en el ambiente político, se dió en abril del año 2006 cuando organizaron La Marcha de la Dignidad que partió del Palacio de la Ciudad hasta el Capitolio del Estado. Con la marcha se pretendía apoyar la necesidad de una reforma migratoria más justa e integral. Cerca de 43,000 Latinos, organizados por Tony Yapias, reclamaron los derechos a su dignidad y a ser respetados como personas. Esta marcha se convirtió en la manifestación política más grande de todo la historia de Utah e hizo posible una nueva interpretación de los derechos humanos y la práctica de la democracia. En nuestros días, tanto el partido de los Republicanos como el partido de los Demócratas han aumentado su esfuerzo para reclutar Latinos y les han otorgado posiciones políticas dentro de sus administraciones.

El hecho de que los Latinos sobrepasan en población y representación a otras minorías, y en muchas ocasiones rebasan hasta los mismos Anglo-Americanos, como es el caso en tres distritos escolares, no cabe duda de que el futuro del estado descansa en esta población y sus capacidades ilimitadas. Pero antes de que los Latinos sean integrados a la vida social y cultural del estado se necesita resolver los retos y dilemas, tanto del pasado como del presente, que afectan el desarrollo de nuestras comunidades. Por el hecho de vivir en un estado predominantemente Mormón, el tema de la religión es inaplazable dado que la mayoría de los Latinos en Utah son Católicos. Uno de las tendencias más visible es que la mayoría de los líderes Latinos son miembros de la Iglesia Mormona mientras que la gran mayoría de los Latinos profesan la religión Católica. Otro tema que requiere de acción inmediata son las actitudes negativas en contra de los trabajadores indocumentados y sus familias. Desde el año del 2002, los legisladores de Utah han sido más estrictos y tendenciosos en sus evaluaciones de estos trabajadores. El resultado se ha plasmado en una serie de leyes y regulaciones que atentan en contra del futuro de nuestra población, sobre todo en temas de salud y educación. Siguiendo la predisposición de los legisladores en contra de las clases trabajadoras, los políticos han apoyado esencialmente los valores de la clase media y de la clase alta, y descartan los esfuerzos de los Latinos para ascender en sus aspiraciones económicas. Pero quizás la barrera más difícil de sobrepasar son las posiciones conservadoras y nativistas de la mayoría de los residentes de Utah. Estas actitudes les impiden reconocer las diferentes formas de crear a las familias, y la diversidad de prácticas culturales entre los Latinos. Se requiere también de una mayor apreciación de los diferentes tipos de religiones, y de un esfuerzo para entender los diferentes significados de la democracia y de cómo la diversidad e inclusión son pilares fundamentales para el progreso de los Latinos en nuestro estado.

Robert "Archie" Archuleta

for City Councilman
District 2

Your Community Voice

Fundraiser: July 29, 1999
Primary Election: October 6, 1999
November Election: November 2, 1999

FOR MORE INFORMATION OR TO VOLUNTEER TO ASSIST CALL:
Robert "Archie" Archuleta: 973-8276
Lee Martínez: 596-2476

Authorized by The Committee to Elect "Archie"

Flyer announcing the candidacy of Archie Archuleta as a member of the city council. Photo courtesy of Robert "Archie" Archuleta.

Boletín anunciando la candidatura de Archie Archuleta para el puesto del Concilio de la Ciudad. Foto cortesía de Robert "Archie" Archuleta.

Ruby Chacón, one of the most visible and celebrated Latino artists in the 2000s. Photo by Armando Solórzano.

Ruby Chacón es una de las muralistas Latinas más prestigiadas en el estado. Foto de Armando Solórzano.

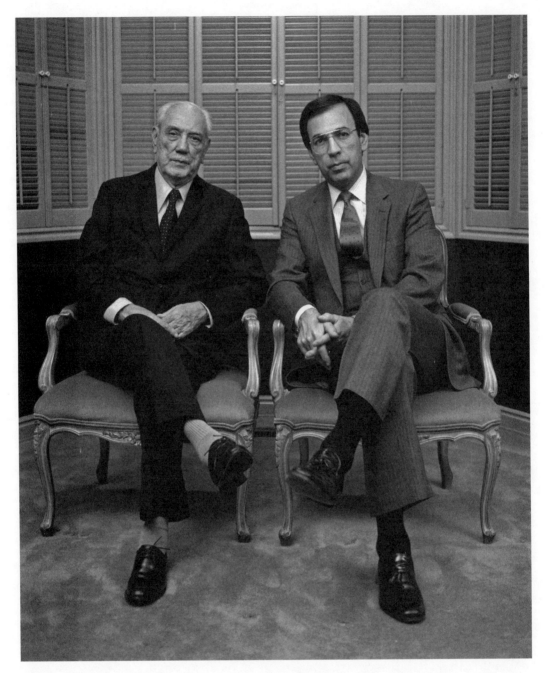

Jesus Agraz and his son. Photo by George Janecek, Working Together: A Utah Portfolio. P0705. Special Collections Department, J. Willard Marriott Library, University of Utah.

Jesús Agraz y su hijo. Foto de George Janecek, Working Together: A Utah Portfolio. P0705. Departamento de Colecciones Especiales, Biblioteca J. Willard Marriott, Universidad de Utah.

Panoramic view of the Dignity March. Salt Lake City. Photo by Tony Yapias.
Vista panorámica de la Marcha por la Dignidad. Salt Lake City, Utah. Foto de Tony Yapias.

Latino artists performing outside City Hall. 2005. Photo by Tony Yapias.

Artista Latino en una presentación folklórica en las afuera del Ayuntamiento Municipal de Salt Lake City. 2005. Foto de Tony Yapias.

Members of a local folkloric group at the Salt Lake City Capitol. Photo by Tony Yapias.

Miembro de un grupo folklórico en el Capitolio de Salt Lake City. Foto de Tony Yapias.

Tony Yapias and
Utah Senator
Orrin Hatch.
Photo courtesy
of Tony Yapias.

Tony Yapias
con el Senador
de Utah Orrin
Hatch. Foto
cortesía de Tony
Yapias.

ACELA celebration of Mexican and Central American Independence Day. Ogden, Utah. Photo by Tony Yapias.

Celebración del Día de la Independencia de México y otros países de Centro América. Ogden, Utah. Foto cortesía de Tony Yapias.

The celebration of the quinceañera is a tradition that has survived for more than 400 years. It is a religious-cultural rite of passage that acknowledges that a young woman has matured to a new life of relationships, family, and community responsibility. Quince años of Dora Gabriela "Gaby" Valdez. St. James Church, Ogden, Utah. September, 2010. Photo by Armando Solórzano.

La celebración de la quinceañera es una tradición que ha sobrevivido por más de 400 años. Es un rito religioso-cultural a través del cual una adolescente reconoce que ha madurado a una nueva vida de responsabilidad social, familiar, y comunitaria. Quince años de Dora Gabriela "Gaby" Valdez. St. James Church, Ogden, Utah. Septiembre de 2010. Fotografía de Armando Solórzano.

Erick B. Wettstein Burgos. Middle East, 2001. Photo courtesy of Irma Burgos.

Erick B. Wettstein Burgos. Medio Oriente, 2001. Foto cortesía de Irma Burgos.

Juan Carlos Cabral Bañuelos, killed in action in Iraq. Photo courtesy of Tony Yapias and Ronald W. Boutte. www.brandonblog.com/sgt-juan-carlos-cabral.html.

Juan Carlos Cabral Bañuelos, murió en Irak. Foto cortesía de Tony Yapias y Ronald W. Boutté. www.brandonblog.com/sgt-juan-carlos-cabral.html.

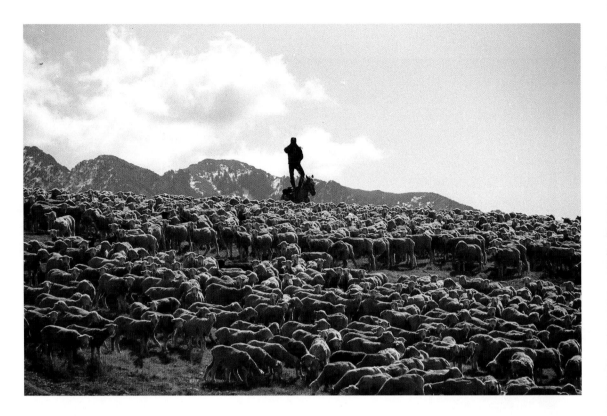

Peruvians continue the long tradition of raising sheep in Southern Utah. They represent the second largest group within the state's Latino community. Photo by Tony Yapias.

Los Peruanos de Utah continúan con la tradición de la industria ovejuna en el sur del estado. Los Peruanos representan el segundo grupo más grande dentro de los Latinos. Foto de Tony Yapias.

A participant in the Dignity March in Utah. The march was broadly supported by civic and religious leaders, teachers, and lawyers. People from diverse racial and ethnic groups also showed their support for a more holistic and comprehensive reform. April, 2006. Photo by Armando Solórzano.

Participante en la Marcha de la Dignidad que se llevó a cabo en Salt Lake City para pedir por una reforma migratoria más justa y comprensiva. Abril, 2006. Foto de Armando Solórzano.

Mr. Javier Chavez was the first Mexican-American to win a national track title at Weber State University. Presently, he owns five restaurants and employs more than seventy people in Ogden, Utah. Photo by Tony Yapias.

El Señor Javier Chávez es el primer México-Americano que ganó un trofeo por ser el mejor corredor en la Universidad Estatal de Weber. El Sr. Chávez es dueño de cinco restaurants en el área de Ogden y emplea más de setenta empleados en sus negocios. Foto de Tony Yapias.

Andrew A. Valdez, the Third District Juvenile Court judge in Salt Lake City, Utah. He worked for nine years as a public defender and spent three-and-a-half years in Central Europe as part of the Judge Advocate General Corps (JAG corps). Photo by Tony Yapias.

El juez Andrew A. Valdez trabaja para el Tercer Distrito de la Corte Juvenil en Salt Lake City. Por nueve años trabajó como abogado de la comunidad y pasó tres años y medio en Europa Central como miembro del Juzgado General de Protección. Foto de Tony Yapias.

Christina Flores has been the most significant Mexican-American T.V. broadcaster in Utah. She has fourteen years of experience working as an anchor and news reporter. Christina moved to Utah from California and is a first-generation Latina in the United States. Photo by Tony Yapias.

Christina Flores es la reportera México-Americana más prestigiada de la televisión en Utah. Por más de catorce años ha trabajado en los noticieros locales y produciendo programas especiales para los Latinos. Christina llegó de California y representa la primera generación de Latinos que ha logrado triunfar en la industria de los medios de comunicación. Foto de Tony Yapias.

Pete Suazo, the first Latino senator in Utah. 1996. Photo courtesy of Alicia Suazo and family.

Pete Suazo, primer senador Latino del estado de Utah. 1996. Foto cortesía de Alicia Suazo y familia.

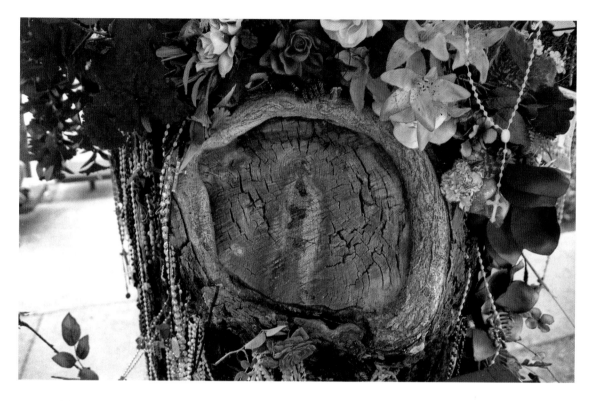

Image of the Virgin of Guadalupe on a knothole of an elm tree. The tree is at 300 East and 700 South streets in Salt Lake City. The image was later vandalized and removed from the tree. Photo courtesy of Tony Yapias and Armando Solórzano.

Imagen de la Virgen de Guadalupe aparecida en un árbol de la ciudad. El árbol se ubica en la calles 300 East y 700 South en Salt Lake City. La imagen fue objeto de vandalismo en los años siguientes. Foto cortesía de Tony Yapias y Armando Solórzano.

Aztec dancer during the Mass of Our Lady of Guadalupe. Photo by Armando Solórzano.

Danzante Azteca durante celebración de la Misa en honor a Nuestra Señora de Guadalupe. Foto de Armando Solórzano.

John Florez with President George Bush, 1992. John Florez was the executive director of the President's Advisory Commission on Educational Excellence for Hispanic Americans. Photo courtesy of John Florez.

John Florez con el presidente de los Estados Unidos, George Bush, 1992. El Señor Florez fue el director executivo de la Comisión de Consejería en Asuntos de Excelencia Educativa para los Hispano Americanos. Foto cortesía de John Florez.

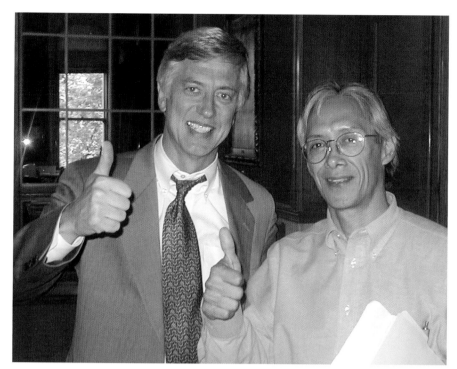

Salt Lake City Mayor
Rocky Anderson, and
Lee Martinez at City
Hall. 2002. Photo
courtesy of Angela
Romero.

El alcalde de
Salt Lake City
Rocky Anderson,
y Lee Martínez
en el edificio del
Ayuntamiento. Foto
cortesía de Angela
Romero.

Members of the Cesar Chavez Committee, who met to rename 500 South Street as Cesar Chavez Boulevard. *Right to left:* Frank Cordova, Luz Roblez, Jaime Yapias, Archie Archuleta, Eligio White, Rosanita Cespedes, and Jorge Arce-Larreta. 2002. Photo courtesy of Angela Romero.

Miembros del Comité "César Chávez" que fue creado para cambiar el nombre de la calle 500 South como "Bulevar César Chávez" (*De derecha a izquierda*): Frank Córdova, Luz Roblez, Jaime Yapias, Archie Archuleta, Eligio White, Rosanita Cespedes, y Jorge Arce-Larreta. 2002. Foto cortesía de Angela Romero.

Left to right: Leticia Medina, Professor of Law Robert L. Flores, and Professor William Gonzalez sharing the podium at a panel titled "The Legacy of the Chicano Civil Rights Movement in Utah". The event was part of the Living Traditions Festival organized by Utah Humanities Council at the esplanade of City Hall in Salt Lake City. Summer, 2004. Photo by Armando Solórzano.

Izquierda a derecha: Leticia Medina, el Profesor Robert L. Flores, y el Profesor William Gonzalez compartiendo el pódium en la conferencia para discutir "La Herencia del Movimiento Chicano por los Derechos Civiles en Utah". El evento formó parte de las tradiciones culturales organizado por Utah Humanities en la Alcaldía de Salt Lake City. Verano del 2004. Foto de Armando Solórzano.

In 2006, Ruby Chacón produced a series of paintings addressing the issue of immigration and the precarious conditions of undocumented immigrants in the state of Utah. Her paintings were placed outside City Hall in Salt Lake City prior to the Dignity March that took place in the same year. This painting, "Freedom" has been acclaimed in the U.S. and abroad. Photo courtesy of Ruby Chacón.

En el año 2006, Ruby Chacón produjo una serie de pinturas para reflejar los temas de inmigración y las condiciones paupérrimas de los trabajadores indocumentados en el estado de Utah. Sus cuadros fueron colocados afuera del ayuntamiento de la ciudad el día de la Marcha de la Dignidad. Esta pintura titulada "Libertad" ha sido reconocida tanto en los Estados Unidos como en el exterior. Foto cortesía de Ruby Chacón.

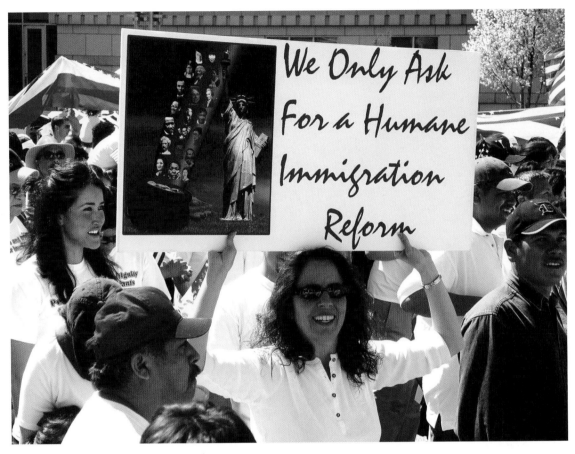

The Dignity March in Utah was supported by political and religious leaders, teachers, and attorneys. People from different ethnic groups also supported the movement, hoping it would help with creating better immigration reforms. Photos by Armondo Solórzano.

La Marcha de la Dignidad en Utah tuvo un gran apoyo de parte de los líderes políticos y religiosos, de los maestros, y los abogados. Gente de diferentes grupos étnicos también apoyaron el movimiento para hacer una reforma migratoria más humana y completa. Fotos de Armando Solórzano.

To show respect to the U.S. and avoid the anti-Mexican sentiments that the marches evoked around the nation, Latinos in Utah decided to march around the flag of the United States. For that reason, they created the largest flag in the state of Utah. Photos by Armando Solórzano.

Para mostrar su respeto a las personas de este país, y para evitar los sentimientos anti-inmigrantes que las Marchas provocaron en todo el país, los Latinos de Utah decidieron portar banderas Americanas. Para la Marcha de la Dignidad los Latinos crearon la bandera Americana más grande del estado. Fotos de Armando Solórzano.

Research on Latinos in Utah

The research on Latinos in Utah has been shaped by the sources of information available, the interest of academicians, political and economic motivations, and by methodological trends that affect Utah and the nation. Before the 1960s, barely any publications on Latinos in Utah could be found. A common argument for this lack is that Latinos did not have a substantial enough population to merit research. Accordingly, the census of 1960 reported that Utah's population was 98 percent White and two percent ethnic minorities.

The 1960s were, of course, marked by the rise of the Civil Rights Movement in the nation. Around that time, the federal government asked Utah to submit data regarding its minority populations. Small grants provided in 1970 by the Institutional Council of the University of Utah and by the National Endowment for the Humanities, to the American West Center, opened the doors for the most significant endeavor to research Utah's ethnic communities. Under the leadership of Floyd A. O'Neil, Gregory C. Thompson, and Vicente M. Mayer, the American West Center collected approximately one hundred oral histories from Spanish speakers living in Utah, Colorado, and parts of Idaho and Wyoming. Simultaneously, the Center gathered information from archives in Washington, D.C. the Union Pacific Railroad, and the Utah-Idaho Sugar Company. In 1976, Helen Z. Papanikolas edited the first volume on minority communities in the state. Her book, *The Peoples of Utah*, became a landmark and is still considered to be one of the most comprehensive studies of Native Americans, African Americans, Japanese-Americans, and Eastern European groups in the state. Vicente V. Mayer contributed to this edition with his work "After Escalante: The Spanish-speaking People of Utah," which included content taken from or based on some of the oral history interviews previously collected by the American West Center.

Part of the efforts by the American West Center was to publish a seminal work on the Latino population in Utah from 1900 to 1965 (American West Center, 1973). In 1975, Vincente V. Mayer produced a succinct history of Hispanics in Utah—*Utah: A Hispanic History*—to be used in Utah's schools. While these efforts laid the foundation for future research, a group of Chicano intellectuals at the University of Utah, headed by Orlando Rivera and William Gonzales, started launching research projects on education and culture. Rivera was a pioneer who propelled research on Hispanics of Utah into the arena of national literature. His work, "Mormonism and the Chicano" in the book *Mormonism: A Faith for all Cultures,* departed from the work of the American West Center in that it was more interpretative than narrative. William Gonzalez followed the same steps and searched for the roots of Hispanic culture in Southern Utah.

With funding from the University of Utah, Rivera and Gonzalez invited a group of scholars, including Lionel Maldonado, to inquire into the underrepresentation and segregation of Hispanics in Utah's school districts. Borrowing analytical frameworks from studies of other Chicanos in the Southwest, Maldonado and Byrne produced one the most critical analyses of Utah's educational system (Maldonado, 1978). The research studies of this period included work by graduate students who wrote doctoral dissertations on Hispanics at the University of Utah (for example, Byrne, 1971). This impetus however, stalled in the first years of the 1980s because the funds coming to universities and the state for minority programs were diverted from research to social services. One of the most important organizations of the time was the Spanish-Speaking Organization for Community, Integrity and Opportunity (SOCIO), which was led by Hispanic veterans and by professors and students at the University of Utah.

In the middle of the 1980s, Leslie Kelen, director of the Oral History Institute, took renewed interest in the conditions of minority communities in Utah and collected about fifty interviews of second-generation Hispanics. As part of this project, photographers George Janacek and Kent Miles started collecting photography of community members and Hispanics in leadership positions. These archives were donated to the Special Collections of the Marriott Library at the University of Utah, where they remained largely unexamined. Kelen also contributed to research on Latinos in Utah with the publication of his book, coauthored by Eileen Hallet Stone, *Missing Stories: An Oral History of Ethnic and Minority Groups in Utah.* This work was very well received by Hispanic researchers, whose analytical frameworks at the time helped them understand the narratives in *Missing Stories.*

In 1996, to celebrate the one hundredth anniversary of the creation of the state of Utah, the Utah Centennial Commission received grants to write an encyclopedia of Utah history, and histories of its twenty-nine counties. These projects were administered by the Utah State Historical Society under the leadership of Max Evans, Philip Notarianni, and Alan Kent Powell. *The Utah History Encyclopedia* contains an entry on Hispanics in Utah written by William Gonzalez and Orlando Rivera. This work is mainly a summary of their work from the early 1980s. In the histories of the different counties in Utah, the presence of Hispanics is hardly recognized, with some exceptions, such as Richard A. Firmage's work on the history of Grand County (Firmage, 1996).

These and other publications made the decade of 1990 to 2000 a prolific period for work on Hispanics in Utah. The convoluted history of Rafael Lopez, who became a legend in the Hispanic community, was addressed in the book, *The Search for Lopez: Utah's Greatest Manhunt* (Bailey, 1990). In 1995, the University of Utah Press published a translation of the Domínguez-Escalante journal, which helped reconstruct the role of Hispanics in the distinct cultural geography of Utah (Warner, 1995). Years later, the Charles Redd Center for Western Studies at Brigham Young University published *In His Own Language: Mormon Spanish Speaking Congregations in the United States* (Embry, 1997). While addressing the history of Spanish-speaking American Mormons, the book also provides valuable information on the archives and oral history interviews collected at the Charles Redd Center. The University of Utah Press also published the *The Trial of Don Pedro León Luján: The Attack against Indian Slavery and Mexican Traders in Utah,* (Jones, 2000), which is about a Mexican who traded with Indian slaves in Utah's territory. That same year, Jorge Iber, published his doctoral dissertation, *Hispanics in the Mormon Zion: 1012-1999* (Iber, 2000), which has been a point of reference for contemporary research.

Current and future research on Latinos in Utah will continue to focus on political issues, quantitative and statistical data, immigration concerns, and the development of Hispanic/Latino organizations since the 1960s. The Spanish-Speaking Organization for Community, Integrity and Opportunity, or SOCIO, the largest socio-political organization for Hispanics during the Civil Right Movements in Utah, donated its archive to the Special Collections at the Marriott Library. The history of this organization, with its advocacy role in affirmative action policies, the creation of ethnic studies in the state, the transformation of Utah's educational system, and the incorporation of Hispanics into Utah's labor force, needs to be written. The Marriott Library also received a donation from Andrew Gallegos in the form of his impressive collection of photography that depicts the Chicano Civil Rights Movement in the state.

The large influx of documented and undocumented Latinos to Utah since the 1980s has prompted national attention to a Latino population that is largely Catholic but nonetheless embedded in a predominantly Mormon state (Gozdziak and Martin, 2005). To understand Utah's immigration at the international level, and as a component of bilateral economic relationships, Ken Jameson and a team of researchers at the University of Utah have explored the economic impact of the Utah-Mexico relationship and the characteristics of undocumented immigration throughout the state (Jameson, 2009; Maloney and Korinek, 2010; Korinek and Smith, 2011). Also at the University of Utah, Dolores Delgado Bernal and Enrique Aleman have explored the status of Latinos in Utah's education system, proposing new analytical frameworks and solutions to close the educational gap between students of different ethnic backgrounds, and have suggested policy measures that take into consideration the demographic shift in Utah's school districts (Delgado Bernal, et al. 2008; Aleman and Rorrer, 2006). With support from the American West Center, the Special Collections at the Marriott Library, the Ethnic Studies Program, and the Department of Family and Consumer Studies, the author of this book has collected approximately ninety oral history interviews with second- and third-generation Latinos in the Beehive State. Using these narratives, he has published on the status of Latino women, the history of immigration, and the Chicano Civil Rights Movement in Utah. These oral history interviews will be placed at the Marriott Library for future research and analysis.

The future of research concerning Latinos in Utah depends on the availability of financial resources and a better understanding of qualitative research. The characteristics and idiosyncratic circumstances of Latinos in Utah tend to be different from those of Latinos in the rest of the Southwest because of the overwhelming presence of Mormonism in Utah and the consequent interplay of religious activities and attitudes, the pervasive perceptions of minority populations in the state, and the subordination that Latinos experience due to their ethnicity, citizenship status, and socioeconomic conditions.

APÉNDICE

Investigaciones Acerca de los Latinos de Utah

La investigación sobre los Latinos de Utah ha dependido de las fuentes de información disponibles, del interés de los profesores y académicos, de las motivaciones políticas y económicas, así como también de las tendencias metodológicas que predominan en Utah y en toda la nación. Antes de la década de 1960, es difícil encontrar algunas publicaciones sobre los Latinos de este estado. Uno de los argumentos que se manejan es que los Latinos no contaban con una población suficientemente representativa como para hacer investigación sobre ellos. El censo de 1960 reportó que el noventa y ocho por ciento de la población de Utah era blanca y solo el dos por ciento pertenecía a las minorías étnicas.

Este censo coincidió con el surgimiento del Movimiento de los Derechos Civiles del país cuando el gobierno federal pidió al gobierno de Utah que recabara datos más precisos de las poblaciones minoritarias. Con subsidios económicos proveídos por el Consejo Institucional de la Universidad de Utah, en el año de 1970, por la Fundación Nacional para las Humanidades, y del Centro de Estudios Americanos del Oeste, se abrieron las puertas para iniciar las investigaciones sobre las comunidades étnicas del estado. Bajo el liderazgo de Floyd A. O'Neil, Gregory C. Thompson, y Vicente M. Mayer, el Centro de Estudios Americanos del Oeste recolectó cien entrevistas orales entre los hispanoparlantes que vivían en Utah, Colorado y algunas regiones de Idaho y Wyoming. Al mismo tiempo, El Centro se dio a la tarea de recoger información de los archivos en Washington, D.C., de la Compañía Ferrocarrilera del Pacifico, y de la Compañía de Azúcar de Utah-Idaho. En 1976 Helen Z. Papanikolas editó el primer volumen sobre los grupos minoritarios del estado. Su libro, *The Peoples of Utah*, se convirtió en el eje esencial de la investigación y aun, en nuestros días, sigue siendo uno de los estudios más completos de los Indios Americanos, los Afro-Americanos, los Asiaticos-Americanos, y los grupos que arribaron a Utah del Este de Europa. Vicente V. Mayer contribuyó a esta edición con su capitulo "Después de Escalante, la Gente de Habla Hispana de Utah." Este artículo lo escribió con algunos extractos de las entrevistas orales hechas por el Centro de Estudios Americanos del Oeste.

Parte de los esfuerzos realizados por el Centro de Estudios Americanos fue la publicación de una obra seminal sobre la población latina de Utah que comprendía desde el año 1900 hasta el año de 1965 (American West Center, 1973). En 1975, Vicente V. Mayer produjo una breve historia de los hispanos, *Utah: a Hispanic History*, la cual se utilizó en las escuelas de Utah. Si bien estos esfuerzos sentaron las bases para futuras investigaciones, un grupo de intelectuales chicanos de la Universidad de Utah, dirigidos por Orlando Rivera y William González, comenzó a investigar el estado de la educación y la cultura de los Hispanos. Rivera se convirtió en un pionero académico que impulsó la investigación sobre los Hispanos de Utah al ámbito nacional. Su obra "El Mormonismo y los Chicanos" se distinguió de los trabajos del Centro de Estudios Americanos del Oeste por ser más analíticos e interpretativo. William González siguió los mismos pasos y se dedico a investigar sobre las raíces de la cultura Hispana en el sur del estado de Utah.

Con el financiamiento de la Universidad de Utah, Rivera y González invitaron a un grupo de expertos, incluyendo a Lionel Maldonado, para investigar la falta de representación y la segregación de los niños hispanos en los distritos escolares. Utilizando teorías y cuadros analíticos de otros Chicanos en el Suroeste de los Estados Unidos, Maldonado y Byrne, produjeron uno de los análisis más críticos del sistema educativo de Utah (Maldonado, 1978). Las investigaciones sobre Latinos de este período incluyen el trabajo de los estudiantes de postgrado que escribieron tesis doctorales en la Universidad de Utah, por ejemplo el trabajo de Byrne en 1971. Este ímpetu sin embargo, se estancó en los primeros años de la década de 1980 debido a que los fondos provenientes del estado y de las universidades fueron desviados a la investigación y a la provisión de servicios sociales. Una de las organizaciones más importantes de esta época fue la Organización de Habla Hispana para la Comunidad, la Integridad y la Oportunidad (SOCIO). Esta organización fue principalmente dirigida por profesores de la Universidad de Utah y otros veteranos hispanos que habían regresado de los campos de batalla en Europa.

A mediados de los años de 1980 Leslie Kelen, director del Instituto de Historia Oral, retomó el interés por investigar las condiciones de las comunidades minoritarias en Utah y recogió alrededor de cincuenta entrevistas con Hispanos de la segunda generación. Como parte de este proyecto, fotógrafos como George Janacek y Kent Miles empezaron a archivar fotografías de los miembros de la comunidad y se concentraron en aquellos Hispanos de más éxito y con posiciones de liderazgo. Estas entrevistas y fotografías fueron donadas a la sección de Colecciones Especiales de la Biblioteca Marriott de la Universidad de Utah. Leslie Kelen también contribuyó con su libro *Las Historias que nos Faltan: Entrevistas Orales con los Grupos Étnicos y Minoritarios de Uta*, el cual escribió con la cooperación de Eileen Hallet Stone. Este trabajo fue bien recibido por los Hispanos quienes usaron modelos teóricos para interpretar las narraciones que se hacían en este libro.

Para celebrar el centésimo aniversario en 1996 de la creación del estado de Utah, la Comisión del Centenario de Utah recibió un subsidio para escribir una enciclopedia de la historia de Utah y las historias de nueve condados. Estos proyectos fueron administrados por la Sociedad Histórica del Estado de Utah, bajo la dirección de Max Evans, Philip Notarianni, y Alan Kent Powell. La enciclopedia contiene un artículo sobre los Hispanos y esta escrito por William González y Orlando Rivera. El articulo es principalmente un resumen de lo que estos autores escribieron a principios de 1980. En las historias de los diferentes condados de Utah, la presencia de los hispanos apenas se reconoce, con algunas excepciones, como la obra de Richard A. Firmage en el condado de Grand (Firmage, 1996).

Estas y otras publicaciones hicieron que la década de 1990–2000 fuera my prolífica. La complicada historia de Rafael López, quien se convirtió en una leyenda en la comunidad hispana de la década de 1920, fue escrita en el libro *La búsqueda de López: La Persecución mas Grande de Utah* (Bailey, 1990). En 1995, la editorial de la Universidad de Utah publicó una traducción del *Diario de Domínguez-Escalante*, la cual ayudó a reconstruir el papel que los Hispanos jugaron en la geografía cultural de Utah (Warner, 1995). Años más tarde, el Centro de Estudios Occidentales Charles Redd, ubicado en la Universidad de Brigham Young, publicó *En Su Propio Lengua: Congregaciones Mormonas de Hispanoparlantes en los Estados Unidos* (Embry, 1997). Además de abordar la historia de los Mormones Latinos en los E.E.U.U., el libro también proporciona información muy valiosa sobre los archivos y entrevistas orales almacenadas en el Centro. La Universidad de Utah, pero en el año 2000, publicó también *El Juicio de Don Pedro León Lujan*, un Mexicano que comerciaba con esclavos indios en el territorio de Utah (Jones, 2000). Y en el mismo año, Jorge Iber, publicó su tesis doctoral "Los Hispanos en el Sión Mormón: 1012-1999." Este trabajo ha sido un punto inevitable de referencia para la investigación sobre los Hispanos en nuestros días (Iber, 2000).

La investigación actual y futura de los Latinos en Utah continuará abordando cuestiones políticas, temas de metodología cuantitativa y cualitativa, los temas de inmigración, y el desarrollo de las organizaciones latinas desde los años de 1960. La Organización de Habla Hispana para la Comunidad, la Integridad, y la Oportunidad (SOCIO), es la organización mas importante para los Chicanos durante el periodo de la lucha por los derechos civiles, y donó sus archivos a la sección de Colecciones Especiales de la Universidad de Utah. La historia de esta organización y sus esfuerzos por implementar las políticas de acción afirmativa, la creación de los programas de estudios étnicos, la transformación del sistema educativo de Utah, y la incorporación de los Hispanos a la fuerza laboral de Utah están aun por escribirse. La biblioteca de la misma universidad recibió también los archivos del Sr. Andrew Gallegos que contiene una colección impresionante de fotografía que ilustran el movimiento que los Chicanos organizaron por sus derechos civiles.

La gran afluencia de Latinos documentados e indocumentados a Utah, desde 1980, ha provocado la atención nacional debido a que esta población es mayoritariamente católica pero incrustada en un ambiente predominantemente Mormón (Gozdziak y Martin, 2005). Para entender la inmigración, desde un plano internacional y como componente vital de relaciones bilaterales, Ken Jameson y un equipo de investigadores de la Universidad de Utah, ha explorado el impacto económico de la relación económica entre Utah y México y sus consecuencias en la inmigración indocumentada (Jameson, 2009; Maloney y Korinek, 2010; Korinek y Smith, 2011). En la Universidad de Utah también, Dolores Delgado Bernal y Enrique Alemán han explorado la situación de los Latinos en el sistema educativo del estado y han propuesto nuevos marcos analíticos para entender la brecha educativa que existe entre los estudiantes de diferentes grupos étnicos. Han propuesto también medidas políticas que generen un cambio demográfico en los distritos escolares (Delgado Bernal, et al 2008; Alemán y Rorrer, 2006). Con el apoyo del Centro de Estudios Americanos del Oeste, de la sección de Colecciones Especiales de la Universidad de Utah, del Programa de Estudios Étnicos, y del Departamento de Estudios de la Familia y los Consumidores, el autor de este libro ha colectado noventa entrevistas con Latinos de la segunda y tercera generación. El uso de estas narrativas ha hecho posible la publicación de artículos relacionados con las mujeres latinas en el estado, con la historia de la inmigración, y con el estudio del Movimiento Chicano por los Derechos Civiles en Utah. Estas entrevistas orales serán depositadas en el futuro en la Biblioteca Marriott de la Universidad de Utah.

El futuro de la investigación sobre los Latinos de Utah dependerá de la disponibilidad de recursos financieros y de un mejor entendimiento y aceptación de la metodología cualitativa. Las características y circunstancias peculiares de los Latinos en Utah tienden a ser diferentes de los Latinos en el suroeste de los Estados Unidos. Esta diferencia se debe a la abrumadora presencia de los Mormones en Utah, a las actitudes e interacciones religiosas, a las percepciones estereotipadas de las poblaciones minoritarias en el estado, y a la subordinación que los Latinos sufren debido a su origen étnico, su estatus de ciudadanía, y a las condiciones socioeconómicas que los agrupan en las posiciones económicas mas bajas del estado.

A Chronology/Una Cronología of Latinos in Utah

3000 BC	The Uto-Aztecan language was shared by the Native Utes and the Aztecs, the ancestors of the present day Hispanics. El lenguaje Uta-Azteca fue compartido por los indios Utas y los Aztecas a quienes se les considera como los antepasados de los Hispanos que viven hoy en Utah.
502 BC	The Aztecs started their great migration to the south (Mexico City). It is possible that they set out from the area around Sego Canyon, which is near Thompson, Utah. Los Aztecas empezaron su peregrinación hacia el sur (ciudad de México). Se especula que partieron del Cañón de Sego que se localiza cerca de la ciudad de Thompson, Utah.
1492	The discovery of the Continente Indígena (Native Continent) by Christopher Columbus. Descubrimiento del Continente Indígena por Cristóbal Colombo.
1521	Hernán Cortes entered and conquered Tenochtitlán, which became present-day Mexico City. Conquista de Tenochtitlán—la ciudad de México—por Hernán Cortes.
1531	The appearance of the Virgin of Guadalupe to Juan Diego. Aparición de la Virgen de Guadalupe a Juan Diego.
1541	Rebellion of the Mexican Indians against the Spaniard Colonizers, known as the Mixtón War. Rebelión de los Indios Mexicanos en contra de los Españoles, la Guerra del Mixtón.
1595	The Spanish Crown granted Juan de Oñate the right to colonize New Mexico. Los reyes de España autorizaron a Juan de Oñate para colonizar el territorio de Nuevo México.
1661	The system of slavery is legalized in the U.S. Legalización del sistema de esclavitud en los Estados Unidos de Norteamérica.
1765	Don Juan Maria Antonio de Rivera organized two expeditions through Colorado and Utah to establish commerce between the Hispanos of California (Californios) and the Hispanos of New Mexico. Don Juan María Antonio de Rivera organizó dos expediciones en Colorado y en Utah para establecer el comercio entre los Hispanos de California y los Hispanos de Nuevo México.

1776   Fathers Francisco Atanasio Domínguez, and Francisco Silvestre Velez de Escalante explored the territory of Utah.
Los frailes Francisco Atanasio Domínguez y Francisco Silvestre Vélez de Escalante incursionaron en el territorio de Utah.
The United States Declaration of Independence was ratified.
Declaración de Independencia de los Estados Unidos fue ratificado.

1791   The American Congress accepted and ratified The Bill of Rights.
El Congreso Americano aprobó la Carta de los Derechos.

1810   Mexicans declared their independence from Spain.
México declaró su independencia de España.

1830s The Old Spanish Trail, which winds through Utah, was heavily used by traders. The issue of Indian slavery becomes prevalent in the area.
La ruta antigua que los Españoles habían construido y que pasaba por los limites de Utah fue usada por los traficantes que la utilizan para la venta de indios esclavizados.

1831   The government of Mexico passed the law that requires all European trappers and traders who were crossing its northern frontiers to become Mexican citizens.
El gobierno mexicano aprobó la ley que requiere ciudadanía Mexicana a todos los cazadores y traficantes Europeos que cruzaban las fronteras del norte.

1832   Joseph Redderford Walker, an American trapper, camped in Salt Lake Valley and claimed the territory for the United States.
El cazador de animales, el Sr. Joseph Redderford Walker, instala sus casas de campaña en el Valle del Lago Salado y pregona que el territorio pertenece a los Estados Unidos.
Some French and British trappers and traders became Mexican citizens, which allowed them to trap legally in the territory of Utah.
Algunos cazadores y traficantes Franceses e Ingleses adoptaron la ciudadanía Mexicana lo cual les permitió cazar legalmente en el territorio de Utah.

1846   Hispanic families helped the Mormon pioneers in their travels to the Southwest.
Las familias hispanas ayudaron a los pioneros Mormones en su viaje hacia el Sureste de los Estado Unidos.

1847   Mormon pioneers entered Mexican territory and established themselves in the Great Basin.
Los Mormones traspasaron el territorio Mexicano y se establecieron en el valle de la Gran Cuenca.
Mormons organized the Mormon Battalion in support of the Mexican-American War.
Los Mormones organizaron el Batallón Mormón para apoyar a los Estados Unidos en su guerra contra México.

1848   The United States and Mexico signed the Treaty of Guadalupe Hidalgo.
For $15 million, the U.S. annexed the states of California, New Mexico,

Nevada, Colorado, Arizona, and Utah—50 percent of the Mexican territory.

México y los Estados Unidos firmaron el Tratado de Guadalupe Hidalgo. Los Estados Unidos pagaron quince millones de dólares y se anexaron los estados de California, Nuevo México, Nevada, Colorado, Arizona, y Utah, es decir, el cincuenta por ciento del territorio Mexicano.

1849   Mormons created the State of Deseret.

Los Mormones crearon el Estado de Deseret.

1850s   The Mormon population increased from 10,000 to 60,000. The majority were immigrants from England.

La población Mormona del estado creció de 10,000 personas a 60,000. La mayoría de ellos emigraron de Inglaterra.

1870s   Missionaries for the Church of Jesus Christ of Latter-day Saints (Mormons) began proselytizing in the Southwest and Latin America.

Los misioneros de la Iglesia de Jesucristo de los Últimos Días (Mormones) empezaron sus campañas de indoctrinación en el Sureste de los E.E.U.U. y en América Latina.

1880s   A large group of Mormons who supported polygamy traveled to Mexico and established their homestead in Chihuahua.

Un grupo de Mormones que apoyaban la poligamia viajó a México y establecieron sus casas en Chihuahua.

1896   Utah becomes a state of the Union.

El estado de Utah fue aceptado en la Unión Americana.

1900   U.S. Census lists forty Mexican-born people in Utah. The first Hispanic families arrived to Monticello to works as sheepherders.

El Censo de Población de los E.E.U.U. lista a cuarenta mexicanos que nacieron en Utah. Las primeras familias hispanas arribaron a Monticello para trabajar en la industria ovejuna.

Guadalupe Chávez is the first Hispanic to receive baptism in the Catholic Church.

Guadalupe Chávez es la primera Hispana que recibió el bautizo en la Iglesia Católica.

1907   With U.S. officials, the Japanese government signed the Gentlemen's Agreement of 1907 which limited the immigration of Asians and opened the doors to Mexican immigration.

El gobierno de Japón firmo con los Estados Unidos El Acuerdo de los Caballeros, el cual disminuyó el número de inmigrantes asiáticos y abrió las puertas para la inmigración mexicana.

1905   Abraham Mejia becomes the first Spanish-surname proprietor of a Mexican Restaurant.

Abraham Mejía se convirtió en el primer propietario hispano de un restaurante mexicano.

1910   A massive group of Mexican immigrants arrived in Utah to escape the Mexican Revolution.

Un gran número de Mexicanos llegó a Utah para escapar de la Revolución Mexicana.

1912 Appointment of Jose Lozano as the first Mexican Consul in Utah.
Nombramiento de José Lozano como el primer Cónsul Mexicano de Utah.

Five thousand Mexicans and Mexican-Americans were hired by Utah Copper Company.
Cinco mil Mexicanos y Mexico-Americanos fueron empleados por la Compañía de Cobre de Utah.

1913 Rafael López, a Hispanic miner in Bingham, killed five people. He was never apprehended and his name became a legend in the state.
Rafael López, un minero Hispano que trabajaba en las minas de Bingham, mató a cinco personas. Nunca lo encontró la policía y su nombre se convirtió en una leyenda del estado.

1920 The first Spanish-speaking Mexican Branch of the Mormon Church opened in Salt Lake City. It was known as La Rama Mexicana.
La primera estaca hispanohablante Mexicana Mormona abrió sus puertas en la ciudad del Lago Salado y se le conoció con el nombre de la Rama Mexicana.

According to the U.S. Census, Mexicans and Spanish-speaking people represent five percent of the total population in Utah.
De acuerdo con el Censo de Población de los E.E.U.U., los Mexicanos y la gente de habla hispana representaban el cinco por ciento de la población total de Utah.

In Bingham Canyon, Mexicans create La Cruz Azul (Blue Cross) to help Mexicans of lower socio-economic status and to promote the culture and traditions of the Mexican people.
En el Cañón de Bingham los Mexicano crearon la Asociación Benemérita de la Cruz Azul para ayudar a los mas pobres y para promover la cultura y las tradiciones de los Mexicanos.

1922 Mormon missionaries began proselytizing among Hispanic miners in Bingham Canyon.
Los misioneros Mormones empezaron sus campañas de adoctrinamiento con los mineros hispanos del cañon de Bingham.

1925 In Argentina, the Mormon Church established the first Latin American missionary headquarters in Latin America.
La iglesia Mormona estableció en Argentina su primer centro de misiones en toda América Latina.

1927 The first Mexican Priest, father Perfecto Arrellano, arrived in Utah.
El primer sacerdote mexicano, el padre Perfecto Arrellano, llegó a la iglesia católica de Utah.

Nuns of the Order of Perpetual Adoration arrived from Mexico to help in the Mexican missions.
Las monjas de la Orden de la Adoración Perpetua arribaron de México para incorporarse a las misiones católicas en Utah.

Jesus Avila, a miner in Bingham Canyon, created *Union y Patria* (Unity and Nation) to introduce Mexican and Mexican-American traditions in the mining towns.

Jesús Ávila, un minero mexicano que trabajaba en el Cañón de Bingham, creó la Asociación Unión y Patria para promover las tradiciones Mexicanas y México-Americanas en los pueblos mineros del estado.

Mexicans opened a night school in Bingham to teach their children Mexican literature, Spanish, and English.

Los Mexicanos abrieron una escuela nocturna para enseñarles a sus hijos la literatura Mexicana, el español, y el ingles.

1930   The Mission of Our Lady of Guadalupe was opened. Father James Earl Collins took leadership of it in order to create educational, religious, and cultural activities.

Inauguración de la Misión de Nuestra Señora de Guadalupe. El padre James Earl Collins se convirtió en el líder e inició múltiples actividades educativas, religiosas, y culturales.

1930s   The economic depression forced half of the Mexican population to leave the state.

La depresión económica de los Estados Unidos hizo que la mitad de la población Mexicana abandonara el estado de Utah.

1938   Mr. Manuel S. Torres and his family opened Manuel's Mexican Fine Food. Today, his family operates Miquelita's, Raphael's, and El Farol restaurants.

El Sr. Manuel S. Torres y su familia abrieron el restaurante "Comida de Calidad." Posteriormente abrieron los restaurants "Miguelitas," "Rafael," y "El Farol."

1942   Creation of the Bracero Program, which allowed the hiring of temporary agricultural workers. Utah imported workers from Mexico and Puerto Rico.

Creación del Programa de Braceros, que permitió la emigración de trabajadores agrícolas temporales. El estado de Utah reclutó trabajadores de México y de Puerto Rico.

1943   Creation of Centro Cívico Mexicano in Salt Lake City.

Creación de Centro Cívico Mexicano in Salt Lake City.

One hundred Puerto Ricans came to Utah from New York and the island of Puerto Rico. They were expected to work in the mining industry.

Cien Puertorriqueños arribaron a Utah procedentes de Nueva York y de la isla de Puerto Rico. Fueron contratados para trabajar en las minas del estado.

1944   A massive groups of Hispanics arrived from New Mexico, Texas, Arizona, and Colorado to work in Utah's military installations, railroads, mines, and migrant labor camps.

Un gran numero de Hispanos llegaron de Nuevo México, Tejas, Arizona, y Colorado para trabajar en las instalaciones militares, en el ferrocarril, en las minas, y en los campos agrícolas.

1946   Hispanics in Ogden created La Sociedad de Protección Mutua de los Trabajadores Unidos.
Los hispanos de Ogden crearon La Sociedad de Protección Mutua de los Trabajadores Unidos.

1949   The Mexican Consul created La Sociedad Mexicana Cuauhtémoc in Helper, Utah.
El cónsul Mexicano organizó La Sociedad Mexicana Cuauhtémoc en la ciudad de Helper, Utah.

1952   Creation of La Sociedad Fraternal Benito Juárez in Ogden, Utah.
Creación de la Sociedad Fraternal Benito Juárez en la ciudad de Ogden, Utah.

1954   Hispanic veterans created the Utah American G.I. Forum in Ogden.
Los veteranos hispanos que combatieron en la Segunda Guerra Mundial crearon el American G.I. Fórum en la ciudad de Ogden.

1955   The Utah American G.I. Forum opens its offices in Salt Lake City.
La organización Utah American G.I. Fórum abrió sus oficinas en la Ciudad del Lago Salado.

1962   The Guadalupe Center, La Morena Café (in honor of the brown Virgin of Guadalupe), and Hispanic credit unions were opened in the West side of Salt Lake City. Father Gerald Merrill became the administrator of these programs.
El Centro Guadalupe, La Morena Café, en honor a la Virgen de Guadalupe, y La Cooperativa Hispana de Crédito abrieron sus puertas. El padre Gerald Merrill fue el administrador de todos estos programas.

1964   President Lyndon B. Johnson signed the Civil Rights Act, which forbids, discrimination and segregation in the areas of education and housing.
El Presidente Lyndon B. Johnson firmó la ley para la protección de los derechos civiles. Esta ley prohibió la segregación y discriminación en las áreas de habitación y educación.

1968   A group of veterans, religious leaders, and grass roots activists created the Spanish-Speaking Organization for Community, Integrity and Opportunity (SOCIO). This organization became the representative of the Chicano Civil Rights Movement in Utah.
Un grupo de veteranos Hispanos, lideres religiosos, y activistas comunitarios crearon la Organización de Habla Hispana para la Comunidad, la Integridad, y la Oportunidad (SOCIO). Esta organización representó la lucha de los Chicanos por sus derechos civiles.
The Mormon Church intensified its proselytizing efforts in Mexico by creating schools and extendeding its radio and TV broadcasting to Mexico City.

La iglesia Mormona intensificó sus programas de adoctrinamiento en México al crear nuevas escuelas y extender sus programas de radio y televisión a la ciudad de México.

The U.S. conflicts in Central and South America forced people from El Salvador, Panama, Guatemala, Chile, Peru, and Argentina to move to Utah.

Los conflictos de Estados Unidos en Centro América y en Suramérica forzó a la gente del El Salvador, Panamá, Guatemala, Chile, Perú, y Argentina a mudarse a Utah.

1970   Chicano students at the University of Utah created El Movimiento Estudiantil Chicano de Aztlán (MEChA).

Los estudiantes Chicanos de la Universidad de Utah crearon El Movimiento Estudiantil Chicano de Aztlán (MEChA).

1973   In response to the demands of minority students, professors, and community leaders, the University of Utah created the Ethnic Studies Program.

A través de las demandas de los estudiantes minoritarios, profesores, y lideres de la comunidad, la Universidad de Utah creó el Programa de Estudios Étnicos.

1974   A group of women concerned with promoting the welfare of Hispanics established Las Mujeres Latinas as an organization intended to promote cultural events and to raise funds for students of color.

Un grupo de mujeres interesadas en promover el bienestar de los Hispanos crearon la organización Mujeres Latinas para promover eventos culturales y recabar fondos para los estudiantes minoritarios.

1975   The Institute of Human Resources Development opened its door to promote the rights of migrant workers, education for children, and health care services.

El Instituto para el Desarrollo de los Recursos Humanos abrió sus puertas para proteger los derechos de los trabajadores migrantes, la educación de los niños, y los servicios de salud.

1977   John Ulibarri, from the Democratic Party, becomes the first Hispanic legislator in Utah.

John Ulibarri, miembro del Partido Demócrata, se convirtió en el primer legislador Hispano de Utah.

1979   The Utah Board of Regents warmly welcomed Alex Hurtado as the first Hispanic member of the Board.

El Consejo de Regidores del Estado de Utah le ofreció una cordial bienvenida al Sr. Alex Hurtado por ser el primer miembro Hispano de este Consejo.

1980   A significant number of Salvadoreans, Guatemalans and Nicaraguans entered Utah as political refugees.

Un número considerable de Salvadoreños, Guatemaltecos, y Nicaragüenses fueron admitidos en Utah como refugiados políticos.

1986   Victoria Palacios is elected as the first Hispana to the Utah Board of
        Pardons.
        Victoria Palacios fue electa como la primera Hispana en ocupar un
        puesto en el Consejo de Conciliación del estado de Utah.
        Cesar Chavez, the founder of the United Farm Workers (UFW) orga-
        nization, visited Utah to promote legislation for Hispanic migrant
        workers.
        Cesár Chávez, fundador del Sindicato de los Trabajadores Unidos del
        Campo, visitó el estado de Utah para promover una legislación que prot-
        egiera a los trabajadores migrantes.

1991   Latinos created the largest political organization in the state of Utah:
        Utah Coalition of La Raza (UCLR).
        Los Latinos crearon la Coalición de la Raza de Utah, una de las organi-
        zaciones políticas mas numerosa del estado.

1992   Ruben Ortega, from Arizona, becomes the Salt Lake City Police Chief.
        Rubén Ortega, un Mexico-Americano de Arizona, ocupó el puesto de
        Jefe del Departamento de Policía de Salt Lake City.
        Cecilio Orozco, an anthropologist from the University of California,
        claimed that the roots of the Náhuatl/Aztec civilization originated in
        Utah.
        Cecilio Orozco, antropólogo de la Universidad de California, descubrió
        que las raíces de la civilización Náhuatl/Azteca tiene su origen en Utah.

1993   La Alianza Latina was created in Ogden.
        La Alianza Latina fue creado en Ogden.
        Andrew Valdez was elected as the first Latino judge in the Utah courts.
        Andrew Valdez se convirtió en el primer juez Latino en las cortes de
        Utah.

1997   Pete Suazo was elected as the first Latino senator in Utah.
        Pete Suazo fue electado como el primer senador Latino del estado.

2000   Government officials declare English as the official language of the
        state.
        El gobierno de Utah declaró que el idioma inglés es la lengua oficial del
        estado.

2004   Professor Ignacio Garcia, at Brigham Young University, announced that
        by the year 2014, approximately 56 percent of all Mormons in the world
        would be Latinos and represent the largest percentage of members of
        the Mormon Church.
        El profesor Ignacio Garcia de la Universidad de Brigham Young anunció
        que para el año de 2014 los Latinos representarían el número más alto de
        los miembros en la Iglesia Mormona. Aproximadamente el 56 por ciento
        de todos los Mormones en el mundo, serían Latinos.

2005   Jerald H. Merrill, the creator of the Guadalupe Center and a passionate
        advocate of the Latino people, died in Salt Lake City.
        Jerald H. Merrill, creador del Centro Guadalupe y un defensor apasio-
        nado de la comunidad Latina murió en la ciudad de Salt Lake City.

2006   For the first time in Utah history, a Mexican President, Vicente Fox, vis-
            ited the state.
            Por primera vez en la historia de Utah, un presidente mexicano, Vicente
            Fox, visitó el estado.
            Orlando A. Rivera, one of the most prominent leaders in the Chicano
            Civil Rights Movement of Utah and a pioneer in Ethnic Studies Pro-
            gram at the University of Utah, died in Bountiful, Utah.
            Orlando A. Rivera, uno de los líderes más prominentes del Movimiento
            Chicano por los Derechos Civiles, y co-creador del Programa de Estu-
            dios Étnicos, murió en la ciudad de Bountiful, Utah.
            More than 43,000 Latinos marched through the streets of Salt Lake City
            to request a Comprehensive Immigration Reform. The Dignity March
            is recognized as the largest political manifestation in the history of the
            state of Utah.
            Mas de 43,000 Latinos marcharon por las calles de Salt Lake City para
            pedir una Reforma Migratoria mas humana y comprensiva. Esta Mar-
            cha de la Dignidad es identificada como la manifestación política mas
            grande de la historia de Utah.

Notes

CHAPTER 1

1. To capture the different ways Mexican-Americans and Hispanics have been identi-
    fied throughout the history of Utah, we have interchanged culturally and ethnically
    identifying terms according to the historical periods we are covering in this book.
    Thus, the term "Spanish-speaking people" was used until the late 1960s to indi-
    cate both Mexican nationals and Mexican descendants born in the U.S. From the
    1940s through the 1960s, due to the impact of the Bracero Program in the South-
    west, Mexican-Americans and Mexicans were both identified as Mexicans. During
    the 1950s, the common term was "Mexican-Americans"; by the middle of the 1960s,
    however, the term "Chicano" had acquired a national recognition. By 1972, the fed-
    eral government coined the term "Hispanic" to refer to the people in the U.S. who
    spoke Spanish and kept Catholicism as a common religion. The Hispanic popula-
    tion challenged this concept as being European-centered and neglecting the Indian
    roots of its progenitors. Instead, they preferred to be called Latinos. The identifier
    of Latino/a encompasses people of twenty-two different nations, with different his-
    tories and cultures. See Suzanne Oboler, *Ethnic Labels, Latino Lives: Identity and
    the Politics of (Re)Presentation in the United States* (Minneapolis: University of Min-
    nesota Press, 1995). See also Silvia Pedraza, "Assimilation or Transnationalism?
    Conceptual Models of the Immigrant Experience in America," in *Cultural Psychol-
    ogy of Immigrants,* edited by Ramaswami Mahalingam (New Jersey: Lawrence Erl-
    baum Associates, Inc., 2006).
    Para entender las diferentes maneras en que los México-Americanos y los Hispanos
    han sido identificados a través de la historia de Utah, tenemos que usar estos y otros
    nombres dependiendo de los períodos históricos a que nos estemos refiriendo.
    Por lo tanto, el término "personas de habla hispana" fue un término que se utilizó
    hasta los años de 1960 para identificar tanto a los mexicanos que nacieron en Méx-
    ico como a los México-Americanos que nacieron en los E.E.U.U. A través de las
    décadas de 1940 y 1960, y debido al impacto que el Programa de Braceros tuvo en el
    suroeste de los Estados Unidos, Mexicanos y México-Americanos fueron identifi-
    cados como Mexicanos. Durante la década de 1950, el término más común fue el de
    México-Americano. A mediados de la década de 1960 el término Chicano adquirió
    un reconocimiento a nivel nacional. Pero en 1972, el gobierno federal acuñó el
    término Hispano para referirse a todas aquellas personas en los E.E.U.U. que
    hablaban español y que practicaban el catolicismo. La población Hispana desafío
    este nombre por referirse a la parte suroeste de Europa y por dejar de lado las raíces

indígenas de los México-Americanos. En su lugar, eligieron el término Latinos. Este concepto abarca a todas las personas de veintidós países de Centro y Suramérica con diferentes historias y culturas. Para mas información consultar el libro de Suzanne Oboler, *Ethnic Labels, Latino Lives: Identity and the Politics of (Re)Presentation in the United States* (Minneapolis: University of Minnesota Press, 1995). Consultar también el trabajo de Silvia Pedraza, "Assimilation or Transnationalism? Conceptual Models of the Immigrant Experience in America," en *Cultural Psychology of Immigrants*, editado por Ramaswami Mahalingam (New Jersey: Lawrence Erlbaum Associates, Inc., 2006).

2. The term "Utes" is of uncertain origin and meaning. It comes from a language other than Numic, which was the language the Utes spoke. It is possibly Athabaskan, which was spoken by the Apaches, although the word "Ute" has been spelled in different ways: Yuta, Youta, Eutah, Uta, and Utha. The Utes called themselves Nuche or a variation of that. See Hubert H. Bancroft, *The Works of Hubert Howe Bancroft: History of Utah, 1540–1886, Volume XXVI* (San Francisco: The History Company, 1889), 34–35. Other tribes inhabiting the eastern Great Basin included the Shoshone, the Southern Paiutes, and the Goshutes. See Floyd A. O'Neil, "The Utes, Southern Paiutes, and Goshutes," in *The Peoples of Utah*, edited by Helen Z. Papanikolas (Salt Lake City: Utah State Historical Society, 1976).

   El origen y significado del término Utas es muy difícil de precisar. Proviene de otra lengua Numica que los Indios Utas hablaron, muy probablemente proviene del lenguaje Atabaskano de los Apaches. La palabra se ha escrito de muchas maneras: Yuta, Yota, Eutah, Uta, y Utha. Los Indios Utas se llamaban a sí mismos Nuchas o una variación de esa palabra. Para más información véase el trabajo de Hubert H. Bancroft: *History of Utah, 1540–1886, Volume XXVI* (San Francisco: The History Company Publishers, 1889) 34–35. Otras tribus que habitan en la Gran Cuenca del Este incluyen los Shoshone, los Paiutes y los Goshutes. Consultar también el trabajo de Floyd A. O'Neil, "The Utes, Southern Paiutes, and Goshutes," que esta incluido en el libro *The Peoples of Utah*, editado por Helen Z. Papanikolas (Salt Lake City: Utah State Historical Society, 1976).

3. Joel Sherzer. "A Richness of Voices," in *America in 1492: The World of the Indian Peoples Before the Arrival of Columbus* (New York: Vintage Books, 1993), 261.

4. John R. Chavez. "Aztlán, Cibola, and Frontier New Spain," in *Aztlán: Essays on the Chicano Homeland, edited by* Rudolfo Anaya and Francisco Lomelí (New México: University of New México Press, 1989), 52.

5. Cecilio Orozco. *The Book of the Sun, Tonatiuh, Second Edition* (Fresno: California State University, 1992).

6. John R. Chavez. "Aztlán, Cibola, and Frontier New Spain," 1989. See also Armando Solórzano, "Struggle Over Memory: The Roots of the Mexican Americans in Utah, 1776 through the 1850s," *Aztlán: A Journal of Chicano Studies* 23 (Fall 1988): 81–117. Also, Roberto Rodriguez and Patrisia Gonzalez, *Amoxtli San Ce Tojuan: We Are One–Nosotros Somos Uno* (California: Xicano Records and Film, 2005).

7. Samuel Lyman Tyler. "The Myth of the Lake of Copala and Land of Teguayo," *Utah Historical Quarterly* 20 (January, 1952): 313–30.

8. Joseph Campbell (with Bill Moyers). *The Power of Myth* (New York: Anchor Books, 1991).

9. Rudolfo Anaya. "Aztlán: A Homeland Without Borders," in *Aztlán: Essays on the Chicano Homeland,* edited by Rudolfo Anaya and Francisco Lomelí, (New Mexico: University of New Mexico Press, 1989).

10. Jose Salazar. Interview, 1973. *Spanish Speaking Oral Interviews.* University of Utah, Marriott Library. Manuscript 80, page 58. The Spanish Speaking Oral Interviews project was undertaken by the American West Center at the University of Utah. Its primary intention was to create a comprehensive oral history and document collection for the Spanish-speaking community in the state. For more details, consult Samuel Lyman Tyler. *Toward a History of the Spanish-Speaking People of Utah: A Report of Research of the Mexican-American Documentation Project* (Salt Lake City: American West Center, The University of Utah, 1973)
    Las entrevistas orales recabadas en la década de los 1970s fue un proyecto encabezado por el Centro Americano del Oeste de la Universidad de Utah. El objetivo principal era la de crear una fuente fidedigna de información y colectar documentación para escribir la historia de las personas de habla hispana de Utah.
    Para más detalles consulte Samuel Lyman Tyler. *Toward a History of the Spanish-Speaking People of Utah: A Report of Research on the Mexican-American Documentations Project* (Salt Lake City: American West Center, The University of Utah, 1973).

11. Rosa Sandoval. Interview, 1972. *Spanish Speaking Oral Interviews.* University of Utah, Marriott Library. Manuscript 46, page 1.

12. Pete Archuleta. Interview, 1972. *Spanish Speaking Oral Interviews.* University of Utah, Marriott Library. Manuscript 56–57, page 25.

13. Bernice Martinez. Interview, 1972. *Spanish Speaking Oral Interviews.* University of Utah, Marriott Library. Manuscript 39, pages 39–40.

14. The first systematic study of Rivera's diary was carried out by Professor Donald C. Cutter who presented his research in 1976 at the Western History Association annual meeting in Denver, Colorado.

15. G. Clell Jacobs. "The Phantom Pathfinder: Juan Maria Antonio de Rivera and his Expedition," *Utah Historical Quarterly,* Volume 60 (1992): 200–223.

16. Joseph P. Sanchez. *The Rio Abajo Frontier 1540–1692: A History of Early Colonial New Mexico* (New Mexico: The Albuquerque Museum, 1987).

17. Ted J. Warner. *The Domínguez-Escalante Journal: Their Expedition Through Colorado, Utah, Arizona, and New Mexico in 1776* (Salt Lake City: University of Utah Press, 1995), 66. Also, Leland Hargrave Creer. *The Founding of an Empire: The Exploration and Colonization of Utah, 1776–1856* (Salt Lake City: Bookcraft, 1947).

18. Herbert Auerbach. "Father Escalante's Journal." *Utah Historical Quarterly,* Volume 11 (1943): 39–40. Also Thomas Alexander, *Utah: The Right Place* (Salt Lake City: Gibbs Smith, 2003).

19. Ted J. Warner. *The Domínguez-Escalante Journal,* 66.

20. Carey McWilliams. *North From Mexico: The Spanish-speaking people of the United States* (Philadelphia: J.B. Lippincot Company, 1949).

21. Milton R. Hunter. *Utah: The Story of Her People, 1540–1947: A Centennial History of Utah* (Salt Lake City: Deseret News Press, 1946).

22. David J. Weber. *The Taos Trappers: the Fur Trade in the Far Southwest, 1540–1846* (Norman: University of Oklahoma Press, 1971). Also, Robert G. Cleland, *This Reckless Breed of Men: The Trappers and Fur Traders of the Southwest* (Albuquerque: University of New Mexico Press, 1976), 150.

23. Robert G. Cleland. *This Reckless Breed of Men*, 147.

24. Richard Onofre Ulibarri. "American Interest in the Spanish-Mexican Southwest, 1803–1848." Ph.D. dissertation. (Salt Lake City: University of Utah, 1963), 90–103.

25. Robert G. Cleland. *This Reckless Breed of Men*, 211.

26. Zenas Leonard. *Narrative of the Adventures of Zenas Leonard*. (Clearfield, Pennsylvania: D.W. Moore, 1839), 49–50.

27. LeRoy Hafen. *Fur Trappers and Traders of the Far Southwest: Twenty Biographical Sketches* (Logan: Utah State University Press, 1997). Also, David J. Weber, *The Taos Trappers*, 227.

28. Reginald Horsman. *Race and Manifest Destiny: Origins of American Racial Anglo-Saxonism* (Cambridge: Harvard University Press, 1981), 229–248.

29. Hubert H. Bancroft. *The Works of Hubert Howe Bancroft: History of Utah, 1540–1886* (San Francisco: The History Company, 1889), 218.

30. Klaus J. Hansen. *Mormonism and the American Experience* (Chicago: University of Chicago Press, 1967), 81–85.

31. Leonard J. Arrington. *Great Basin Kingdom: An Economic History of the Latter-day Saints, 1830–1900* (Salt Lake City: University of Utah Press, 1993), 44.

32. Cited in Leonard Arrington. *Great Basin Kingdom*, 26.

33. Orlando A. Rivera. "Mormonism and the Chicano." in *Mormonism: A Faith for All Cultures* (Provo: Brigham Young University Press, 1978), 115–126.

34. B.H. Roberts. *A Comprehensive History of The Church of Jesus Christ of Latter-day Saints: Century I* (Salt Lake City: The Church Deseret New Press, 1930), 70.

35. Mary Lambert Taggart. *Modern Day Trek of the Mormon Battalion* (Salt Lake City: D. James Cannon Printers, Inc., 1955).

36. Richard Griswold Del Castillo. *The Treaty of Guadalupe Hidalgo: A Legacy of Conflict* (Norman: University of Oklahoma Press, 1990).

37. Milton R. Hunter. *Utah: The Story of Her People: 1540–1947*, 290. Also, Jesse D. Jennings. "Early Man in Utah." *Utah Historical Quarterly*, Volume 28, Number 1 (January, 1960): 3–27.

38. Leland Creer Hargrave. *Utah and the Nation* (Seattle: University of Washington Press, 1929), 174–175.

39. G. Clell Jacobs. "The Phantom Pathfinder: Juan Maria Antonio de Rivera and His Expedition," 221.

40. Sondra Jones. *The Trial of Don Pedro León Luján: The Attack Against Indian Slavery and Mexican Traders in Utah* (Salt Lake City: The University of Utah Press, 2000).

41. Dean L. May. *Utah: A People's History* (Salt Lake City: University of Utah Press, 1987), ix.

CHAPTER 2

1. Vicente V. Mayer. *Utah: A Hispanic History* (Salt Lake City: American West Center, The University of Utah, 1975), 36.

2. William H. Gonzalez and Genaro M. Padilla. "Monticello, The Hispanic Cultural Gateway to Utah," *Utah Historical Quarterly*. Volume 52, Number 1 (Winter 1984): 9–28.

3. William H. Gonzalez and Orlando Rivera. "Hispanics of Utah." *Utah History Encyclopedia*, edited by Allan Kent Powell (Salt Lake City: University of Utah Press, 1994), 255–257.

4. William H. Gonzalez and Orlando Rivera. "Hispanics of Utah," 255–257.

5. Gary Topping. "The Hesitant Beginnings of the Catholic Church in Southeastern Utah," *Utah Historical Quarterly* Volume 71, Number 2 (Spring 2003), 125–142.

6. Robert S. McPherson. *A History of San Juan County: In the Palm of Time* (Salt Lake City: Utah State Historical Society, 1995), 282.

7. Armando Solórzano. "Latinos' Education in Mormon Utah, 1910–1960," *Latino Studies* Volume 4 (2006), 282–301.

8. William H. Gonzalez and Orlando Rivera. "Hispanics of Utah."

9. Daniel Stoddard McConkie. "Mormon-Hispanic Relations in Monticello, Utah, 1888–1945." *Senior Honors Thesis*. (Salt Lake City: The University of Utah, 2001).

10. Monticello History and Folk Tales. Monticello Community Development History Committee (1962). Census figures were also collected from the *San Juan Record*, May 22, 1930.
(Los datos del Censo que se utilizan fueron recabados del periódico *San Juan Record*, Mayo 22, 1930.)

11. *San Juan Record*, "Baptists to Observe 60th Anniversary." May 13, 1943

12. Daniel Stoddard McConkie. "Mormon-Hispanic Relations in Monticello, Utah, 1888–1945."

CHAPTER 3

1. William C. Blair. "An Ethnological Survey of Mexicans and Puerto Ricans in Bingham Canyon, Utah." *Master's Degree Thesis* (University of Utah, 1948), 5.

2. Helen Z. Papanikolas. "Life and Labor Among the Immigrants of Bingham Canyon." *Utah Historical Quarterly* Volume 33, Number 4 (Fall 1965), 290.

3. *Salt Lake Mining Review*. October, 1912.

4. Mexican strikebreakers were not recruited through Mexican officials or *patrones*, but by E.D. Hashimoto, a Japanese contractor who maintained close connections with nonwhite workers in Mexico. Interestingly, after the strike of 1912, the power of Leonidas Skliris, the Greek padrone, was broken, and he traveled to Mexico where he became the owner of several mining enterprises. See Helen Papanikolas, "Life and Labor Among the Immigrants of Bingham Canyon," 1965, 306.
Los "rompehuelgas mexicanos" que llegaron al Cañón de Bingham, no fueron contratados por funcionarios mexicanos, sino por el Sr. E.D. Hashimoto quien era un contratista japonés que mantenía estrechas relaciones con los trabajadores mexicanos no sindicalizados. Curiosamente, después de la huelga de 1912, el poder que tenía Leónidas Skliris, uno de los contratistas griegos más emblemáticos de Utah, se rompió, y desde entonces el Sr. Skliris viajó a México donde se convirtió en el propietario de varias empresas mineras. Para más información véase el trabajo de

Helen Papanikolas, "Life and Labor Among the Immigrants of Bingham Canyon," 1965, 306.

5. *Salt Lake Mining Review*. October, 1912.

6. Helen Papanikolas. "Life and Labor Among the Immigrants of Bingham Canyon," 1965, 305.

7. Filomeno Ochoa. Interview, 1973. *Spanish Speaking Oral Interviews*. Interview 34–35. Manuscripts Division. University of Utah, Marriott Library. Manuscript 96, page 8.

8. Kennecott Copper Corporation Records. Account 1440. University of Utah, Marriott Library Special Collections.

9. Edith Melendez. Interview, 1973. *Spanish Speaking Oral Interviews*. University of Utah, Marriott Library. Manuscript 74, page 5.

10. Vicente V. Mayer. *Utah: A Hispanic History* (Salt Lake City: American West Center, University of Utah, 1975): 58–59.

11. Thomas G. Alexander. "The Economic Consequences of the War: Utah and the Depression of the 1920s." *A Dependent Commonwealth: Utah's Economy from Statehood to the Great Depression*. Edited by Dean May (Provo: Brigham Young University Press, 1974), 61–63.

12. Dean May. *Utah: a People's History, 1987*, 173.

13. Francisco E. Balderrama and Raymond Rodríguez. *Decade of Betrayal: Mexican Repatriation in the 1930s* (Albuquerque: University of New Mexico Press, 1995), 17.

14. Lynn R. Bailey. *Old Reliable: A History of Bingham Canyon* (Tucson: Westerlore Press, 1988), 161–163.

15. Esperanza and Gavino Aguayo. Interview, 1985. *Hispanic Oral Histories*. Manuscript 1369. Box 1. Folder 2. Manuscript Division. University of Utah Marriott Library, Salt Lake City. These collections of interviews are different from the *Spanish Speaking Oral Interviews*. The *Hispanic Oral Histories* were collected in 1985 by the Oral History Institute. The director of this Institute was Leslie Kelen, who donated the whole set of interviews to the Special Collections at the Marriott Library at the University of Utah.

    Esta colección de entrevistas es diferente de las entrevistas orales con las personas de habla hispana y fueron recolectadas en 1985 por el Instituto de Historia Oral. El director de este Instituto, el Sr. Leslie Kelen, donó las entrevistas a la sección de Colecciones Especiales de la Biblioteca Marriott en la Universidad de Utah.

16. Juanita Jiménez. Interview, 1985. *Hispanic Oral Histories*. Manuscript 1369. Box 2, Folder 12.

17. Leonard J. Arrington. "Utah, the New Deal and the Depression of the 1930s," Dello G. Dayton Memorial Lecture. Weber State College. March 25, 1982.

18. Sara Deutsch. *No Separate Refuge: Culture, Class, and Gender on an Anglo-Hispanic Frontier in the American Southwest, 1880–1940* (New York City: Oxford University Press, 1989). Also, Laura Pulido. *Environmentalism and Economic Justice: Two Chicano Struggles in the Southwest* (Tucson: The University of Arizona Press, 1996).

19. Joe Pacheco. Interview, 1973. *Spanish Speaking Oral Interviews*. University of Utah, Marriott Library. Manuscript 83.

20. Rosa Sandoval. Interview, 1972. *Spanish Speaking Oral Interviews*. University of Utah, Marriott Library. Manuscript 46.

21. Louis Amador. Interview, 1971. *Spanish Speaking Oral Interviews.* University of Utah, Marriott Library. Manuscript 3, pages 1–7.

22. Merlin Barela. Interview, 1971. *Spanish Speaking Oral Interviews.* University of Utah, Marriott Library. Manuscript 51.

23. William C. Blair. "An Ethnological Survey of Mexicans and Puerto Ricans in Bingham Canyon, Utah." *Master's Degree Thesis* (Salt Lake City: University of Utah, 1948).

24. William C. Blair. *"An Ethnological Survey,"* 30.

25. Nick Leyba. Interview, 1973. *Spanish Speaking Oral Interviews.* University of Utah, Marriott Library. Manuscript 86, page14.

26. Edith Melendez. Interview, 1973. *Spanish Speaking Oral Interviews.* University of Utah, Marriott Library. Manuscript 74, page 22.

27. Mike Melendez. Interview, 1972. *Spanish Speaking Oral Interviews.* University of Utah, Marriott Library. Manuscript 28, pages 2–3.

28. Merlin Barela. Interview, 1971. *Spanish Speaking Oral Interviews.* University of Utah, Marriott Library. Manuscript 51, page 9.

29. Alberto González. Interview, 1972. *Spanish Speaking Oral Interviews.* University of Utah, Marriott Library. Manuscript 33, page 8.

30. Harold Nielsen. Interview, 1972. *Spanish Speaking Oral Interviews.* University of Utah, Marriott Library. Manuscript 98, page 2.

31. Cited in William Mulder. "Immigration and the 'Mormon Question': An International Episode." *Western Political Quarterly* 9 (1956): 416–23.

32. Diplomatic relationships between Mexico and the United States were limited in the period between 1910 and 1917. This situation was reflected in the fact that E.D. Hashimoto, a Japanese-American, was appointed as the Mexican Consul in 1916. Hashimoto acted more like a labor contractor than a consul. His main activities were hiring Mexicans for Utah's mines and workers for the Union Pacific Railroad. Durante el periodo de 1910 a 1917 las relaciones diplomáticas entre México y los Estados Unidos eran muy estrechas. Esta situación se reflejó en el hecho de que E.D. Hashimoto, un Japonés-Americano, fue nombrado Cónsul de México en 1916. Hashimoto actuó más como un contratista de trabajo que como un cónsul. Sus principales actividades se concentraron en contratar Mexicanos para trabajar en las minas de Utah y para trabajar en la compañía ferrocarrilera de la Union Pacific.

33. By 1925, a stable Mexican community began to emerge in Bingham. As in other areas of the Southwest, the Mexicans who decided to remain in Utah continued traveling to Mexico on a yearly basis. One reason for these annual visits was to maintain contact with their families and to provide them with financial assistance. En 1925 se dieron las primeras manifestaciones de una comunidad mexicana que se había establecido permanentemente en el centro minero de Bingham. Al igual que en otras zonas del Suroeste de los E.E.U.U., los Mexicanos que decidieron quedarse en Utah empezaron a visitar su país por lo menos una vez al año. Una razón de estas visitas fue la de mantener el contacto con sus familias y proporcionarles asistencia económica.

34. Crisoforo and Petra Gómez. Interview, 1973. *Spanish Speaking Oral Interviews.* University of Utah, Marriott Library. Manuscript 104.

35. Jesús Avila. Interview, 1973. *Spanish Speaking Oral Interviews*. University of Utah, Marriott Library. Manuscript 99.

36. Katherine Chávez. Interview, 1973. *Spanish Speaking Oral Interviews*. University of Utah, Marriott Library. Manuscript 131.

37. Jesse López. Interview, 1973. *Spanish Speaking Oral Interviews*. University of Utah, Marriott Library. Manuscript 108, pages 5–6.

38. Kennecott officials recruited Puerto Ricans through radio ads. After filing their application in the employment office, Puerto Ricans were physically examined and, if in good condition, they signed a contract for six months. Puerto Ricans were guaranteed a salary of $4.15 per day and all transportation expenses were covered by Kennecott. See, Gerardo Meléndez. Interview, 1973, pages 4–5.
Los mayordomos de la compañía minera Kennecott empezaron a reclutar Puertorriqueños a través de anuncios en la radio. Después de arribar a Utah y llenar la solicitud de trabajo en la Oficina de Empleos del Estado, los Puertorriqueños fueron examinados físicamente y si estaban en buenas condiciones de salud firmaban un contrato de trabajo por seis meses. A los Puertorriqueños se les garantizaba un salario de $4.15 por día y todos los gastos de transportación fueron cubiertos por Kennecott. Para más información ver la entrevista con el Sr. Gerardo Meléndez. 1973, páginas 4 y 5.

39. Edith Meléndez. Interview, 1973. *Spanish Speaking Oral Interviews*. University of Utah, Marriott Library. Manuscript 74, page 12.

40. Gerardo Meléndez. Interview, 1973, page 11.

41. Juan and Margarita Villalobos. Interview, 1973. *Spanish Speaking Oral Interviews*. University of Utah, Marriott Library. Manuscript 81, page 19–20. Also, Nick Leyva. Interview, 1973. *Spanish Speaking Oral Interviews*. University of Utah, Marriott Library. Manuscript 86.

42. Gerardo Meléndez. Interview, 1973, page 33–34.

43. This statement and other similar ones can be found in the interview of Harold Nielsen, 1973, page 89.
Estos comentarios y aseveraciones pueden ser confirmados en la entrevista con Harold Nielsen, 1973, página 89.

44. Juan and Margarita Villalobos. Interview, 1973. *Spanish Speaking Oral Interviews*. University of Utah, Marriott Library. Manuscript 81, pages 16–17.

45. Enid Meléndez. Interview, 1973, page 12.

46. Katherine Chávez. Interview, 1973. *Spanish Speaking Oral Interviews*. University of Utah, Marriott Library. Manuscript 131, page 26.

47. Alberto González. Interview, 1972. *Spanish Speaking Oral Interviews*. University of Utah, Marriott Library. Manuscript 33, page18.

48. Crisoforo and Petra Gómez. Interview, 1973. *Spanish Speaking Oral Interviews*. University of Utah, Marriott Library. Manuscript 104.

49. Enid Meléndez. Interview, 1973, page 17.

50. Katherine Chávez. Interview, 1973. *Spanish Speaking Oral Interviews*. University of Utah, Marriott Library. Manuscript 131, page 25.

51. Enid Meléndez. Interview, 1973, page18.

52. Cosme Chacón. Interview, 1973. *Spanish Speaking Oral Interviews*. University of Utah, Marriott Library. Manuscript 110, pages 29–31.

53. Ellen Cordova. Interview, 1973. *Spanish Speaking Oral Interviews*. University of Utah, Marriott Library. Manuscript 7, page 19.

CHAPTER 4

1. Leonard J. Arrington, "The Commercialization of Utah's Economy: Trends and Developments from Statehood to 1910." Edited by Dean May, *A Dependent Commonwealth: Utah's Economy from Statehood to the Great Depression* (1974), 3–34.

2. Deborah Blake. "Golden Spike National Historic Site." *Utah History Encyclopedia*, edited by Allan Kent Powell (Salt Lake City: University of Utah Press, 1994): 226–7.

3. Santos Cabrera. Interview, 1972. *Spanish Speaking Oral Interviews*. University of Utah, Marriott Library. Manuscript 6, page 4.

4. Jose Medel. Interview, 1972. *Spanish Speaking Oral Interviews*. University of Utah, Marriott Library. Manuscript 1, pages 11–13.

5. Santos Cabrera. Interview, 1972. *Spanish Speaking Oral Interviews*. University of Utah, Marriott Library. Manuscript 6, page 12.

6. Vicente Mayer. Interview, 1970. *Spanish Speaking Oral Interviews*. University of Utah, Marriott Library. Manuscript 4.

7. John Florez. Interview, 1984. Oral History Institute. The University of Utah.

8. Vincent V. Mayer. *Utah: A Hispanic History*. (Salt Lake City: American West Center, University of Utah, 1975), 59.

9. Richard C. Roberts. "Railroad Depots in Ogden: Microcosm of a Community." *Utah Historical Quarterly* 53 (Winter 1985), 74–99.

10. Jose Medel. Interview, 1972. *Spanish Speaking Oral Interviews*. University of Utah, Marriott Library. Manuscript 1, page 8.

11. Jane Lyman Johnson. "Price." *Utah History Encyclopedia*, edited by Allan Kent Powell (Salt Lake City: University of Utah Press, 1994), 44.

12. Edward Leo Lyman. "Union Pacific Railroad." *Utah History Encyclopedia*, edited by Allan Kent Powell (Salt Lake City: University of Utah Press, 1994), 573–574.

13. John Florez. Interview, 1984. Oral History Institute. The University of Utah.

14. Jorge Iber. *Hispanics in the Mormon Zion: 1912–1999* (Texas A&M University Press, 2000), 45.

15. Jay M. Haymond. "Transportation in Utah." *Utah History Encyclopedia*, edited by Allan Kent Powell (Salt Lake City: University of Utah Press, 1994), 565–566.

16. Edward Buendía and Nancy Ares. *Geographies of Difference: The Social Production of the East Side, West Side, and Central City School*. Intersection of Communication and Culture, Volume 17 (New York: Peter Lang Publishing, Inc., 2006).

CHAPTER 5

1. Leonard J. Arrington. *Great Basin Kingdom: An Economic History of the Latter-day Saints* (Salt Lake City: University of Utah Press, 1993). Also, Leonard J. Arrington.

Beet Sugar in the West: A History of the Utah-Idaho Sugar Company, 1891–1966 (Seattle: University of Washington Press, 1966).

2. Vicente V. Mayer. "After Escalante: The Spanish-speaking people of Utah." page 444.

3. *Salt Lake Tribune.* June 13, 1920.

4. Vicente V. Mayer. "After Escalante: The Spanish-speaking people of Utah."

5. Mario Barrera. *Race and Class in the Southwest: A Theory of Racial Inequality.* (Notre Dame: University of Notre Dame Press, 1979).

6. Cited in Ann Nelson. 1973, page 88.

7. U.S. Department of Labor. *The Termination of the Bracero, Manpower.* Report #252. 1965.

8. The Industrial Commission of Utah. Department of Employment Security. *Utah Annual Farm Labor Report.* 1949, page 47.

9. *Salt Lake Tribune.* Sunday, May 20, 1951.

10. Department of Employment Security of the Industrial Commission of Utah. Utah State Employment Service. *Annual Agricultural and Food Processing Report.* 1950, pageA-11.

11. Department of Employment Security of the Industrial Commission of Utah. 1950, page A-13.

12. *Papers on Minimum Wages in Agriculture.* Letter #1281. U.S. Department of Labor. Bureau of Employment Security. Employment Service Programs. March 29, 1962, page 1.

13. Ann Nelson, "Spanish-Speaking Migrant Laborers in Utah 1950–1965." In *Toward A History of the Spanish-Speaking People of Utah* (Salt Lake City: American West Center, University of Utah. 1973), page 78.

14. Department of Employment Security of the Industrial Commission of Utah. *Annual Agricultural and Food Processing Report.* Utah State Employment Service. 1958, page C-7.

15. *Papers on Mexican Nationals,* 1960. Correspondence between James E. Stratten and Utah Bureau of Employment Security. April 23, 1960.

16. Utah State Industrial Commission. Bureau of Employment Security. *Utah Annual Farm Labor Report.* 1971.

17. Ann Nelson. "Spanish-Speaking Migrant Laborers in Utah 1950–1965," pages 78–104.

CHAPTER 6

1. Santos Cabrera. Interview, 1971. *Spanish Speaking Oral Interviews.* University of Utah, Marriott Library. Manuscript 6.

2. World War I Draft Registration Index. Carbon County. http://www.archives.gov/genealogy/military/wwi/draft-registration/utah.hml

3. Jorge Iber. *Hispanics in the Mormon Zion, 1912–1999* (College Station: Texas A&M University Press, 2000), page 64.

4. Epifenio Gonzales. Interview, Jan 12, 1985. Salt Lake City, Utah. Box 2. Folder 6, page 27.

5. Epifenio Gonzales. Interview, Jan 12, 1985. Salt Lake City, Utah. Box 2. Folder 6, page 13.
6. *Memoirs of Monticello Ward Relief Society.* San Juan County Historical Commission, 1968.
7. "Baptist to Observe 60th Anniversary." *San Juan Record.* May 13, 1943.
8. Daniel Stoddard McConkie. "Mormon-Hispanic Relations in Monticello, Utah 1888-1945." *Senior Honors Thesis* (The University of Utah, History Department. May, 2001.), page 46.
9. Draft and Registration Indexes. Carbon County, Utah.
10. Stephen Dark. "The things we carry: In late 1967, three Midvale buddies died in Vietnam. Forty years later, their families still struggle with the loss." *Salt Lake City Weekly.* December 6, 2007. Volume 24, Number 29.
11. Ibid.
12. Secretary of Defense Donald Rumsfeld. Speech at the Pentagon, September 2004.

CHAPTER 7

1. Utah Commission on Civil Rights. "1961 Report to the Commission on Civil Rights from the State Advisory Committee" in *The 50 States Report: Submitted to the Commission on Civil Rights by the State Advisory Committees, 1961* (U.S. Government Printing Office. Washington, D.C.), page 604.
2. SOCIO's files were donated to the Special Collection of the Marriott Library at the University of Utah. They are open for public consultation and contain letters and documentation from 1967–1986. All the files are archived under account 1142. Todos los archivos de SOCIO fueron donados a la sección de Colecciones Especiales de la Biblioteca Marriott de la Universidad de Utah. La colección está abierta al público y contiene toda la documentación y correspondencia de los años de 1967 a 1986. El número de esta colección es 1142.
3. Letter from Bibian Rendon to Jennings Lee, Director of the Department of Employment Security. February 11, 1971. Box 9, Folder 3.
4. Utah Commission on Civil Rights. "1961 Report to the Commission on Civil Rights from the State Advisory Committee," page 604.
5. SOCIO. Monograph. "Chicano Development and Cohesion Program." No date. Box 3, Folder 10, page 1.
6. SOCIO. Monograph. "Chicano Development and Cohesion Program." No date. Box 3, Folder 10, page 1.
7. SOCIO. Box 2, Folder 26.
8. John W. Fitzgerald and Ray R. Canning. "Minority Group Teachers and Pupils in Utah's Schools, 1961–1966." Research Report for Utah State Department of Public Instructions. Salt Lake City, Utah. June 15, 1966.
9. SOCIO. Title I. 1970. Box 127, Folder 5. See also, "Progress Report on the Recommendations..." January 9, 1970. Box 127, Folder 5.
10. SOCIO. Letter from Robert Nieves to Jack A. McDonald. Center for Economic and Community Development. November 10, 1971. Box 1, Folder 4. Also, see McDonald's response. Box 11, Folder 4.

11. *The Deseret News.* "Chicano Bid for Position." No date. Article found in Box 3, Folder 3.

12. John G. Kilfoyle. "Educational Differences of Mexican-American Children." Unpublished Master's thesis (The University of Utah, 1966.). Also, Stanley S. Henderson, "Social and Academic Problems of Spanish-speaking Students in Davis County, Central Junior High School." Unpublished dissertation (Department of Secondary Education. The University of Utah, 1958).

13. *The Salt Lake Tribune.* "Schools must add Bilingual Teachers, Chicanos say." August 22, 1971. Box 1, Folder 2.

14. United States Department of Commerce. Bureau of the Census, 1970. Census of Population. *Characteristics of the Population.* Volume 1, Part 46.

15. SOCIO. Oct. 15, 1970. Box 2, Folder 20.

16. SOCIO. Letter from Ricardo J. Barbero to Governor C. Rampton. May 22, 1970.

17. Up to 2011, the Office of Hispanic Affairs was a branch of the Utah Office of Ethnic Affairs. Both organizations were housed under the state Department of Community and Economic Development (DCED). In November of 2011, the governor of the state, Gary Herbert, eliminated the Utah Office of Ethnic Affairs and launched the Multicultural Affairs office and the Multicultural Commission.
Hasta el año del 2011, la Oficina de Asuntos Hispanos era una dependencia de la Oficina de Asuntos Étnicos de Utah. Ambas organizaciones estaban bajo el control y supervisión de la Oficina Estatal para el Desarrollo Comunitario y Económico. En noviembre del 2011, el gobernador del estado, Gary Herbert, eliminó la Oficina de Asuntos Étnicos de Utah y puso en marcha la Oficina de Asuntos Multiculturales y la Comisión Multicultural.

18. SOCIO. "Chicano Development and Cohesion Program." Monograph. SOCIO. Box 3, Folder 10, page 1-15.

19. SOCIO. Roberto Nieves. Box 2, Folder 26.

20. Dr. Luis Medina, assistant professor in the School of Social Work; Bill Gonzales, instructor in Language and State and Vice-President of SOCIO; Orlando Rivera, assistant professor of Educational Psychology; and Robert Nieves, state executive director of SOCIO.

21. SOCIO. "Chicano Development and Cohesion Program." Monograph. Box 3, Folder 10, page 14.

22. *The Deseret News.* Wednesday, May 10, 1972.

23. SOCIO. "Chicano Development and Cohesion Program." Monograph. Box 3, Folder 10, page 4.

24. SOCIO. Letter from Robert Nieves to Harold Brown, L.D.S. Church Social Services. July 30, 1973.

25. SOCIO. Letter from Robert Nieves to Richard Black. February 25, 1974. Box 11, Folder 5.

26. SOCIO. Letter from Ralph Sandoval to Robert Nieves. January 31, 1977. Box 11, Folder 9.

27. SOCIO. Letter from Robert Nieves to Bruce F. Ririe. September 16, 1982. Box 11, Folder 1.

28. SOCIO. John Flores. Equal Employment Opportunity Office. University of Utah. Letter to the Editor at *The Deseret News*, November 26, 1984. Two days later, a disclaimer appeared in *The Deseret News* explaining that Mr. John Flores did not write the letter.

    Esta declaración puede ser encontrada en la colección de SOCIO y el documento es atribuido al Sr. John Flores. Oficina de Igualdad de Oportunidades. Universidad de Utah. Carta al Editor del periódico, *The Deseret News*, 26 de noviembre de 1984. Dos días más tarde, apareció en el mismo periódico una aclaración de que el Sr. John Flores no escribió tal carta.

29. SOCIO. "Spanish Speaking Organization for Community, Integrity and Opportunity." Training Materials. Report written by J.A. Rudy Royal, Dolores Silva, and Vance Theodore. January 1984.

30. SOCIO. Box 2, Folder 25.

31. SOCIO. Letter from Robert Nieves to Keith Wall. September 29, 1983. Box 11, Folder 6.

32. SOCIO. Letter from Robert Nieves to Governor Scott M. Matheson. September 29, 1983. Box 11, Folder 10.

33. United States Department of Commerce. Bureau of the Census. Census of population. *Social and Economic Characteristics*. 1990.

CHAPTER 8

1. Adherents.com. 2000. The City University of New York, pages 17–20. Also, Nazarene.org. 2000. Both sources can be consulted online.

2. William H. Gonzalez and Genaro M. Padilla. "Monticello, the Hispanic Cultural Gateway to Utah." *Utah Historical Quarterly* Volume 52, Number 1 (Winter 1984).

3. Andrew Gallegos. Interview, February 15, 2001. Salt Lake City.

4. Bertha A. Mayer and Maria Luz Solorio. Interview, 1973. *Spanish-Speaking Oral Interviews*. University of Utah, J. Willard Marriott Library. Manuscript 42, pages 24–25.

5. Bertha A. Mayer and Maria Luz Solorio. Interview, page 25.

6. Louis Barraza. Interview, November 22, 2002.

CHAPTER 9

1. United States Department of Commerce. Bureau of the Census. *Region and County or Area of Birth of the Foreign-Born Population: Utah*. Summary File 3. Census 2000.

2. United States Department of Commerce. Bureau of the Census. *A Graphic Look at Utah's Ethnicity*. 1990.

3. Utah Governor's Hispanic Advisory Council. Board Training and Applied Strategic Planning Program. *Hispanics in Utah*. Escalante Management Associates-Bonneville Research. 1991, page 8.

4. Shinika A. Sykes. "SLC District Leaving Kids Behind?" *The Salt Lake Tribune*. Monday, August 5, 2002: D3.

5.   Kirsten Stewart. "Education slippage among Latinos, Asians is puzzling." *The Salt Lake Tribune*. Tuesday, August 13, 2002: A-110.

6.   Mike Martinez. Interview, October 4, 2002. Salt Lake City.

7.   Kristen Moulton and Jesus Lopez Jr. "Vital and Vulnerable." *The Salt Lake Tribune*. January 27, 2002: A1.

8.   Tim Sullivan. "Utah Government Latino Agencies Face Identity Issues, Budget Woes." *The Salt Lake Tribune*. January, Thursday 23, 2003: A1.

Bibliography

Alemán, Enrique and Rorrer, Andrea K. "Closing Educational Achievement Gap for Latina/o Students in Utah: Initiating a Policy Discourse and Framework." Utah Education Policy Center. (Salt Lake City: The University of Utah. February, 2006.)

Alexander, Thomas G. "The Economic Consequences of the War: Utah and the Depression of the 1920s." *A Dependent Commonwealth: Utah's Economy from Statehood to the Great Depression,* edited by Dean May (Provo: Brigham Young University Press, 1974.): 61–63

———. *Utah: The Right Place.* (Salt Lake City: Gibbs Smith, Publisher, 2003.)

American West Center. *Toward A History of the Spanish-Speaking People of Utah: A Report of Research of the Mexican-American Documentation Project.* (Salt Lake City: The University of Utah, 1973.)

Anaya, Rudolfo. "Aztlán: A Homeland Without Borders." In *Aztlán: Essays on the Chicano Homeland,* edited by Rudolfo Anaya and Francisco Lomelí. (New Mexico: University of New Mexico Press, 1989.)

Arrington, Leonard J. *Great Basin Kingdom: An Economic History of the Latter-day Saints, 1830–1900.* (Salt Lake City: University of Utah Press, 1993.)

———. "Utah, the New Deal and the Depression of the 1930s." Lecture presented at the Dello G. Dayton Memorial, Weber State College, March 25, 1982.

———. *A Dependent Commonwealth; Utah's Economy from Statehood to the Great Depression.* Charles Redd monographs in Western history. (Provo: Brigham Young University Press, 1974.)

———. *Beet Sugar in the West: A History of the Utah-Idaho Sugar Company, 1891–1966.* (Seattle: University of Washington Press, 1966.)

Auerback, Herbert. "Father Escalante's Journal." *Utah Historical Quarterly XI* (January, 1943).

Bailey, Lynn R. *Old Reliable: A History of Bingham Canyon.* (Tucson: Westernlore Press, 1988.)

———. *The Search for Lopez: Utah's Greatest Manhunt.* (Tucson: Westernlore Press, 1990.)

Balderrama, Francisco E. and Rodríguez, Raymond. *Decade of Betrayal: Mexican Repatriation in the 1930s.* (Albuquerque: University of New Mexico Press, 1995.)

Bancroft, Hubert H. *The Works of Hubert Howe Bancroft: History of Utah, 1540–1886, Volume XXVI.* (San Francisco: The History Company Publishers, 1889.)

Barrera, Mario. *Race and Class in the Southwest: A Theory of Racial Inequality.* (Indiana: University of Notre Dame Press, 1979.)

Blair, William C. *An Ethnological Survey of Mexicans and Puerto Ricans in Bingham Canyon, Utah.* Master's Degree Thesis. (Salt Lake City: University of Utah, 1948.)

Blake, Deborah. "Golden Spike National Historic Site," in *Utah History Encyclopedia*, edited by Allan Kent Powell. (Salt Lake City: The University of Utah Press, 1994.)

Buendía, Edward and Ares, Nancy. *Geographies of Difference: The Social Production of the East Side, West Side, and Central City School.* Intersection of Communication and Culture series, Volume 17. (New York: Peter Lang Publishing, Inc., 2006.)

Bureau of Employment Security. Papers on Minimum Wages in Agriculture, Letter 1281. U.S. Department of Labor, Bureau of Employment Security, Employment Service Programs. March 29, 1962.

Byrne, David Ronald. *Mexican-American Secondary Students: Salt Lake City School District.* Ph.D. dissertation. (Salt Lake City: The University of Utah, 1971.)

Campbell, Joseph. *The Power of Myth.* (New York: Anchor Books, 1991.)

Chavez, John R., edited by Anaya, Rudolfo and Lomelí, Francisco "Aztlán, Cíbola, and Frontier New Spain." In *Aztlán: Essays on the Chicano Homeland* (Albuquerque: University of New Mexico Press, 1989): 49–71.

Civil Rights Commission. *The 50 States Report.* (Washington: U.S. Government Printing Office, 1961.)

Cleland, Robert G. *This Reckless Breed of Men: The Trappers and Fur Traders of the Southwest.* (Albuquerque: University of New Mexico Press, 1976.)

Creer, Leland H. *The Founding of an Empire: The Exploration and Colonization of Utah, 1776–1856.* (Salt Lake City: Bookcraft, 1947.)

———. *Utah and the Nation.* (Seattle: University of Washington Press, 1929.)

Griswold Del Castillo, Richard. *The Treaty of Guadalupe Hidalgo: A Legacy of Conflict.* (Norman: University of Oklahoma Press, 1990.)

Delgado Bernal, Dolores, Alemán, Enrique Jr., and Flores Carmona, Judith. "Negotiating and contesting transnational and transgenerational Latina/o cultural citizenship: Kindergarteners, their parents, and university students in Utah." *Social Justice*, 35(1) (2008): 28–49.

Department of Employment Security. The Industrial Commission of Utah. *Utah Annual Farm Labor Report*, 1949.

Department of Employment Security of the Industrial Commission of Utah. Utah State Employment Service. *Annual Agricultural and Food Processing Report*, 1950: 1–11.

Deutsch, Sara. *No Separate Refuge—Culture, Class and Gender on an Anglo Hispanic Frontier in the American Southwest, 1880–1940.* (New York: Oxford University Press, 1988.)

Embry, Jesse L. *In His Own Language: Mormon Spanish-Speaking Congregations in the United States.* (Provo: Brigham Young University, 1997.)

Firmage, Richard A. *A History of Grand County.* Utah Centennial County History Series. (Salt Lake City: Utah State Historical Society, 1996.)

Fitzgerald, John W. and Canning, Ray R. "Minority Group Teachers and Pupils in Utah's Schools, 1961–1966." Research Report for Utah State Department of Public Instructions. Salt Lake City, June 15, 1966.

Gonzalez, William H. and Padilla, Genaro M. "Monticello, The Hispanic Cultural Gateway to Utah." *Utah Historical Quarterly*, Volume 52, Number 1 (1984).

Gonzalez, William H. and Rivera, Orlando. "Hispanics of Utah." In *Utah History Encyclopedia*, edited by Allan Kent Powell (Salt Lake City: University of Utah Press, 1994): 255–257.

Gozdziak, Elzbieta and Martin, Susan F. *Beyond the Gateway: Immigrants in a Changing America.* (Lanham: Lexington Books, 2005.)

Hafen, LeRoy. *Fur Trappers and Traders of the Far Southwest: Twenty Biographical Sketches.* (Logan: Utah State University Press, 1997).

Hansen, Klaus J. *Mormonism and the American Experience.* (Chicago: University of Chicago Press, 1967.)

Hargrave Creer, Leland. *The Founding of an Empire: The Exploration and Colonization of Utah, 1776–1856.* (Salt Lake City: Bookcraft, 1947.)

———. *Utah and the Nation.* (Seattle: University of Washington Press, 1929.)

Haymond, Jay M. "Transportation in Utah." In *Utah History Encyclopedia*, edited by Allan Kent Powell (Salt Lake City: University of Utah Press, 1994): 565–566.

Henderson, Stanley S. *Social and Academic Problems of Spanish-speaking Students in Davis County, Central Junior High School.* Ph.D. dissertation. (Salt Lake City: The University of Utah, 1958.)

Horsman, Reginald. *Race and Manifest Destiny: The Origins of American Racial Anglo-Saxonism.* (Massachusetts: Harvard University Press, 1981.)

Hunter, Milton R. *Utah: The Story of Her People, 1540–1947: A Centennial History of Utah.* (Salt Lake City: Deseret News Press, 1946.)

Iber, Jorge. *Hispanics in Mormon Zion, 1912–1999.* (Texas: Texas A&M University Press, 2000.)

Jacobs, G. Clell. "The Phantom Pathfinder: Juan Maria Antonio de Rivera and his Expedition." *Utah Historical Quarterly*, Volume 60, Number 3 (1992): 200–223.

Jameson, Kenneth. *How Many Undocumented Immigrants Live in Utah: A Direct Measure.* Working Paper, Institute of Public and International Affairs. (Salt Lake City: The University of Utah. December 16, 2009.)

Jennings, Jesse D. "Early Man in Utah." *Utah Historical Quarterly*, Volume 28 (1960).

Johnson, Jane Lyman. "Price." *Utah History Encyclopedia*, edited by Allan Kent Powell. (Salt Lake City: The University of Utah Press. 1994.)

Jones, Sondra. *The Trial of Don Pedro León Luján: The Attack Against Indian Slavery and Mexican Traders in Utah.* (Salt Lake City: The University of Utah Press, 2000.)

Kelen, Leslie G. and Eileen Hallet Stone. *Missing Stories: An Oral History of Ethnic and Minority Groups in Utah.* (Salt Lake City: University of Utah Press, 1996.)

Kennecott Copper Corporation Records. Account 1440. Marriott Library. Special Collections. The University of Utah, Marriot Library.

Kilfoyle, John G. *Educational Differences of Mexican-American Children.* Master's thesis. (Salt Lake City: The University of Utah, 1966.)

Korinek, Kim and Smith, Ken. "Prenatal care among immigrant and racial-ethnic minority women in a new immigrant destination: Exploring the impact of immigrant legal status." *Social Science and Medicine*, 72(10), (2010): 1695–1703.

Lambert, Mary. *Modern Day Trek of the Mormon Battalion.* (Salt Lake City: D. James Cannon Printers, Inc., 1955.)

Leonard, Zenas. *Narrative of the Adventures of Zenas Leonard*. (Clearfield, Pennsylvania: D.W. Moore, 1839.)

Lyman, Edward Leo. "Union Pacific Railroad." *Utah History Encyclopedia*, edited by Allan Kent Powell. (Salt Lake City: University of Utah Press, 1994.)

Maldonado, Lionel and Byrne, David R. *The Social Ecology of Chicanos in Utah*. (Iowa City: University of Iowa, 1978.)

Maloney, Thomas N. and Kim Korinek, editors. *Migration in the 21st Century: Rights, Outcomes, and Policy*. (New York: Routledge Press, 2011.)

May, Dean. *Utah: A People's History*. (Salt Lake City: University of Utah Press, 1987.)

————. *A Dependent Commonwealth: Utah's Economy from Statehood to the Great Depression*. (Provo: Brigham Young University Press, 1974.)

Mayer, Vicente V. *Utah: A Hispanic History*. American West Center. (Salt Lake City: The University of Utah, 1975.)

————. "After Escalante: The Spanish-speaking people of Utah." *The Peoples of Utah*, edited by Helen Z. Papanikolas. (Salt Lake City: Utah State Historical Society, 1976.)

McConkie, Daniel S. *Mormon-Hispanic Relations in Monticello, Utah 1888–1945*. Honors Thesis. (Salt Lake City: The University of Utah, 2001.)

McPherson, Robert S. *A History of San Juan County: In the Palm of Time*. (Salt Lake City: Utah State Historical Society, 1995.)

McWilliams, Carey. *North From Mexico: The Spanish-speaking People of the United States*. (Philadelphia: J.B. Lippincot Company, 1948).

Monticello Community Development History Committee. *Monticello History and Folk Tales*. 1962.

Mulder, William. "Immigration and the 'Mormon Question': An International Episode." *Western Political Quarterly*, Volume 9 (1956): 416–23.

Nelson, Ann. "Spanish-Speaking Migrant Laborers in Utah, 1950–1965." *Toward A History of the Spanish-Speaking People of Utah*. American West Center. (Salt Lake City: The University of Utah, 1973.)

Oboler, Suzanne. *Ethnic Labels, Latino Lives: Identity and the Politics of (Re)Presentation in the United States*. (Minneapolis: University of Minnesota Press, 1995.)

O'Neil, Floyd A. "The Utes, Southern Paiutes, and Goshutes." *The Peoples of Utah*, edited by Helen Z. Papanikolas. (Salt Lake City: Utah State Historical Society, 1976.)

Orozco, Cecilio. *The Book of the Sun, Tonatiuh*, Second Edition. (Fresno: California State University, 1992.)

Papanikolas, Helen Z., editor. *The Peoples of Utah*. (Salt Lake City: Utah State Historical Society, 1976.)

————. "Life and Labor Among the Immigrants of Bingham Canyon." *Utah Historical Quarterly*, Volume 33, Number 4 (1965).

Pedraza, Silvia. "Assimilation or Transnationalism? Conceptual Models of the Immigrant Experience in America." In *Cultural Psychology of Immigrants*, edited by Ramaswami Mahalingam (Mahwah, New Jersey: Lawrence Erlbaum Associates Publishers Inc., 2006): 33–54.

Perlich, Pamela S. *Utah Minorities: The Story Told by 150 Years of Census Data*. (Salt Lake City: The University of Utah, 2002.)

Powell, Allan Kent, editor. *Utah History Encyclopedia*. (Salt Lake City: University of Utah Press, 1994.)

Pulido, Laura. *Environmentalism and Economic Justice: Two Chicano Struggles in the Southwest*. (Tucson: The University of Arizona Press, 1996.)

Rivera, Orlando A. "Mormonism and the Chicano." In *Mormonism: A Faith for All Cultures*. (Provo: Brigham Young University Press, 1978.)

Roberts, B.H. *A Comprehensive History of The Church of Jesus Christ of Latter-day Saints. Century I. Volume 3*. (Salt Lake City: The Church Deseret New Press, 1930.)

Roberts, Richard C. "Railroad Depots in Ogden: Microcosm of a Community." *Utah Historical Quarterly*, Volume 53 (Winter, 1985).

Rodriguez, Roberto and Patrisia Gonzales. *Amoxtli San Ce Tojuan: We Are One–Nosotros Somos Uno*. (San Fernando: Xicano Records and Film, 2005.)

Salt Lake Tribune. "Vital and Vulnerable." Kristen Moulton and Jesus Lopez Jr. January 27, 2002: A1.

Salt Lake Tribune. "SLC District Leaving Kids Behind?" Shinika A. Sykes. August 5, 2002: D3.

Salt Lake Tribune. "Education slippage among Latinos, Asians is puzzling." Kirsten Stewart. August 13, 2002: A-110.

Salt Lake Tribune. "Utah Government Latino Agencies Face Identity Issues, Budget Woes." Tim Sullivan. Thursday 23, 2003: A1.

Sanchez, Joseph P. *The Rio Abajo Frontier 1540–1692: A History of Early Colonial New Mexico*. (Albuquerque: The Albuquerque Museum, 1987.)

Sherzer, Joel. "A Richness of Voices." *America in 1492: The World of the Indian Peoples Before the Arrival of Columbus*. (New York: Vintage Books, 1993.)

Solórzano, Armando. "Struggle Over Memory: The Roots of the Mexican Americans in Utah, 1776 through the 1850s." *Aztlán: A Journal of Chicano Studies*, Volume 23, Number 2 (1998).

———. "Latinos' Education in Mormon Utah, 1910–1960." *Latino Studies*, Volume 4 (2006).

Taggart, Mary Lambert. *Modern Day Trek of the Mormon Battalion*. (Salt Lake City: D. James Cannon Printers, Inc., 1955)

Topping, Gary. "The Hesitant Beginnings of the Catholic Church in Southeastern Utah." *Utah Historical Quarterly*, Volume 71, Number 2 (2003): 125–142.

Tyler, Samuel Lyman. "The Myth of the Lake of Copala and Land of Teguayo." *Utah Historical Quarterly* 20 (January 1952): 313–30.

Ulibarri, Richard O. *American Interest in the Spanish-Mexican Southwest, 1803–1848*. Ph.D. Dissertation, (Salt Lake City: The University of Utah, 1963.)

United States Department of Commerce. Bureau of the Census. *Region and County or Area of Birth of the Foreign-Born Population, Utah*. Summary File 3, 2000.

United States Department of Commerce. *A Graphic Look at Utah's Ethnicity*, 1990.

United States Department of Commerce. Bureau of the Census. Census of Population. *Characteristics of the Population*. Volume 1, Part 46, 1970.

United States Department of Commerce. Bureau of the Census. Census of Population. *Social and Economic Characteristics*, 1970.

United States Department of Labor. *The Termination of the Bracero, Manpower.* Report #252, 1965.

United States Department of Commerce. Bureau of the Census, 1950, 1960. Census of Population, Volume 1, 1960.

Utah Bureau of Employment Security. Papers on Mexican Nationals. Correspondence between James Stratten and Utah Bureau of Employment Security, April 23, 1960.

Utah Commission on Civil Rights. "1961 Report to the Commission on Civil Rights from the State Advisory Committee." In *The 50 States Report: Submitted to the Commission on Civil Rights by the State Advisory Committees, 1961* (Washington: U.S. Government Printing Office, 1961): 604.

Utah Governor's Hispanic Advisory Council. *Board Training and Applied Strategic Planning Program, Hispanics in Utah.* Escalante Management Associates-Bonneville Research, 1991.

Utah State Industrial Commission. Bureau of Employment Security, Utah Annual Farm Labor Report, 1971.

Warner, Ted J., editor. *The Domínguez Escalante Journal: Their Expedition through Colorado, Utah, Arizona, and New Mexico in 1776.* (Salt Lake City: University of Utah Press, 1995.)

Weber, David J. *Foreigners in Their Native Land: Historical Roots of the Mexican Americans.* (Albuquerque: University of New Mexico Press, 1973.)

——. *The Taos Trappers: The Fur Trade in the Far Southwest, 1540–1846.* (Norman: University of Oklahoma Press. 1971.)

ARCHIVAL AND MANUSCRIPT COLLECTIONS

Draft and Registration Indexes. Carbon County, Utah.

Hispanic Oral Histories. Manuscript Division, Marriott Library, Special Collections, The University of Utah, 1985.

Kennecott Copper Corporation Records. Account 1440, Marriott Library, Special Collections, The University of Utah.

Latinos in Contemporary Utah. Armando Solórzano, Family and Consumer Studies/ Ethnic Studies, The University of Utah, 2002.

Memoirs of Monticello Ward Relief Society. San Juan County Historical Commission. (1968)

Spanish Speaking Oral Interviews. Manuscript Division, Marriott Library, Special Collections, The University of Utah, 1973.

Spanish-speaking Organization for Community, Integrity and Opportunity (SOCIO) 1967–1986, Account 1142. Marriott Library, Special Collections, The University of Utah.

World War I Draft Registration Index. Carbon County. http://www.archives.gov/genealogy/military/wwi/draft-registration/utah.hml

Index

Numbers in italics refer to illustrations.